总主编　惠　中

21世纪
小学教师
教育系列教材

小学科学教学设计与案例分析（第二版）

叶　勤　主编

中国人民大学出版社
·北京·

内容简介

本书立足于教学理论以及科学教育理念，以实践为导向，提炼一线优秀教师和教研员在教学实践中的思考与经验，依循小学科学课堂教学的主要环节，结合大量的案例及其评析，介绍小学科学教学导入、新授、结课以及评价的设计，帮助读者把握小学科学教学设计的一些原则、要点和方法。同时，根据小学科学课程的特点，本书还介绍了小学科学教学课程资源的开发和利用。希望本书为师范生和小学科学教学新手在从教学理论走向教学设计实践方面提供有效帮助。第二版根据《义务教育科学课程标准（2022 年版）》对相应内容作出了修改，以满足小学教师教育专业教学需求。本书既可作为小学教育专业的课程教材使用，也适合一线教师学习与研究。

作者简介

叶勤，上海师范大学教育学院副教授，上海市教育委员会教学研究室专家库成员。长期从事小学科学教育研究，致力于本科小学教育专业的理科课程建设，主编多部本科小学教育专业教材，参与上海市小学科学教材、学科教学基本要求、学科德育教学指导意见的编写、研制、评审等工作。

总 序

教师是教育事业发展的基础，是提高教育质量、办好人民满意教育的关键。《国务院关于加强教师队伍建设的意见》明确提出，我国教师队伍建设的总体目标是：形成一支师德高尚、业务精湛、结构合理、充满活力的高素质专业化教师队伍。为了实现这一目标，国家加大了教师教育改革的推进力度。2011 年 10 月，教育部颁布了《关于大力推进教师教育课程改革的意见》和《教师教育课程标准（试行）》，对深入推进教师教育课程改革作出了总体部署。2012 年 2 月，教育部正式颁布《幼儿园教师专业标准（试行）》《小学教师专业标准（试行）》《中学教师专业标准（试行）》，将其作为教师培养、准入、培训、考核等工作的重要依据。与此同时，为了严把教师入口关，教育部制定了教师资格考试指导意见和考试标准，对国家教师资格考试制度进行改革。2018 年初，教育部又制定并颁发《师范类专业认证标准》，借鉴国际高等教育通用的专业认证方式，推进师范类专业建设与课程改革，以保证并提高我国教师教育培养质量。

教育部关于教师教育改革的一系列重大部署对我国教师教育发展将产生积极、深远的影响。其中，《教师专业标准（试行）》明确提出了对合格中小幼教师的专业要求，为促进中小幼教师的专业化发展、建设高素质的教师队伍提供了基本准则；《教师教育课程标准（试行）》则聚焦教师教育课程的改革，其所倡导的基本理念、基本标准和课程模块等，对中小幼教师教育的课程设置、教学内容和培养方式的改革提出了具体、明确的要求；教师资格考试制度改革实行国家统一的教师资格考试，包括笔试和面试，考试成绩合格者方能认定教师资格，这必然对中小幼教师培养产生较大的冲击；师范类专业认证的全面推进，则力图重塑高校师范类专业人才培养体系，建立贯穿教师培养全过程的质量保障机制……这一切，都要求教师教育机构、教师教育工作者和研究者关注教师教育改革的动态，研究和领会教师教育改革的精神，进一步推进教师教育的课程教学改革工作。

在我国近 1 800 万各级各类教师中，小学教师是人数最多、占比最高的一支队伍，小学教师队伍建设是我国教师教育发展的一个重要方面。20 世纪 90 年代以来，随着经济、社会和教育事业的发展，我国三级师范教育体系逐步向二级甚至一级师范教育体系过渡，小学教师培养也经历了由以中专学历为主体，到大学专科和本科学历占主导地位的迅速转型。据不完全统计，目前各类教师教育机构开设的本科小学教育专业有 200 多个，专科初等教育专业也有相当大的规模，形成了庞大的小学教师培养体系。小学教育专业是我国高等师范教育体系中一个全新的专业，经过多年的实践探索和理论研究，专业建设已取得许多重要成果。但毋庸讳言，其专业建设中依然存在着诸如培养模式不够清晰、课程设置不尽合理、课程内容简单照搬、培养方式变化不大等问题。特别值得指出的是，高等教育大众化带来的高等院校升格和结构调整，灵活、开放的教师教育体系构建带来的师范院校的重新定位和内部重组，小学教师培养迅速高学历化带来的培养模式变革，以及基础教育课程教学改革的不断深入推进，都迫切要求我们贯彻落实教育部教师教育改革的精神，创新教师教育课程理念，优化教师教育课程结构，改革课程教学内容，改进教学方法和手段，强化教育实践环节，提高小学教师的培养质量。

加强教学基本建设是专业建设的中心问题之一。课程是组织教学的基本单位，教材则是课程的载体，教材建设涉及教育理念的更新、教学内容的选择和教学方式的变革，加强小学教育专业的教材建设是保证小学教师培养质量的重要方面。高学历小学教师的培养模式、课程体系仍处于探索之中，《教师教育课程标准（试行）》的颁发必然导致小学教师培养课程的结构调整，加之国家教师资格考试制度改革和师范类专业认证的持续推进，特别是最近教育部颁发的《义务教育课程方案和课程标准（2022 年版）》，对小学阶段的课程教学改革进行重新部署，从而对小学教师培养提出了新的要求，这些都应该体现在小学教育专业的教材之中。有鉴于此，我们组织编写了这套“21 世纪小学教师教育系列教材”。

在这套教材的组织编写过程中，我们始终坚持并力图实现以下目标：

第一，根据教育部《关于大力推进教师教育课程改革的意见》《教师教育课程标准（试行）》的精神，按照小学教育专业培养模式改革和课程结构调整的要求，精心设计系列教材结构和具体编写项目。我们将本套教材设计为小学教师教育理论系列、小学教师学科教育系列和小学教师教育教学实践系列三个部分，分别针对小学教育专业师范生的教师教育理论课程的学习、主要任教学科专业基础课程的学习和小学教育教学实践能力提升三个方面。在具体教材项目选择方面，则注意与小学教育专业的课程改革相吻合，除了基本覆盖该专业传统基础课程之外，还设计了《小学教育基础》《小学生认知与学习》《小学数学思维方法》《儿童文学应用教程》《小学语文教学设计与案例分析》《小学数学教学设计与案例分析》《小学班队活动设计》《小学科学活动设计与指导》《小学综合实践活动设计与组织》《小学生心理健康与辅导》等教材，希望能够填补小学教育专业教材建设的一些空白。

第二，根据《小学教师专业标准（试行）》对小学教师的具体要求，参照《义务教育课程方案和课程标准（2022 年版）》的基本精神，坚持育人为本的基本理念，精心选择教材编写内容。教育生理和心理都处于迅速成长期的 6～12 岁儿童，要求小学教师具有良好的师德，要关爱小学生，尊重小学生人格，富有爱心、责任心、耐心和细心等，也要求小学教师具有综合的专业素养，具备合理的知识结构和多方面的专业能力。我们必须改变长期以来以学科知识体系为主线的教材内容组织方式，而应以小学教师的职业需要为前提，关注小学教育专业师范生培养实际，关注未来小学教师专业素养的养成，关注目前小学新课程改革和国家统编教材的发展方向，以及小学不同版本教材的内容差异，兼顾在职小学教师专业发展和培训的需要，选择合适的教学内容，形成具有自身特色的教材知识体系。

第三，根据国家教师资格考试制度改革的要求，突出实践取向和能力培养，将学科知识、教育理论与教育实践有机结合，以培养未来小学教师教书育人的实践能力。本套教材的编写十分注重从解决小学教育教学实践中的问题出发，其中教育理论知识学习以学生能理解和运用为目的，教育教学实践能力培养注重学生实践体验和反思的过程，同时兼顾国家教师资格考试相关内容与技能训练，以推动小学教师教育的教学方式和学习方式的变革。

第四，在教材的编写体例和内容呈现方式上，本套教材注意学习借鉴国内外相关高等教育教材的成功经验，根据不同的教材系列设计出更加灵活的编写体例，增加更多课堂和教育案例与相关知识专栏。写作语言风格活泼，避免简单的理论说教，以适合当代教育工作者阅读和学习的需要。

组织编写“21世纪小学教师教育系列教材”是一项庞大的系统工程，此项工作得到了全国许多从事小学教师教育的兄弟院校领导的大力支持、中国人民大学出版社领导的直接关心和策划编辑的精心策划，更有赖于各分册主编和编写者的辛勤劳动，对此我们一并表示衷心感谢！

本人从事小学教师教育研究已有20年之久，也先后主持和参与了一些小学教师教育教材建设项目，在自己学术研究和职业生涯的最后阶段，我愿将多年从事小学教师教育研究的成果和经验，将自己参与教育部许多教师教育重大改革项目的思考和启示，运用于本套教材的编写过程中。希望通过各方的积极参与和共同努力，能够编写出反映教师教育改革与发展趋势的、具有特色的小学教师教育教材，为小学教育专业建设和小学教师专业发展尽绵薄之力。

是为序。

惠　中

2022年4月30日于上海

前言

教学设计是一项系统工程，小学科学课程的教学设计又有着自身的学科特点。在小学教育专业“小学科学课程与教学”这门课程的教学过程中，我们发现，在现有的“小学科学课程与教学”的教材中，教学设计一般只占非常有限的篇幅，教学设计牵涉的各个环节具体如何开展未及详述，这对小学教育专业的师范生而言，从学到的课程与教学相关理论，以及科学教育的理念，到实践中能完成一份有质量的小学科学教学设计方案，似乎还缺少更为明确和深入的指导。有鉴于此，本书的编写组建了包括大学教师和小学科学课程教研员的作者队伍，聚焦小学科学教学设计的各主要环节，立足于相关教学理论以及科学教育理念，提炼出一线优秀教师和教研员在实践中的思考与经验，阐明小学科学教学设计各环节的一些具体做法，期望能为师范生从教学理论走向教学设计的实践提供有效的帮助。

本书的结构思路是：在带领读者了解小学科学教育概况和小学科学教学设计的基本程序的基础上，依循小学科学课堂教学的主要环节，介绍导入、新授、结课与评价的设计。由于小学科学课程的学科特点，课程资源的开发和利用尤其重要，因此本书还用专门一章介绍了小学科学课程对于教材与媒体资源、活动器材、室外活动资源等的组织和利用。本书以实践为导向，文中结合了大量的案例和评析，帮助读者把握小学科学教学设计的一些原则、要点和方法，并且在最后一章，精选了各具特色的教学设计案例加以评析，使读者对优秀教学设计方案有更多的感性积累，获得一定的启发。

2022 年 4 月，教育部颁布了《义务教育科学课程标准（2022 年版）》，本次修订在学习新版课程标准精神的基础上，着重对第一章中的课程标准解读进行了修改，其他章节中涉及最新课程标准精神的内容一并加以修改。鉴于根据新版课程标准编制的教材尚未投入使用，本书中的案例及相关评析，仍采用原有案例，部分可根据新课标理念评析的作了相应修改。

本书可作为师范院校小学教育专业学生的课程学习材料、处于见习期的小学科学新教师的培训材料，以及参加教师资格考试（小学科学）考生的学习材料。

本书由叶勤担任主编，各章节具体分工如下：陈慧负责编写第一章第一、二、四节以及第五章；盛桂兴负责编写第一章第三节、第二章、第六章；张瑞芳负责编写第三章、第四章；叶勤负责编写第七章。

由于编写者学术水平和能力有限，书中若有不妥之处，恳请广大教师和读者提出宝贵意见，以便修订时调整和进一步完善。

目录

第一章　小学科学教育概况 ……………………………………………… (1)
第一节　国际小学科学教育趋势与理念 ……………………………… (1)
一、国际小学科学教育的产生与主要发展历程 ……………………… (2)
二、国际小学科学教育发展的主要趋势 ……………………………… (3)
第二节　我国《义务教育科学课程标准（2022年版）》解析 ………… (14)
一、《课程标准（2022）》的课程定位与基本理念 …………………… (15)
二、《课程标准（2022）》的课程目标 ………………………………… (17)
三、《课程标准（2022）》的主要课程内容 …………………………… (19)
四、《课程标准（2022）》的主要特点 ………………………………… (23)
五、新旧课程标准的主要区别 ………………………………………… (24)
第三节　小学科学的学科特点 ………………………………………… (27)
一、启蒙性 ……………………………………………………………… (28)
二、生活性 ……………………………………………………………… (29)
三、综合性 ……………………………………………………………… (31)
四、实践性 ……………………………………………………………… (33)
五、探究性 ……………………………………………………………… (34)
第四节　小学科学教材 ………………………………………………… (34)
一、"教科版"教材 ……………………………………………………… (35)
二、"苏教版"教材 ……………………………………………………… (37)
第二章　小学科学教学设计的基本程序 ……………………………… (41)
第一节　小学科学教学设计的基本环节与方法 ……………………… (41)
一、新课程背景下的教学设计 ………………………………………… (42)
二、教学设计基本程序的变革 ………………………………………… (45)
三、小学科学教学设计的基本要求 …………………………………… (46)
四、小学科学教学设计的基本过程 …………………………………… (47)
第二节　小学科学教学设计各环节的具体内容与要求 ……………… (48)
一、教学内容的分析 …………………………………………………… (49)

二、对学生的分析 …… (52)
三、教学目标的制定 …… (57)
四、活动设计 …… (59)
五、活动支持资源的选择和设计 …… (64)
六、教学评价的设计 …… (65)
第三节　教案文本撰写的基本规范与技巧 …… (68)
一、教案文本的基本规范 …… (69)
二、小学科学快速备课技巧 …… (74)
第三章　导入环节的设计 …… (78)
第一节　教学导入的设计目的与原则 …… (78)
一、教学导入的设计目的 …… (79)
二、教学导入的设计原则 …… (81)
第二节　教学导入的设计方法 …… (85)
一、呈现现象 …… (86)
二、设计困境 …… (88)
三、赋予任务 …… (90)
第四章　新授环节的设计 …… (96)
第一节　课堂活动的设计 …… (96)
一、课堂活动的基本类型与一般过程 …… (97)
二、课堂活动的设计要点 …… (103)
第二节　活动任务单的设计 …… (112)
一、活动任务单的作用 …… (112)
二、活动任务单的类型 …… (114)
三、活动任务单的设计要点 …… (124)
第三节　提问的设计 …… (128)
一、提问的作用 …… (129)
二、提问的类型 …… (130)
三、提问设计的要点 …… (131)
第四节　板书的设计 …… (133)
一、板书的作用 …… (133)
二、板书的基本类型 …… (137)
三、板书的设计要点 …… (139)
第五章　结课与评价的设计 …… (143)
第一节　科学课堂结课环节的设计 …… (143)
一、结课的功能 …… (144)
二、结课的一般程序 …… (147)

三、常用的几种结课形式 ……………………………………………… (148)
四、结课技能的应用原则与要点 ………………………………………… (150)
第二节 评价方案设计 ……………………………………………………… (151)
一、科学课程评价新理念 ………………………………………………… (151)
二、评价的原则与内容 …………………………………………………… (153)
三、评价的类型与方法 …………………………………………………… (155)
第六章 课程资源的组织和利用 ………………………………………… (163)
第一节 小学科学课程资源的开发 ………………………………………… (163)
一、课程资源的分类 ……………………………………………………… (164)
二、新课程改革背景下的课程资源开发理念 …………………………… (166)
三、小学科学课程资源的常见类型及开发原则 ………………………… (169)
第二节 教材、媒体资源的选择与使用 …………………………………… (170)
一、教材资源的使用 ……………………………………………………… (171)
二、媒体资源的种类 ……………………………………………………… (171)
三、媒体资源的使用目的 ………………………………………………… (172)
四、教学媒体的选择原则 ………………………………………………… (173)
第三节 活动器材的选择与使用 …………………………………………… (174)
一、活动器材选择与使用的基本要求 …………………………………… (174)
二、活动器材选择与使用的操作要点 …………………………………… (175)
三、自制教学具 …………………………………………………………… (180)
第四节 室外活动资源的开发与利用 ……………………………………… (182)
一、常用室外活动资源的类型 …………………………………………… (182)
二、开发利用室外活动资源的价值 ……………………………………… (183)
三、开发利用室外活动资源的原则 ……………………………………… (184)
四、有效开发利用校外活动资源的实施要点 …………………………… (185)
第七章 小学科学教学设计案例精选与评析 …………………………… (188)
第一节 小学科学教学设计评价 …………………………………………… (188)
一、教学设计成果评价的功能 …………………………………………… (189)
二、教学设计方案评价的观察点与标准 ………………………………… (189)
三、教学设计方案评价的实施 …………………………………………… (193)
第二节 小学科学教学设计优秀案例评析 ………………………………… (195)
案例 1 奇妙的壳 ………………………………………………………… (195)
案例 2 迁徙与洄游 ……………………………………………………… (201)
案例 3 简易隔热垫 ……………………………………………………… (207)
案例 4 形形色色的叶 …………………………………………………… (212)
参考文献 ………………………………………………………………… (216)

第一章

小学科学教育概况

本章导读

小学科学课程是小学阶段培养学生科学学科核心素养的一门基础性课程。在教学实践中，教师能深刻理解小学科学的学科特点，把握小学科学教育的改革趋势和教学理念，是保证教学设计与实施质量的重要前提。本章将带领读者在了解国际小学科学教育理念的基础上，解读《义务教育科学课程标准（2022 年版）》的核心精神，了解小学科学的学科特点，并对当下主要版本的小学科学教材做简要了解。

本章学习要求

- 从科学教育目标、科学教育内容、科学教育方法三个方面说明当下国际小学科学教育的主要理念。
- 介绍《义务教育科学课程标准（2022 年版）》的主要结构及各部分主要内容，分析该标准体现的重要理念。
- 解释小学科学的学科特点。
- 对照小学科学教育理念分析主要版本小学科学教材的特色。

第一节　国际小学科学教育趋势与理念

在一节科学课上，教师先是提出了一连串关于植物的问题，如：植物的三个主要部分是什么？哪一部分使植物立于土壤中？哪一部分为植物提供营养？植物是在阳光下还是在黑暗中长得较好？……这种提问持续 1 分钟左右，你就会发现这样一个规律——问、答、问、答……然后教师插入这样一个问题：如果把植物放在单色红光下，那么会发生什么现象？

在以上过程中，何时学生处于较好的学习状态呢？当教师连续提出简单的事实性问题时，由于教师拥有知识，教师鼓励学生把自己的答案与教师的答案进行对比，因此学生的任务仅是低水平的认知记忆。在提出了需要深层次思考的问题后，如果教师不提供任何词语提示，那么学生得自己解决问题，从而他们拥有了思维过程和得出结论的能力，处于较好的学习状态。后一种学习方式是当今科学教育所倡导的重要学习方式。

当今时代科学技术飞速发展，一次次的科技革命广泛而又深刻地影响着社会的文明与进步。小学科学教育是一项“明天工程”，将影响未来全体公民的科技素质、社会质量和国家前途。科学教育问题已引起许多国家的重视，成为当今世界各国教育改革的重点。

一、国际小学科学教育的产生与主要发展历程

小学科学作为正规学校儿童时期基础教育的一门独立学科，最早出现于17世纪中期的欧洲，由捷克的夸美纽斯倡导。在此后几百年时间里，科学教育先后形成了三种不同的教学与课程模式：一是实物教学模式，出现于19世纪下半叶，注重个体理智的发展，强调自然知识的学习；二是小学科学模式，强调观察和实验等科学方法，以此作为获得科学知识的手段；三是自然学习模式，以儿童发展为主要教学目标，重在指导儿童探究与他们有关系的周围环境，激发儿童探索大自然奥秘的热情和欲望。尽管教育家在科学方法的教学上进行了很多探索，但是在从小学科学教育产生到20世纪中期的教育实践中，科学教育的主要内容仍然是以传授科学知识为主的。它主要关注科学事实、科学概念、科学定律、科学原理的传授，教师讲授、实物演示、学生读书是科学知识教学的主要方法，考核也以知识记忆的多寡为评分标准。

自20世纪50年代以来，科学教育经历了多次改革浪潮的冲击，从教育思想到课程改革，乃至教学目的、教学内容和教学方法都发生了深刻的变革。1957年，受到苏联发射第一颗人造地球卫星的冲击，美国认识到尖端技术的落后与中小学数学和自然科学课程的落后有直接关系，开始了以数学、自然科学和外语为重点的教学，强调天才教育，重视实验室实验与教学手段现代化，并编写了新的教科书。同期，英国也经历了一次科学课程改革浪潮。由于种种原因，美国60年代的科学课程改革失败了，到了70年代，美国教育又走上了“重回基础”的道路。80年代，随着科学技术的发展，如何培养未来能够掌握现代化科学技术的劳动者和具有较高科学文化水平的各级各类专门人才，已经成为全人类面临的共同问题，世界各国再次掀起科学教育改革的浪潮。许多国家都把科学课程作为核心课程，从课程目标、课程标准、教材、教法等方面进行了一系列的改革，使之更加符合时

代发展的要求。如美国科学促进会在 1985 年启动了一项面向 21 世纪、致力于科学知识普及的中小学课程改革的工程——美国“2061 计划”。此计划把基础教育阶段的数学、科学、技术等列为核心课程，计划的主旨在于普遍提高美国这些核心课程的教育质量。1996 年，美国国家研究院发布了具有深远意义的《美国国家科学教育标准》；2013 年，美国发布《新一代科学教育标准》，明确规定了从幼儿园到高中各个年级科学教育的教学目标、教学内容和评价标准，围绕大概念组织科学教育内容，并构建了学习进阶关系图。2014 年版英国国家课程标准将科学列为三门核心基础课程之一（另两门是英语、数学），KS1～KS4 四个学段（5～16 岁）的学生都必须学习，贯穿整个义务教育阶段。

二、国际小学科学教育发展的主要趋势

总的来说，国际小学科学教育发展趋势主要表现为：教学以学生为中心，强调手、脑结合，进行“真实”问题的学习，采用探究法，重视交流技能的培养，实施写实性评价。以下将从科学教育目标、科学教育原则、科学教育内容、科学教育方法等方面对国际小学科学教育发展的主要趋势加以介绍。

（一）科学教育目标

回顾小学科学教育的产生、发展历程，不难发现，其教学和课程模式大体经历了强调科学知识、强调科学方法、强调核心素养的发展轨迹。

传统的理科教育主要以传授科学知识为主，教师的任务就是向学生讲授自然科学的一般规律，把大量的知识灌输给学生，学生本身成了被动接受知识的对象，这种学习活动导致学生缺乏主动性，所掌握的知识脱离生产和生活实际，得不到充分发展。在科学教育改革后，国际上出现了以培养核心素养为科学教育最高宗旨的发展趋势。

科学学科的核心素养是指学生在接受科学教育过程中逐步形成的适应个人终身发展和社会发展需要的必备品格和关键能力，是学生通过科学学习内化的带有科学学科特性的品质，是科学学科育人价值的集中体现。具体而言，它包括四个方面：了解重要的科学事实、概念原则和理论，并具有把有关科学知识应用于日常生活情境中的能力；具有科学思维方法和创新能力；具有利用科学探究过程的能力；理解科学性质的一般原理和科学、技术与社会的相互作用，具有明智地对待科学的态度以及对与科学有关的事物的兴趣。很显然，核心素养是一个融科学知识、科学方法、科学态度、科学价值观等多种因素为一体的复合概念。与科学知识、科学方法相比，核心素养的人文色彩明显加强了。

承担“2061 计划”的美国科学促进会于 1989 年提出了一个口号“为了全体美国人的科学”，美国化学学会声称美国的生存与发展“不仅取决于受过良好教育的科学与工程人员，也取决于具有科学素养的民众”。英国皇家学会在 1985 年就指出，改进公众对于科学的理解是对未来的一种投资，而这种投资能够成为促进国家繁荣、提高公众和个人决策质量、充实个人生活的重要因素。全民科学素养的提升对国家的益处是无疑的，它将促使公众提高审美情趣，增强道德观念，选择理性的生活方式。任何一个缺乏科学素养的民族都很难在公共或个人问题上做出明智的决策。一个民族整体的科学素质水平往往也决定了由

其所组成的社会的质量——不仅是科技方面、经济方面的质量，也包括民主政治方面的质量。

同时，科学素养也是个人素养的重要组成部分。科学素养的提高可以增加公民就业机会；可以使他们在面对飞速发展的技术所提出的新要求时充满信心；可以使他们识破形形色色的迷信和伪科学现象，并给予有力抵制；可以使他们对某些影响个人生活或经济的问题（如饮食、医疗、安全、能源使用、环境保护等方面的问题）做出更合理的决定。此外，科学素养的提高还能使公民获得智慧和审美方面的鉴赏力。提高科学素养不仅是基础科学教育的任务，也是终身教育的任务。而在基础教育阶段，有责任使学生具备以下素养：

（1）成为技术世界中一个自信的公民，对一些重要的科学问题抱有兴趣，并能自觉地发展这种兴趣。

（2）在解决个人或社会问题时，能自觉并有能力运用科学知识和科学思维方法进行判断、做出决策，对个人、社会和子孙后代具有强烈的责任心。

（3）能认识到各种科学方法的用途和限制，并了解它们在其他学科和日常生活中的应用。

（4）能不断追求在科学方面的继续学习，并能为此做适当的准备。

为了完成培养科学学科核心素养这个总目标，需要注重从科学观念、科学思维、探究实践、态度责任等方面进行培养。

1. 科学观念

科学观念是学生形成的关于物质、运动、相互作用、能量等的基本认识，是科学概念、规律、原理等在头脑中的提炼和升华，也包括对科学本质的认识，还包括运用科学观念解释自然现象和解决实际问题。

科学本质是对科学本身全面、哲学性的基础认识，包括三个方面：一是科学知识的本质。世界是可以认知的，科学是可变的，科学不能解决所有问题。二是科学研究的本质。科学讲究证据，科学是逻辑与想象结合的产物，科学被用作解释和预测，科学试图确定和避免偏见，科学反对权威。三是科学事业的本质。科学是一种负责的社会活动，科学被分成专门领域并在不同情况下进行研究，科学研究中存在普遍的伦理原则，科学家既作为专家又作为公民参与公共事务。

在科学教育中，知识的学习不再着重于记忆一堆事实和理论，而趋向于核心概念的构建，帮助学生理解周围一些与生活有关的事件和现象。在英文文献中，我们经常会看到大概念、核心概念、基本概念、主要概念等词，这些词的意义很相近。

通过科学教育，学生应能理解一些涉及物体、现象和材料以及它们在自然界中的相互关系的大概念，这些概念不仅能解释观察到的现象和回答日常生活中的问题，而且能对生活中未观察到的现象进行预测。大概念是适用于一定范围内的物体和现象的概念；与之相对应，只适用于特定观察和实验的概念被称为小概念。例如：蚯蚓能很好地适应泥土中的生活，这只是小概念；生物体需要经过很长时间的进化才能形成在特定条件下的功能，则是与之对应的大概念。

确定大概念是需要斟酌的，虽目前并无定论，但应符合以下标准：能够用于解释众多的日常生活中的物体、事件和现象；可以提供做决策时所遇到的问题的理解基础，而这些决策会关系到人类的健康与幸福，以及环境和能源的使用；能解释人类自身和自然环境的问题；具有文化上的意义。

知识卡片

英国温·哈伦的《科学教育的原则和大概念》一书，列出了以下14个大概念：

科学概念：

(1) 宇宙中所有的物质都是由很小的微粒构成的。

(2) 物体可以对一定距离以外的其他物体产生作用。

(3) 改变一个物体的运动状态需要有一个净力作用于其上。

(4) 当事物发生改变或被改变时，会发生能量的变化，但是在宇宙中，能量的总量总是保持不变的。

(5) 地球的构造和它的大气圈以及在其中发生的过程，影响着地球的状况和气候。

(6) 宇宙中存在着数量极大的星系，太阳系只是其中的一个星系——银河系中很小的一部分。

(7) 生物体是由细胞组成的。

(8) 生物需要能量和营养物质，为此它们经常需要依赖其他生物或和其他生物竞争。

(9) 生物体的遗传信息会一代代传递下去。

(10) 生物多样性、存活和灭绝都是进化的结果。

关于科学的概念：

(11) 科学认为每一个现象都具有一个或多个原因。

(12) 科学上给出的解释、理论和模型都是在特定的时期内与事物最为吻合的。

(13) 科学上的知识可以被用于开发技术和产品，为人类服务。

(14) 科学的应用经常会对伦理、社会、经济和政治产生影响。

2. 科学思维

科学思维是具有意识的人脑对科学事物的本质属性、内在规律性及事物间的相互联系和关系的间接和概括的反映。21世纪以来的科学教育研究，特别重视科学论证、模型思维和科学推理，大部分国家的课程标准会将科学思维与创新列为课程目标。将科学思维作为核心素养的重要组成部分，主要基于以下两点：第一，观察、实验与思维相结合是科学学科的基本特征；第二，学会学习、批判性思维与创新是学生发展核心素养的重要成分。

3. 探究实践

在科学教育中，注重事实性信息的困难之一就是已知信息的量。今天已知的科学的量是巨大的，科学中有超过几万个不同的研究领域，有超过十万种技术杂志正在发行，以报道当今已知的科学信息。据统计，一个人必须以每小时几百万字的速度阅读才能跟上科学的步伐，科学知识正以史无前例的速度增长。注重事实性信息的困难之二是旧的科学知识或许会过时。例如，1956 年以前，生物教师坚持让学生记住这样的事实，即人的正常细胞内有 48 条染色体，但 1956 年，人们发现人体的染色体数是 46 条而不是 48 条。注重事实性信息的困难之三是科学知识的改变。例如，板块构造理论仅有 60 多年历史，此前的观点认为大洋和大洲是永恒的。

对此问题有一个解决方法：不要让学生去学大量的科学信息，而让他们学会如何做科学。他们必须学会怎样去观察、创造、想出新观点、综合、分析和评价，必须能够创立自己的概念性东西，自己探索出什么是重要的，什么是不重要的。在 1996 年发布的《美国国家科学教育标准》中对科学探究是这样表述的：科学探究指的是科学家们用来研究自然界并根据所获事实证据做出解释的各种方式。科学探究也指的是学生构建知识、形成科学观念、领悟科学研究方法的各种活动。之所以这样表述，是因为学生的科学探究式学习活动在本质上与科学家的科学探究活动有很多相似之处，两者在过程和程序上是一致的。

科学探究能力包括：能提出问题，做出预言与假设；能设计并完整、安全地完成实验；能选用合适的仪器、材料和方法；能进行系统的观察、测量及变量操作；能准确记录数据；能解释结果并评价实验数据；能由实验结果做出推论；能在实际情况中检验自己的结论；能将结论用于新环境。此外，在科学探究中还应注意合作能力和承受长期工作的能力的培养，因为许多探究工作不是个人所能完成的，并时常是持久且枯燥乏味的。

美国在 2013 年发布了《新一代科学教育标准》，在科学探究基础上还进一步突出了工程实践，学生的表现预期中包含了“科学与工程实践”。科学与工程实践所陈述的内容分别为：（1）提出问题并定义问题；（2）开发和使用模型；（3）计划和实施调查；（4）分析和解释数据；（5）使用数学和计算的思维；（6）构建解释并设计解决方案；（7）参与基于证据的讨论；（8）获取、评估和交流信息。这些实践内容是从专业的科学家和工程师的操作实践中提炼出来的。科学实践与工程实践它们的侧重点各不相同，科学实践侧重于从自然现象中发现问题，然后采取科学方法收集处理数据等证据来形成模型或理论，并解决先前提出的问题。而工程实践则侧重于解决实际生产中遇到的问题，工程学的方法和设计都是为了解决实际问题。强调科学实践和工程实践，可以把重要概念与科学探究和工程设计的实践融合起来，从而通过多年的学校教育养成学生的科学理解能力以及对科学精神的认同。

在英国《全国学校课程》的科学课大纲中，培养学生的科学探究能力，被列为四个目标中的第一目标，而且还渗透于其他三个目标的学习中。在所有考核中，它也比其他目标更受到重视。

4. 态度责任

态度责任是指在认识科学本质，理解科学、技术、社会、环境（STSE）的关系的基础上，逐渐形成的对科学和技术应有的正确态度以及责任感。科学态度是科学学科核心素养的核心，如果一个人对科学没有兴趣，表现冷漠且价值判断经常出现错误，那么即使他的科学知识丰富、探究能力强也没有用，甚至会出现负面效应。

态度责任主要包括科学态度、科学责任等要素。

科学态度是个体对科学事务等所持有的稳定的心理倾向，主要包括好奇心、实事求是、追求创新、合作分享四个方面。成功的科学教育应要求学生把兴趣、好奇心与负责的态度相结合，使学生懂得尊重周围的生态与物理环境，关心自身与他人的健康和安全，帮助学生发展良好的科学品质，如思想开放，愿意接受不确定的事物，善于与他人合作，尊重科学证据，做实事求是的报告，能批判性地思考问题，在探索真理时具有不屈不挠的精神，以及能不断发明创造，等等。

科学责任主要包括科学伦理和 STSE 两部分内容。在进行科学研究和科学成果应用时，要考虑伦理和道德的价值取向，并能遵循普遍接受的伦理道德规范；理解科学技术的本质；理解科学、技术、社会、环境的关系；热爱自然，具有保护环境、节约资源、促进可持续发展的责任感。

（二）科学教育原则

世界上很多国家的中小学科学教育往往缺乏连贯性，在教学内容的选择上，也缺乏对科学的宏观和系统的考虑，而确立科学教育原则对学生正确认识和理解客观世界具有重要的作用。基于此，有识之士提出了科学教育的十项原则①：

（1）在义务教育的所有年级，学校都应该设置科学教育项目，以系统发展和持续保持学习者对周围世界的好奇心、对科学活动的热爱以及对如何阐明自然现象的理解。

（2）科学教育的主要目的应该是使每个人能够参与有依据的决策和采取适当的行动，这对保证他们个人、社会以及环境的健康和协调发展是重要的。

（3）科学教育具有多方面的目标，科学教育应该致力于：理解一些与科学有关的大概念，包括科学概念以及与科学本身和科学在社会中所起作用有关的概念；锻炼收集和运用实证的科学能力；培养科学态度。

（4）基于对概念的审慎分析，以及当前对学习是如何发生的有关研究和理解，应该给出为了达到科学教育各个方面目标的清晰进程，指出在不同阶段需要掌握的概念。

（5）应该从学生感兴趣并与他们生活相关的主题开始，逐步进展到掌握大概念。

（6）学习的经验应该明晰地反映出既包含科学知识又包含科学探究的理念，并且符合当前科学和教育方面的见解。

（7）所有科学课程活动都应该致力于深化学生对科学概念的理解，同时应该考虑其他可能的目的。例如，科学态度和能力的培养。

（8）为学生设置的学习项目以及教师的职前教育和专业发展，都应该与为达到原则（3）中所设目标需要的教与学的方法保持一致。

---

① 哈伦．科学教育的原则和大概念．韦钰，译．北京：科学普及出版社，2011：7.

(9) 评测在科学教育中具有关键的作用。无论是对学生学习过程的形成性评测，还是对学生学习进展的总结性评测，都必须考虑到所有的学习目标。

(10) 为了达到科学教育的目标，学校的科学项目应该促进教师之间的合作，并需要社会其他力量包括科学家的参与。

(三) 科学教育内容

科学教育研究者和工作者普遍认为，概念学习是科学教育的主要目标，是科学课程的核心内容。进入 21 世纪，随着学习理论和学习科学研究的不断深入，核心概念和学习进阶的研究得到重视，基于核心概念和学习进阶，实现科学、技术与工程等的整合，是科学课程内容改革的主要趋势。科学教育的探索与实践表明，“少而精”的课程理念对解决科学教育内容选择问题至关重要，在有限时间内为学生提供充分的学习体验，帮助其构建对科学大概念的深入理解，培养其良好的科学学科核心素养。

1. 围绕核心概念整合科学教育内容

科学教育的目标不是去获得一大堆由事实和理论堆砌的知识，而应是实现一个趋向于核心概念的进展过程，这样做有助于学生理解与他们生活相关的事件和现象。核心概念分两类：科学概念和关于科学的概念。前者包括物质的原子、分子说，能量的转化，等等；后者包括解释、理论和模型、技术开发和产品，以及科学对伦理、社会、经济的影响等。

基于核心概念，整合学科知识，促进学生参与科学工程实践，实现其对重要原理的深入探索，发展学生对科学知识的审读理解，并提升学生的科学核心素养，已经成为国际科学教育研究者的共识，也是国际科学课程改革的方向。

课程整合的典范之一是美国于 2011 年 7 月颁布的《K-12 年级科学教育框架：实践、跨学科概念和核心概念》。基于此，2013 年美国颁布了《新一代科学教育标准》。这两份文件中整合的思想特别明显，强调核心概念、跨学科概念、科学和工程实践，用学生的具体行为表现来展示对相关核心概念的要求。“学科核心概念”指的是本学科内非常重要的概念，《新一代科学教育标准》制定者提出了四条遴选标准，符合下列两条及以上标准的概念才可以定为核心概念：(1) 对科学或工程学的多学科领域都有重要的价值，或者是单一学科重要的组织性概念；(2) 可作为理解和探究更复杂的概念及解决问题的重要工具；(3) 与学生的兴趣和生活经验相关，或者与需要科学或工程学知识的社会性或个人关注的问题相联系；(4) 能在不同的年级进行教与学，并呈现出深度和复杂性上的增加水平。由此《新一代科学教育标准》针对物质科学（physical sciences，PS）、生命科学（life sciences，LS）、地球与空间科学（earth and space sciences，ESS），以及工程、技术及科学的应用（engineering，technology，and the applications of science，ETS）四大学科领域提炼出 13 个核心概念。为了便于学生掌握每个核心概念的内涵，每个学科领域之下开发了若干个次级概念（sub-ideas），共有 44 个次级概念。以生命科学领域为例，有 4 个核心概念、14 个次级概念（见表 1-1）。

表 1-1　生命科学核心概念及其次级概念

核心概念	次级概念
LS1. 从分子到生物体：结构与过程	A. 结构与功能；B. 生物体的生长与发育；C. 生物体的物质组织和能量流动；D. 信息处理
LS2. 生态系统：相互作用、能量与动力学	A. 生态系统的相互依存关系；B. 生态系统的物质循环和能量转换；C. 生态系统动力学、运作和恢复；D. 社会互动和群体行为
LS3. 遗传：性状的遗传与变异	A. 性状的遗传；B. 性状的变异
LS4. 生物进化：统一性和多样性	A. 共同祖先和多样性的证据；B. 自然选择；C. 适应；D. 生物多样性与人类

《新一代科学教育标准》以核心概念组织科学教育内容，以表现预期为核心，使用“表现预期＋基础框＋联系框”的呈现方式（见表 1-2），不仅整合了学科核心概念和跨学科概念，还整合了科学与工程实践，实现了课程内容的整合。

表 1-2　《新一代科学教育标准》核心文本框架模式

表现预期	代码：表现预期描述		
基础框	科学与工程实践	学科核心概念	跨学科概念
	科学与工程实践目标 ● 目标描述	代码：次级概念 ● 概念知识描述	跨学科概念 ● 跨学科概念描述
联系框	与同年级阶段的其他核心概念的联系：双方代码		
	与跨年级阶段间的学科核心概念的联系：双方代码		
	与通用核心概念的联系：双方代码		

课程整合的另一个典范是科学、技术、工程、数学（STEM）教育。STEM 教育始于 1986 年美国国家科学委员会发表的报告《本科的科学、数学和工程教育》，首次将“科学、数学、工程和技术教育”集成纲领性建议，其后 STEM 教育从本科阶段延伸至基础教育阶段，反映了当代美国教育对培养实践型、应用型人才的重视。为了保持科学与工程领域的世界领先地位，英国皇家学会于 2014 年发布了《科学与数学教育愿景》（*Vision for Science and Mathematics Education*）政策咨询报告，为未来 20 年英国教育体系改革绘制了路线图，并着重建议将数学和科学课程作为必修课延续至义务教育最后阶段。在丹麦，“基于问题的学习”成为其 STEM 教育的特色。近几年，STEM 教育在我国也开始受到重视，很多学校开设了机器人、3D 打印、科学探究等 STEM 校本课程，对学生科学学科核心素养的形成起到了重要作用。

2. 基于学习进阶确定科学教育内容学段分布

学习进阶是对核心概念的理解的逐级深入和持续发展，以整合的概念体系为核心，围绕少数概念进行深入探究的进阶学习。通过学习进阶，发展学生对核心概念的理解，帮助学生形成良好的知识结构，深度理解科学概念，提高解决问题的能力，已经成为当代基础教育科学课程改革的核心理念。

近几年来，学习进阶在课程设计中已经得到广泛应用，并且成为指导未来课程内容学段分布的重要依据。依据认知心理学原理，学生对科学概念的理解是不可能一步到位的。同一概念，不同的年级阶段学习的具体内涵也是不同的。因此，科学而又系统地安排对核心概念的一些下位概念的学习，最终达到对核心概念的理解与应用，就显得尤为重要。学习进阶可以有系统、有计划地帮助学生学习核心概念的不同内涵，从而最终为学生比较全面、系统而深入地理解核心概念打下扎实的基础。

英国的《国家科学教育课程标准》体现了学习进阶的思想。从内容主题上讲，英国的课程标准具有主题一致性的特点。KS1～KS3 各学段所涉及的科学内容包括电与磁、力与运动、光与声、地球与外层空间、能量与能量传递五个主题。同一主题在 KS1～KS3 各学段的学习内容的深度和广度逐渐增加，具有进阶的特点。美国颁布的《K-12 年级科学教育框架：实践、跨学科概念和核心概念》和《新一代科学教育标准》同样体现了学习进阶的研究成果，以学习进阶的形式呈现了核心概念和工程实践的学段发展；有序地安排了不同概念的呈现顺序，并逐级安排了同一个概念在不同学习阶段各自的进阶矩阵，构建了进阶关系图；在此基础上，将各学段的学习内容通过主题进行统整，并确定了课程内容及难度的学段分布。以生命科学核心概念 LS1“从分子到生物体：结构与过程”之下的第一个次级概念“结构与功能”在 K-12 年级的知识要求为例，该标准设计的进阶关系如表 1－3 所示。

表 1－3　生命科学核心概念 LS1 下的次级概念“结构与功能”在 K-12 年级的知识要求

年级	标准内容描述
1	● 所有的生物都有外部的结构。不同的动物以不同的方式使用它们的身体结构来看、听、抓物体，保护自己，从一个地方移动到另一个地方，以及寻找、发现和获取食物、水和空气；植物也有不同的部分（根、茎、叶、花、果）来帮助它们生存和生长。
4	● 植物和动物都有内部和外部的结构，在生存、生长、行为和繁殖中行使多样的功能。
初中	● 所有的生物都由细胞组成，细胞可以被称为生命的最小单元。一种生物可能由一个细胞组成（单细胞生物）或由许多不同数量和类型的细胞组成（多细胞生物）。 ● 在细胞内，特殊的结构产生特殊的功能，细胞膜形成了控制物质进出细胞的边界。 ● 在多细胞生物中，身体是一个由多种相互作用的次级系统组成的系统，这些次级系统是细胞群因一起工作而形成的组织和器官，为身体特殊的功能而特化。
高中	● 生物体内特化的细胞系统帮助生物执行特殊的生命功能。 ● 所有细胞在 DNA 分子形式中保留了基因信息。基因是 DNA 内的区域，该区域包含了编码蛋白质形成的指令，蛋白质执行细胞大部分的工作。 ● 多细胞生物有分层的结构组织，任何一个系统都由大量的部分组成，其本身也是下一个水平的组成部分。 ● 反馈机制维持生命系统内部状态在一定限度内并调节行为，允许其维持生命并发挥功能，尽管外部条件在一定范围内变化，但反馈机制激励（正反馈）或抑制（负反馈）将在生命系统内发生的变化。

（四）科学教育方法

科学教育方法是指为了实现教育目的所采取的行为方式的总和。目前，国际科学教育中重要的方法有：指导探索法、师生讨论法、自主参与法、问题引路法、操作实验法、激励成功法、环境陶冶法等。任何一种方法的实施都离不开学生的主动参与，离不开科学探究活动的开展，离不开教师的指导。

1. 以学生为主体的科学学习

任何一种有效的、成功的教学都必须有学生的参与。在科学学习中，基于建构主义的科学学习是最有效的，而建构主义的学习要求学生作为学习的主体。从自己的经历和思考出发建立自己的知识和再现知识的观点被称为建构主义。学习不是简单地把信息从教师或教科书传到学生的大脑；相反，学生应把已有知识与新知识结合起来，形成自己的理解，这样新知识才能为每个学生所有。

案例

4 年级学生上一堂与电有关的课。可用的设备有：几个鞋盒，每个鞋盒中装有 1.5V 电池、几条导线、1.5V 灯泡、几个灯座、一两个刀式开关和一个 1.5V 的电马达。对于电的知识，每个学生的了解水平各不相同。学生们自由分组，每组被分发一个装有各种器件的鞋盒，教师要求他们用鞋盒里的材料，设计出以前他们从不知道的东西。一些小组把导线的两端分别接在电池的上下部，能够感觉到导线发热；有的小组点亮了灯泡；有的小组设计了复杂的串联和并联电路；有一个小组甚至设计了螺旋桨，在与电马达连接后，制成了电风扇。

【评析】

这是一堂以学生为主体，符合建构主义思想的科学课。每个学生都从实验中学到了一些以前不知道的东西，对电有了新的认识。通过相互交流，以新的思维方式去认识所获得的知识，并以一种独特的、对自己有意义的方式把已有知识与新知识联系起来。

要使学生真正成为科学教学中的主体，教师需要做到以下几点：

（1）善于引发、呵护学生的好奇心。

科学始于好奇，科学教育也如此。小学生有强烈的好奇心，他们愿意了解陌生的事物，他们会用多种感官去探索物体和现象，他们会提出各种各样的问题。在科学教育中，这种好奇心可以得到不同程度的满足，从而激发进一步的好奇，再寻求高一层次的满足，周而复始，引起学生对科学的兴趣。所以教师要重视、爱护、培养这种好奇心，不要轻视，更不要把它看成无知的表现。

（2）尊重学生的观点。

在教学过程中，学生要成为主动的探索者，而不是被动的接受者，这就是许多专家提出的“像科学家一样学习科学”。学生在进入教室和实验室前，由于早先的经验，对许多问题已有了自己的看法，这些看法虽然可能是不成熟的，但不一定是不科学的。即便这些看法是错误的，教师也应该尊重，给予认真对待，在教学中加以修正与提高，不能不理不睬，更不能嘲笑，甚至一口否定。教师可以通过提出问题、为学生提供接受合适挑战和经验的机会以及传授新思维方法等措施，进行正确的引导，鼓励学生通过调查做出自己的判断，并密切关注学生思想的发展和变化，这种方法已成为近年来科学教学法的新潮流。

（3）开展开放性课堂教学活动。

课堂教学活动可分为两类：一类是限制性的，它只可能有一种答案，它能给出学生进行思考和解决问题的背景知识，有利于发展学生的聚合思维，如通过表演各种声音的产生使学生知道“声音的产生是由于物体的振动”；另一类是开放性的，它可以有多种正确答案，它鼓励学生自己去尝试、操作、思考，如“怎样使沉在水底的物体浮上来”这类问题。后一类活动更有利于促进学生独立性和创造性的发展，因为它刺激学生思考，调动他们的积极性，使他们充分利用现有知识，动手操作，展开联想，寻找答案。而答案又是多样性的，经历不同和运用不同方法的学生会得出不同的结论，相互的交流又使他们开阔了思路，从而促进了学生发散性思维的发展。所以，教师应在教学活动中多开展此类活动。

（4）加强师生交流。

学生科学思想的发展不仅通过第一手的经验，交流和其他方法在学习过程中也起着重要的作用。要鼓励学生与教师、学生与学生、学生与成人的交流，让他们充分表达自己的想法，通过交谈或非正式的写作，不但可以使他们的想法更加清晰，也能加强他们的反应、辩论及反思能力。交流中教师要注意以下问题：要注意倾听学生的谈话，注意他们表达语言的正确性和精确程度；要多提启发性问题，如“为什么会这样”“假如……会……”，给学生适当的思考时间，鼓励不同的想法；有时可以让学生掌握讨论的方向，不要强迫学生接受自己的观点；为学生提供对某个科学技术问题的解释或演示机会，注意学生此时的各种表现，如对材料的组织、所使用的语言、处理的深度和广度、是否明确地说明了问题、是否自信等；在学生需要帮助时，要适时给出恰当的反应。

2. 以科学探究为中心的科学学习

科学教育正经历深刻的转变，科学学习方法从传统的“听、看、读科学”转变为“动手动脑做科学”，从“验证结果”的教学过程转变为“亲身经历”的学习过程，从“研究课本”转变为“研究大自然的事物、现象和规律”。

生理学家揭示了以科学探究为中心的科学学习的生理基础。人不仅有视、听、嗅、触、味五大感觉，还有平衡意识、肌肉收缩系统、肌肉记忆意识、方向意识。在孩子亲自动手“做科学”进行探究的过程中，例如观察时，孩子们学会使用各种感官，以获得充足的经验基础来获取刺激，这种刺激将刻在他们的感官记忆中，并从这里渐渐形成过程记忆。在长期记忆中，连接记忆可以帮助人们认识刺激，使用刺激比使用感觉更容易。小孩子的经验没有大一点的孩子及成年人的经验多，因此提供足够的机会让他们获得经验基础显得非常重要。探究活动越多，孩子们的长期记忆储存量越大，就越能更好地与新观察到的事物产生联结。

现代科学教育使用的“科学探究”往往具有两个层面的含义：一是科学探究活动，二是科学探究技能。以科学探究为核心的科学学习同时包含上述两层含义，培养探究技能是科学学习的目标，而科学探究活动是科学学习的方式。

现代科学教育倡导让学生亲身经历以探究为主的学习活动，在探究活动中培养他们的好奇心和探究欲，发展他们对科学本质的理解，使他们学会探究解决问题的策略，为他们的终身学习和生活打好基础，进而达到培养小学生科学学科核心素养的目的。

3. 学习科学的途径应与学生能力和素质相适应

基础教育的最原始目的就是为所有的青少年提供机会与经验，使他们在踏入社会前做好最必要的准备。一个国家综合国力的增长、社会生活质量的提高不仅仅取决于少数“英才”，更大程度上取决于全体劳动者的素质。国际上许多教育专家认为：为了普遍提高学生的科学素养，科学教育应是“由下而上”的，而不是“由上而下”的。“2061 计划”的联合主席威廉·贝克指出，学校系统重新规划的焦点不是放在天才学生和重点班上，而是要教授所有的学生，使其在科学和技术方面有扎实的知识。英国纳菲尔德计划失败的最主要原因就是与此原则背道而驰，片面强调提高标准，把着眼点放在那些能适应繁重、严格、概念化要求的少数学生身上，从而忽视了大多数人。

在提倡“全民教育”的同时要注意“个性教育”，这是因为人是有差异的。差异可被分为“个别性”差异和“社会性”差异。“个别性”差异包括：智力、性格、身体和行为上的差别，不同的成熟程度、不同的理解能力和由此造成的不同学习方法和学习速度，早期的学习经历和所使用过的工具、仪器，以及某些学生在某一方面的超常才能，等等。“社会性”差异包括：不同的民族、语言，不同的性别，不同的社会、经济背景，不同的文化习俗（包括宗教信仰），不同的地理环境，等等。这些差异融合成了每个人与众不同的独特形象和内涵。因材施教、发展个性，是教育的本性所在，学校科学教育既不可能对所有学生提出同一个要求标准，也不应该采用同样的教学方法。

英国《国家科学教育课程标准》就允许同一年龄的学生达到不同级别的要求，这样可以使不同程度的学生都保持兴趣和信心。学校课程应是切合实际的和有所区别的。在教学过程中，所有课程都应与学生本身的经验相联系，并应引出这些知识的应用及在成人生活中的延续价值。教什么及怎么教都应与每个学生的能力及素质相适应。

为此，英国《国家科学教育课程标准》规定了科学教学的三条原则：

（1）设立适当的学习要求。

（2）满足学生不同的学习需要。

（3）克服个别和群体学生在学习和评估中的障碍。

面向全体学生的“全民教育”是社会——教育市场的要求，“个性教育”是学生——教育对象的要求，前者是基础教育的根本目的，后者是实现此目的的必要保证。

第二节　我国《义务教育科学课程标准（2022年版）》解析

在一节学习"溶解"的课上，教师做了一个演示实验，比较食盐和蔗糖的溶解度，他一边操作一边讲解规范操作的要点，并说明这是一个对比实验，要注意控制变量。在按照正确的方法做好演示实验后，他要求学生记住蔗糖溶解度比食盐要大这个实验结果，学生点头表示记住了。可是以后几堂课当需要运用溶解操作和对比实验时，学生却经常出现不规范操作。

这种演示+讲授的教学方式，没有使学生成为学习的主体。由于缺少亲身经历操作的过程，学生显然很难真正将规范操作和实验要求内化为自己知识体系的一部分，这是不符合我国《义务教育科学课程标准（2022年版）》中科学教育的基本理念的。

课程标准是规定国民在某方面或某领域的基本素质要求的国家课程文件，因此，它对教材、教学和评价具有重要指导意义，是教材、教学和评价的出发点和归宿。

我国科学教育改革起步于1981年3月，教育部颁发的"自然"教学大纲（当时的课程名称为"自然"）将自然课从"知识性"学科上升为"教育性"学科，而此前我国没有自己的自然课教材教法体系。20世纪90年代初，国家教委颁发的《九年义务教育全日制小学自然教学大纲（试用）》规定"自然是义务教育阶段的一门重要基础学科"，并且从一年级开始开设，提升了自然学科的地位。自2001年教育部颁布《全日制义务教育科学课程标准（3～6年级）（实验稿）》（以下简称《课程标准（实验稿）》）后，我国的小学科学教育由"自然教学"向"科学教学"转变。这些转变主要包括以下几点：从"自然知识"的教学转变为"科学素养"的教学，从"预设的"教学目标转变为"生成的"教学目标，从"看、听、读科学"转变为"动手动脑做科学"，从"以教师、教材、教室为中心"转变为"以学生学习为中心"，从"验证结果"的教学过程转变为"亲身经历"的学习过程，从"研究课本"转变为"研究大自然的事物、现象和规律"，从"少数学生参与"转变为"人人参与"，从"单一评价"转变为"多元评价"，等等。

2017年2月，我国教育部颁布了《义务教育小学科学课程标准》（以下简称《课程标准（2017）》），引领小学科学教育进入一个改革提升的全新阶段。标准主要内容包括前言、课程目标、课程内容和实施建议四部分，其后有附录。前言部分主要讲述该课程的性质、基本理念，以及课程设计思路。课程目标部分包括总目标、分目标与各部分目标之间的相互关系，分别从"科学知识目标""科学探究目标""科学态度目标"，以及"科学、技术、社会与环境目标"这四个方面进行阐述。课程内容部分是对总目标与分目标的进一步具体化，分别从"物质科学""生命科学""地球与宇宙科学""技术与工程"四个领域展开，每一条具体内容并不代表一个主题，而代表学生在小学结束时应该达到的程度。实施建议部分包括教学、评价、教材编写、课程资源开发与利用等建议。附录部分给出了教学案例，供教师理解与参照使用。

2022 年 4 月，教育部又颁布了新一版《义务教育科学课程标准（2022 年版）》（以下简称《课程标准（2022）》），对义务教育阶段（1～9 年级）的科学课程进行了全盘规划，强调了目标导向、问题导向、创新导向，完善了育人目标，优化了课程内容结构，细化了实施要求，加强了学段衔接，体现了学习目标的连续性和进阶性。

一、《课程标准（2022）》的课程定位与基本理念

（一）课程定位

《课程标准（2022）》中首先定位了义务教育科学课程的性质，指出了义务教育科学课程是一门体现科学本质的综合性基础课程，具有实践性。

对于《课程标准（2022）》所定位的义务教育科学课程的性质，应该从两个方面理解：

一是科学课程要体现科学本质。科学是人类在研究自然现象、发现自然规律的基础上形成的知识系统。科学课程要体现科学的本质，即对科学知识具有可验证性、相对性和暂时性的认识，对人与自然的关系的认识，对科学、技术、社会、环境之间关系的认识。现代科学教育强调通过现代科学知识及其社会价值的教学，让学生掌握科学概念，学会科学方法，培养科学态度，且懂得在面对现实生活中的科学与社会有关问题时做出明智决策，注重科学精神与人文精神的结合、现代科技与日常生活的结合、科学内容与科学过程的结合，以及知识教育与能力培养的结合。

二是小学科学课程的定位是基础性课程。虽然一个人科学素养的形成是一个长期的过程，但早期的科学教育将对他的科学素养形成起着决定性的作用。因为义务教育阶段既是一个人长身体、长知识的关键期，也是一个人心理发展的重要转折期。在这一阶段，学生将掌握基本的学习方法，养成学习习惯，学到的知识将对后来的学习产生重大的影响。基于此，义务教育科学课程是学生学习基础知识和基本技能的基础性课程。

（二）基本理念

《课程标准（2022）》秉持着以下基本理念：

1. 面向全体学生，立足素养发展

以习近平新时代中国特色社会主义思想为指导，落实立德树人根本任务。义务教育科学课程致力于实现义务教育阶段的培养目标，体现基础性、普及性和发展性。面向全体意味着为所有学生提供适合的、公平的学习和发展机会，适应学生个性发展的需要，使每个学生都能获得良好的科学教育。它充分考虑到学生在性别、天资、兴趣、生活环境、文化背景、民族、地区等方面存在的差异，在课程、教材、教学、评价方面鼓励科学教育的多样性和灵活性，这与科学教育的基本原则十分吻合。

面向全体学生意味着要让每个学生都能正确应对高科技时代的生活。随着科学技术的日益发展，其对人类生活的影响越来越大。这种影响不仅表现为高新科技，如新材料产品、各种通信手段、数字化生存方式不断进入人们的日常生活，使得生活在这一时代的人不仅需要具备各种科学知识，适应与享受现代生活，而且更需要理智地认识这一现象，知

道科学技术在给人类带来福音的同时，也会给人类造成麻烦，如环境污染、能源枯竭、情感丧失、生态破坏等。这些负面效应必须引起人类的高度重视，需要每个人在享受现代生活方式的同时，关注可能伴随而来的各种问题，自觉地减少与防止负面影响的出现。这是每个生活在这个时代的人都必须知道并付诸行动的。因此，科学学科核心素养是这一时代的人必须具备的基本素质。而要让每个人都具有科学学科核心素养，必须实施面向全体的科学教育。

科学课程面向全体学生还意味着必须提高每个人为科学进步与社会发展做贡献的能力。在科学技术作为第一生产力的时代，一个国家公民科学素养的水平不仅反映了这个国家的科学技术水平与国民生产能力，也是这个国家综合国力的体现。因此，不少国家把科教兴国作为一项基本国策实施，如美国提出了“面向全体美国人的科学”，日本提出了“全体国民教育”，我国也提出了“科教兴国”战略，充分反映了科学教育面向全体的思想。

2. 聚焦核心概念，精选课程内容

在当今知识爆发式增长的时代，课程内容需要减负提质，精选对学生终身发展有价值的内容。聚焦学科核心概念，精选与每个核心概念相关的学习内容，设计相应的系列学习活动，做到适合年龄特征、突出重点、明确要求，确保学生有充足的实践探究、实践与思考，在学习学科核心概念的基础上，理解跨学科概念，并用于真实情境。

3. 科学安排进阶，形成有序结构

基于学生的认知水平和知识经验，科学安排学习进阶。这意味着学习内容的安排要围绕核心概念的学习，循序渐进，由浅入深、由表及里，同时学习活动组织也要由简单到综合，逐步递进。将学习内容和学习活动有机整合，设计适应不同学段的探究和实践活动，形成有序递进的课程结构。如此安排符合学习进阶理念，利于学生形成良好的认知结构。

4. 激发学习动机，加强探究实践

学生对周围世界具有强烈的好奇心和求知欲，这种好奇心和求知欲是推动学生学习的内在动力，对其终身发展具有重要的作用。科学教学要创设一种愉快的教学氛围，保护学生的好奇心和求知欲，激发学生学习科学的兴趣，尊重他们的经验差异和学习特点，引导他们积极主动地开展探究式活动。

科学探究是科学家探索和了解自然、获得科学知识的主要方法。以证据为基础，运用各种信息分析和逻辑推理得出结论，公开研究结果，接受质疑，不断更新和深入，是科学探究的主要特点。工程实践则侧重于解决实际生产中遇到的问题，工程学的方法和设计都是为了解决实际问题。工程活动的本质是创造人工实体。明确问题、形成方案、实施方案、做出初步产品、评估产品并改进是工程活动的基本路径。

科学学习的方式是多种多样的，探究实践是学生学习科学的重要方式。探究式学习是指在教师的指导、组织和支持下，让学生主动参与、动手动脑、积极体验，经历科学探究与工程实践的过程，以获取科学知识、领悟科学思想、掌握科学方法、培养科学探究能力与技术工程实践能力的学习方式。

科学课程倡导探究式学习，为学生提供充分的探究式学习机会，强调做中学，逐步培养学生收集和处理科学信息的能力、获取新知识的能力、分析问题和解决问题的能力，以及交流与合作的能力等，使学生形成尊重事实、善于质疑的科学态度，突出学习能力、创新精神、实践能力，以及批判性思维和创造性思维能力的培养。

探究实践既是科学学习的目标，又是科学学习的方式。科学学习的目的是培养学生的科学核心素养，由于科学核心素养的目标是由多因素组成的，因此与单纯传授知识的讲授课相比，其教学过程也应该有所不同，这涉及教师教学观的转变。

5. 重视综合评价，促进学生发展

构建素养导向的综合评价体系，改进结果评价，重视正确价值观、必备品格和关键能力的考查；强化过程评价，关注学生在探究和实践过程中的真实表现和思维活动；强调评价主体多元，方法多样，内容全面。

在以培养科学核心素养为目标的科学教学中，由于教学目标的多元性——除了书本知识的学习外，还包括科学方法与技能的训练，科学能力的培养，以及科学情感、态度、价值观的养成，对其评价也必须采用综合评价方法。这是因为科学核心素养中的智慧、能力、情感、态度等因素与书本知识不同，不属于陈述性知识，而属于程序性知识，或称经验知识或默会知识。对这类知识，学生不可能通过简单记忆、模仿性操练学会，而需要通过亲历某些科学探究活动，在参与的过程中产生体验、感悟并最终内化，这是一种直接经验习得的过程。教师只有充分认识到这一点，在评价过程中安排好各种相关的真实情境，组织学生参与其中，运用过程性评价等多种方法，才能对学生知识、能力、情感、态度与价值观进行客观评价，促进学生科学核心素养的形成。

二、《课程标准（2022）》的课程目标

课程目标是预先确定的要求学生通过某门课程的学习所应达到的学习结果，也可以说是预先确定的要求学生通过某门课程的学习而在相关素质或特征方面所应发生的变化。课程目标既是指导课程设置、编排、实施和评价的整个过程的准则，也是课程自身性质和理念的体现。

《课程标准（2022）》中提出了科学课程总目标和学段目标。科学课程总目标是培养学生的核心素养，为学生的终身发展奠定基础；核心素养的内涵包括“科学观念”“科学思维”“探究实践”“态度责任”四个方面。总目标围绕这四个方面，给出了经过课程学习后学生在这四个方面应达到的程度。学段目标则进一步细化，对1～9年级学生在学习科学课程之后于核心素养方面所应达到的水平或程度做出了概括性的描述和明确的界定。其中，小学科学学科周期比较长，基于学生的年龄特征与认知规律，《课程标准（2022）》把小学6年学习时间划分为1～2年级、3～4年级、5～6年级三个学段。

（一）科学观念

科学观念是在理解科学概念、规律、原理的基础上形成的对客观事物的总体认识。科学观念既包括科学、技术与工程领域的一些具体观念，也包括对科学本质的认识，还包括

科学观念在解释自然现象、解决实际问题中的应用。

科学观念总目标表述为：掌握基本的科学知识，形成初步的科学观念，包括：

● 初步认识科学的本质；

● 掌握与认知水平相适应的科学知识，初步形成基本的科学观念，并能用于解释有关的自然现象、解决简单的实际问题。

《课程标准（2022）》从物质科学、生命科学、地球与宇宙科学、技术与工程四个领域描述科学知识的学段目标。

（二）科学思维

科学思维是从科学的视角对客观事物的本质属性、内在规律及相互关系的认识方式，主要包括模型建构、推理论证、创新思维等。

科学思维总目标表述为：掌握基本的思维方法，具有初步的科学思维能力，包括：

● 掌握分析与综合、比较与分类、抽象与概括、归纳与演绎、联想与想象、重组思维、发散思维、突破定势等基本的思维方法及其在科学领域的具体应用。

● 能基于经验事实抽象概括出理想模型，具有初步的模型理解和模型建构能力。

● 能合理分析与综合判断各种信息、事实和证据，运用证据与推理对研究的问题进行描述、解释和预测，具有初步的推理与论证能力。

● 能对不同观点、结论和方案进行质疑、批判、检验和修正，进而提出创造性见解和方案，具有初步的创新思维能力。

低年级段学生的思维能力处于具体形象思维阶段，因此，他们关注对具体现象与事物的外部特征的观察、描述、比较、分类、判断等；中年级段学生的思维能力处于由具体形象思维向抽象逻辑思维过渡的关键时期，因此，他们在关注具体现象和事物外部特征的基础上，分析现象和事件发生的条件、过程、原因等，涉及归纳、推理；高年级段学生具有一定的抽象思维能力，关注事物的结构、功能、变化与相互关系，涉及概括、系统化、控制变量等。

（三）探究实践

探究实践主要指在了解和探索自然、获得科学知识、解决科学问题，以及技术与工程实践过程中，形成的科学探究能力、技术与工程实践能力和自主学习能力。

探究实践总目标表述为：掌握基本的科学方法，具有初步的探究实践能力，包括：

● 掌握观察、实验、测量、推理、解释等基本的科学方法。

● 形成科学探究的意识，理解科学探究是探索和了解自然、获得科学知识、解决科学问题的主要途径，理解科学探究涉及提出问题、作出假设、制订计划、搜集证据、处理信息、得出结论、表达交流和反思评价等要素，具有初步的科学探究能力。

● 理解技术与工程涉及明确问题、设计方案、实施方案、检验作品、改进完善、发布成果等要素，具有初步的技术与工程实践能力。

● 能根据自身特点制订合理的学习计划，监控学习过程，反思学习过程与结果，具有初步的自主学习能力。

《课程标准（2022）》从科学探究、技术与工程、自主学习这几方面描述了探究实践的学段目标。

（四）态度责任

态度责任是在认识科学本质及规律，理解科学、技术、社会、环境之间关系的基础上，逐渐形成的科学态度与社会责任。从核心素养的角度看，观念、思维、能力、态度、价值观等应该是一个人素养的有机组成部分，是整合存在的。

态度责任总目标表述为：树立基本的科学态度，具有正确的价值观和社会责任感，包括：

- 具有对自然现象的好奇心和探究热情；
- 能大胆提出自己的见解，并基于证据和逻辑得出结论，实事求是；
- 不迷信权威，敢于大胆质疑，追求创新；
- 善于与他人合作和分享，包容不同的观点；
- 热爱自然、珍爱生命，具有保护环境、节约资源、推动生态文明建设和可持续发展的责任感；
- 能对与科学技术相关的社会热点问题作出正确的价值判断，尊重科学，反对迷信；
- 遵守科学与技术应用的公共规范、法律规则和伦理道德，维护自身和他人的合法权益，捍卫国家权益。

态度责任总目标第一条反映的是对待自然的态度，第二、第三、第四条反映的是对待科学的态度，第五、第六、第七条反映的是价值观和责任感。其后，《课程标准（2022）》从科学态度、价值观、责任感等几个方面描述了态度责任的学段目标。

三、《课程标准（2022）》的主要课程内容

《课程标准（2022）》中的科学课程内容共包括 13 个学科核心概念，贯穿整个义务教育阶段。通过对学科核心概念的学习，理解物质与能量、结构与功能、系统与模型、稳定与变化 4 个跨学科概念。13 个学科核心概念分属物质科学、生命科学、地球与宇宙科学、技术与工程四个领域。其中，物质科学领域 4 个，生命科学领域 4 个，地球与宇宙科学领域 3 个，技术与工程领域 2 个。这 13 个学科核心概念被分解成 54 个学习内容，在课程内容部分将其按 1～2、3～4、5～6、7～9 四个学段进行安排。根据核心素养发展水平，结合课程内容，《课程标准（2022）》还提出了每个学段的学业要求，整体刻画不同学段的学生在各个核心概念上学业成就的具体特征，即经历本学段核心概念下属学习内容的学习后应达到怎样的程度，以帮助教师把握教学的深度和广度，为教材编写、教学和评价提供依据。

由于小学科学课程的主要活动形式是探究实践，因此，课程内容部分还针对每个核心概念设计了教学提示，分成了教学策略建议和学习活动建议，供教材编写者和教师参考。其中教学策略建议指导教师如何在系列探究活动中灵活运用各种方法，加强学生体验；学习活动建议则对核心概念学习过程中开展的探究活动类型给出建议。

（一）物质科学领域

小学阶段（1～6 年级）的物质科学领域的课程内容，从学科的角度来看，最大价值在于启蒙小学生形成一些初步的物质科学意识。通过学习，初步形成观察自然界的物质意识、运动与变化意识和能量意识，初步形成对物质及其运动和变化的观察与实验意识和描述意识。

本领域内容的学习将有助于增强学生探究物质世界奥秘的好奇心，培养“世界是物质的，物质是运动的”的观点，使学生感受到物质科学对促进社会进步、提高人类生活质量的重要作用，帮助学生初步养成乐于观察、注重事实、勇于探索的科学品质。

在教学中，教师要帮助学生形成以下核心概念：

- 物质的结构与性质
- 物质的变化与化学反应
- 物质的运动与相互作用
- 能的转化与能量守恒

本领域学习内容之间的关系如图 1－1 所示①。

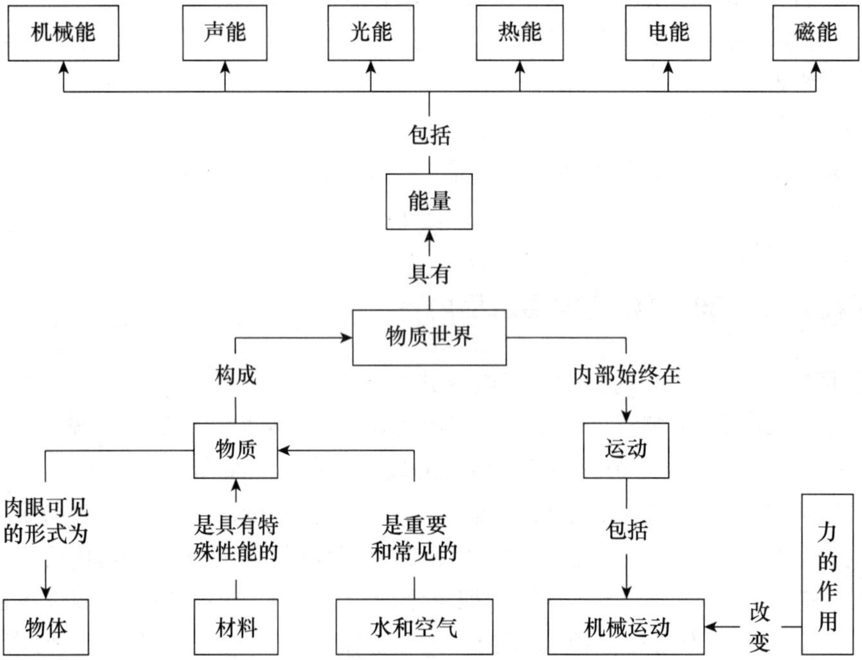

图 1－1　物质科学领域知识结构图

（二）生命科学领域

生命世界包含动物和植物等多种生物类群，生物的生存都需要一定的条件，例如营养物质、适宜的温度、水和空间等，在此基础上，生物个体能够生长、发育和繁殖后代，从

① 物质科学、生命科学、地球与宇宙、技术与工程四个领域的知识结构图均出自《课程标准（2017）》，可以帮助理解学习内容。

而使这些生物类群得以延续。植物能够制造营养物质，可供自身利用；而动物则不能制造营养物质，只能利用植物等生物制造的营养物质。生物之间，以及生物与环境之间相互依赖和相互影响，组成一个有机的整体。

本领域内容的学习，有助于激发学生了解和认识自然界的兴趣，帮助学生初步形成生物体的结构与功能、局部与整体、多样性与共同性相统一的观点，形成热爱大自然、爱护生物的情感。

在教学中，教师要帮助学生形成以下核心概念：

- 生命系统的构成层次
- 生命体的稳态与调节
- 生物与环境的相互关系
- 生命的延续与进化

本领域学习内容之间的关系如图 1－2 所示。

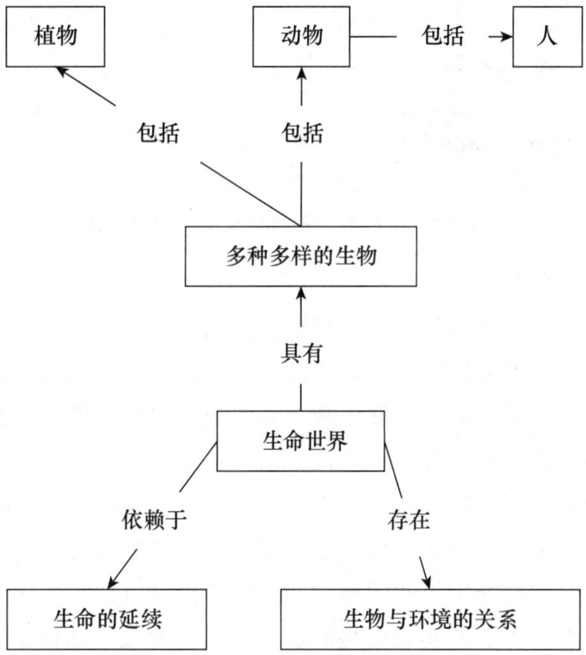

图 1－2　生命科学领域知识结构图

（三）地球与宇宙科学领域

小学阶段的地球与宇宙科学领域的课程内容，学科本体的价值在于使学生明白以下内容：认识地球内部及其表层环境，探索宇宙空间的奥秘，是人类千百年来孜孜以求的目标；地球与宇宙科学的研究，对于人类合理地开发利用空间资源和自然资源，正确认识人类与环境的关系，具有重要的理论意义和实践意义；地球与宇宙科学的研究方法既是本学科自身发展的重要内容，又可以为其他自然科学领域的发展拓展空间。

该领域内容的学习有助于激发学生对地球和宇宙的探究热情，促使学生对自然现象发生的原因保持无穷的想象力，认识到科学的进步和人类智慧的潜力，从而初步建立科学的世界观、自然观和宇宙观，引导学生初步形成人地协调的可持续发展观。

在教学中，教师要帮助学生形成以下核心概念：

- 宇宙中的地球
- 地球系统
- 人类活动与环境

本领域学习内容之间的关系如图 1－3 所示。

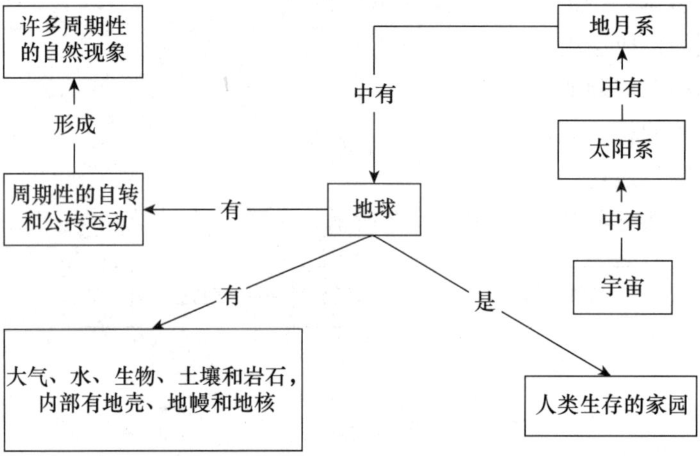

图 1－3　地球与宇宙科学领域知识结构图

（四）技术与工程领域

小学的技术与工程活动使学生有机会综合各方面所学的知识，去观察了解各种人造材料和天然材料的性质，学习使用工具，学习设计和制造东西，通过参与设计、制作等操作性活动，让学生体会到“做”的成功和乐趣，养成通过“动手做”解决问题的习惯，关注周围技术世界的发展，体验科学技术对个人生活、社会发展的影响。

学习本领域的内容，可以让学生学会如何进行技术与工程实践活动，培养学生的批判、创造等能力。特别是本领域强调以动手实践或实地观察的方式进行学习，可以使学生获得处理事务、解决问题的能力。本领域的实践活动也可以让学生了解到在技术与工程实践过程中，细心、耐心、务实和实事求是的重要性。本领域强调科学教育与工程技术教育的整合，学习本领域的内容，可以增强学生对科学以及科学、技术与工程之间关系的理解，为学生将来形成正确的科学观和社会价值观打下基础。同时，学生也可以了解到科学与技术的发展对人类生活的影响，学会使用和管理科学与技术，以适应现代化的社会生活。

在教学中，教师要帮助学生形成以下核心概念：

- 技术、工程与社会
- 工程设计与物化

本领域学习内容之间的关系如图 1－4 所示。

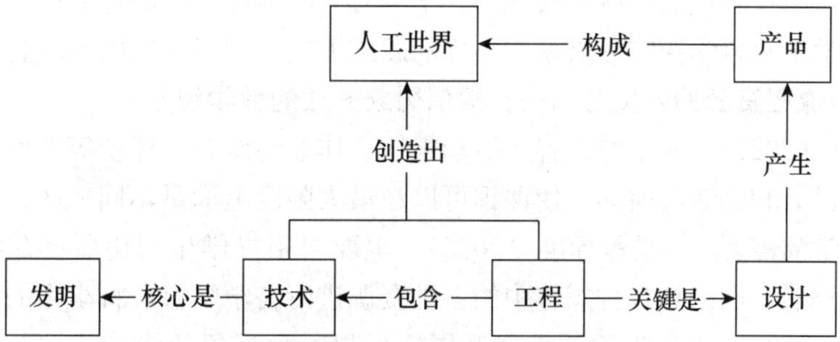

图 1-4 技术与工程领域知识结构图

四、《课程标准（2022）》的主要特点

（一）注重学生发展，面向全体学生

《课程标准（2022）》以提高学生核心素养为宗旨，强调学生是科学学习的主体，从学生的发展出发，为其终身学习和生活打好基础。《课程标准（2022）》旨在为每个学生提供公平的学习科学的机会和有效的指导，其内容标准所规定的是该年龄段学生应达到的基本要求。义务教育科学课程是对每一个学生进行科学教育的基础课程，要充分考虑每一个学生的个性差异，面向全体学生，因材施教，使学生各得其所，顺利发展。

（二）注重科学探究，提倡方式和策略的灵活多样性

《课程标准（2022）》积极倡导让学生亲历以探究实践为主的学习活动，在探究实践中体验学习科学的乐趣，获得自信与知识，增长能力，学会方法，形成正确的价值观。

学生的科学探究活动是一个循序渐进的过程，由简单到复杂、由教师扶持到逐步放开、由模仿到半独立再到独立。在教学实施中，不必拘泥于形式全程按部就班进行，要根据教学内容灵活掌握。

当然，探究不是唯一的学习模式，在科学学习中应考虑学生各方面的差异，灵活和综合运用各种教学方式和策略，在课程、教材、教学、评价等方面鼓励多样性和灵活性。提倡在一切有条件的地方，科学课程的展开应尽可能地运用现代教育技术。

（三）强调学生是学习的主体，倡导以学生的视角来学习科学

科学课程必须建立在满足学生发展需要和已有经验的基础之上，组织他们直接参与各种科学探究活动。《课程标准（2022）》强调学生是科学学习的主体，教师是科学学习活动的组织者、引领者和促进者。建议教材的编写与选择、教学策略与方式的选择与实施从学生观察世界的角度出发，而不是从成人的角度出发。

（四）注重内容贴近学生的生活实际，促进知识、能力和态度的整合

《课程标准（2022）》借鉴了国际科学教育的理论与实践，将课程目标划分为“科学观念”“科学思维”“探究实践”“态度责任”四个部分，加强了科学各领域之间的有机联系，关注人文精神与科学知识的融合，强调知识、能力和态度的整合。

科学课程知识内容以学生能够感知到的物质科学领域、生命科学领域、地球与宇宙科

学领域、技术与工程领域的一些比较直观、学生有兴趣参与学习的重要内容为载体，把重心放在培养小学生对科学探究的兴趣与正确的思维方式、学习习惯的养成上。

（五）注重课程资源的开发与利用，提倡树立开放的教学观念

《课程标准（2022）》在学习内容、活动组织、作业与练习、评价等方面给教师、学生提供了选择的机会和创新的空间，使课程可以在最大限度上满足不同地区、不同经验背景的学生学习科学的需要。《课程标准（2022）》也要求引导学生利用广泛存在于学校、家庭、社会、大自然、网络和各种媒体中的多种资源进行科学学习，将学生的科学学习置于广阔的背景之中，帮助小学生不断扩展对周围世界科学现象的体验，并丰富学生的学习经历。

《课程标准（2022）》要求教师在教学中尊重学生的意愿，以开放的观念和心态，为学生营造一个宽松、和谐、民主、融洽的学习环境，强调教学氛围的民主化。

（六）改进评价体系，提供全面评价学生的多个维度

《课程标准（2022）》主张科学课程的评价应能促进核心素养的形成与发展。评价指标是多元化的，评价方法和参与评价的人也是多元化的，这充分体现了新的科学教育理念。

五、新旧课程标准的主要区别

2001 年《课程标准（实验稿）》、《课程标准（2017）》、《课程标准（2022）》，都是由教育部制定的纲领性文件，对我国小学科学教育起着重要指导作用。三者都强调学生主体地位和以探究为核心的学习方式。从整体结构和指导思想来看，三者是一脉相承的，但在课程定位、课程设置、课程内容等方面，实验稿与后两版还是有很大区别的。《课程标准（2022）》与《课程标准（2017）》的指导思想、课程理念比较接近，《课程标准（2022）》更为强调核心素养导向，新增了学业质量标准以增强课标的指导性。以下以《课程标准（实验稿）》与《课程标准（2022）》为例，比较两者的主要区别。

（一）课程定位提升

《课程标准（实验稿）》的课程定位是：“小学科学课程是以培养科学素养为宗旨的科学启蒙课程。”“科学启蒙”这一定位主要基于以下考虑：虽然一个人的科学素养形成是长期的过程，但是早期的科学教育将对他的科学素养形成起决定性的作用。因为，小学阶段既是一个人长身体、长知识的关键期，也是一个人心理发展的重要转折期。在这一阶段，学生将掌握基本的学习方法，养成学习习惯，学到的知识将对后续学习产生重大的影响。同时，这一阶段又是打基础的阶段，学生的知识积累与思维能力的发展都极其有限。因此，科学教育不可能以系统的知识学习与方法训练为主，而只能根据小学生的经验，在他们熟悉的周围生活中选取有关的内容，让他们看一看、做一做、玩一玩、想一想，从中学到知识，培养兴趣，练习方法，为后续的科学学习打好基础，这就是科学启蒙的含义。

《课程标准（2022）》的课程定位是：“义务教育科学课程是一门体现科学本质的综合性基础性课程，具有实践性。”正规的科学教育，是一个人接受教育的起点，是实施素质教育的重要基础。这一时期获得的科学知识、探究能力、科学态度和对科学技术与社会关系的认识，应对促进学生今后发展和终身学习产生重大影响。基础性的知识不在于多而在于精，在于为学生今后发展打下一个稳固的基础。从“科学启蒙”课程提升为“基础性”课程显示了小学科学课程的重要性，其课程地位与语文、数学等学科相同。同时，小学阶段科学课程设置也进行了调整，从以往向3～6年级开设，改为向1～6年级开设，扩大了科学教育的对象，又从另一个角度显示了小学科学课程地位的提升。从进入小学1年级开始，尽早系统地、循序渐进地学习科学，能够使学生体验科学探究的过程，初步了解一些与小学生认知水平相适应的基本的科学知识和科学方法；培养学生初步的科学探究能力、思维能力、创新能力、运用科学解决实际问题以及进行表达和交流的能力；使学生初步形成实事求是的科学态度、对科学与探究的好奇心，具有创新意识、保护环境的意识和社会责任感，学会与他人合作，从而为他们今后的学习和终身发展奠定良好的基础。

（二）课程目标重新界定

《课程标准（实验稿）》将培养学生的科学素养作为课程目标，将科学素养总目标分解为三个分目标：“科学探究”、“情感态度与价值观”和“科学知识”。考虑到科学探究和情感态度与价值观的目标达成需要较长的时间，并应伴随科学知识的学习过程，因此在生命世界、物质世界、地球与宇宙的具体内容标准中，对它们做了有机的结合。

《课程标准（2022）》以培养学生的核心素养为课程目标，并将核心素养总目标具体分解成“科学观念”“科学思维”“探究实践”“态度责任”四个分目标。课程内容以学生能够感知的科学知识中的一些比较直观的、学生有兴趣参与学习的重要内容为载体，把重心放在培养学生对科学探究的兴趣与正确的思维方式、学习习惯的养成上。《课程标准（2022）》界定的核心素养增添了“科学思维”，凸显了对学生思维方式的培养、质疑精神和创新性培养的重要性。而“态度责任”这一方面，“责任”这一显性表述，顺应时代发展需要，让学生在学习科学的过程中产生责任感，意识到要肩负起推动生态文明建设和可持续发展责任，具有捍卫国家利益的使命感。

（三）课程目标分学段表述

《课程标准（实验稿）》将3～6年级的科学课程作为整个基础教育科学课程的一个相对完整的阶段，具体内容标准所表述的是6年级结束时绝大多数学生应达到的程度，不划分年级或年段，意图是给教材编写者和教师更大的创造空间。其课程目标分为总目标和“科学探究”“情感态度与价值观”“科学知识”这三部分分目标，对小学3～6年级学生在学习科学课程之后于科学素养方面所应达到的水平或程度做出了概括性的描述和明确的界定。例如，《课程标准（实验稿）》第二部分“课程目标”的“科学探究”分目标中关于“提出问题”的水平描述为：“能通过对身边自然事物的观察，发现和提出问题。”更具体的要求出现在《课程标准（实验稿）》第三部分“内容标准”中，有如下三个不同层次水平的描述：

- 能从“这是什么”“为什么会这样”等角度对周围事物提出问题。
- 能选择适合自己探究的问题。

● 能对所提出的问题进行比较和评价。

上述分层次水平的描述虽然没有对在何年级达成该目标做出明确规定，但显示出一定的递进性。可见，《课程标准（实验稿）》无论是总目标还是分目标，其表述都是对 3～6 年级学生完成小学教育阶段时科学素养水平的概括，为教材编写和教学提供了较大的自由度；但是，课程目标这样表述显得较为笼统，操作依据不足。

《课程标准（2022）》把小学 6 年学习时间划分为 1～2 年级、3～4 年级、5～6 年级三个学段。课程目标以培养学生的核心素养为总目标，具体分解成“科学观念”“科学思维”“探究实践”“态度责任”四个方面。每个方面的目标又分为总目标和学段目标。同样以“探究实践”中“提出问题”的水平为例，《课程标准（2022）》的“探究实践”总目标表述很简单，即为“提出问题”，但在学段目标中分了三个学段对“提出问题”进行描述：

● 1～2 年级（低）：能在教师指导下，通过对具体现象与事物的观察和比较，提出感兴趣的问题。

● 3～4 年级（中）：能在教师引导下，通过对具体现象与事物的观察和比较，提出可探究的科学问题。

● 5～6 年级（高）：能基于所学知识，从事物的结构、功能、变化及相互关系等角度提出可探究的科学问题。

对比新旧课程标准的以上表述，可以发现《课程标准（2022）》课程目标的分段目标提供了更加具体的要求，无论是对教材编写者还是对教师而言，操作指导更有针对性。

（四）聚焦核心概念，增加技术与工程内容

科学知识是培养科学素养的载体。《课程标准（实验稿）》考虑到科学探究和情感态度与价值观的目标达成需要较长的时间，并应伴随科学知识的学习过程，因此将它们有机结合在科学知识的具体内容标准中，《课程标准（实验稿）》将科学知识分成生命世界、物质世界、地球与宇宙三个领域。

《课程标准（2022）》则精选了物质科学、生命科学、地球与宇宙科学、技术与工程领域的 13 个学科核心概念和 4 个跨学科概念。新增添的技术与工程领域相关的核心概念是：“技术、工程与社会”和“工程设计与物化”。两个核心概念相应的学习内容如下：

“技术、工程与社会”学习内容：

● 技术与工程创造了人造物，技术的核心是发明，工程的核心是建造。

● 技术与工程改变了人们的生产和生活。

● 科学、技术、工程相互影响与促进。

“工程设计与物化”学习内容：

● 工程需要定义和界定。

● 工程的关键是设计。

● 工程是设计方案物化的结果。

科学教育与工程教育相整合，可以增强学生对科学以及科学与工程之间关系的理解。小学的技术与工程教育应让学生知道，我们现在所使用的各种工具和仪器都是设计的产物，利用这些工具和仪器，我们可以更好地了解世界并进行新的设计，从而帮助学生理解科学、技术和生活的关系。学生从小就会利用简单的工具和材料，设计、制造属于他们的“产品”，这就是学生的工程与技术的实践活动。从某种意义上来说，每个孩子都是天生的“工程师”。小学科学课堂进行的技术与工程实践大多简单易行，这些实践活动能够让学生拥有一双灵巧的手，获得使用工具解决生活中的实际问题以及制作产品的经历和体验，培养创造性地解决问题的能力。小学的工程技术活动使学生有机会综合所学各方面的知识，去观察了解各种人造材料和天然材料的性质，学习使用工具，学习设计和制造东西，通过参与设计、制作等操作性活动，让学生体会到“做”的成功和乐趣，养成通过“动手做”解决问题的习惯，关注周围技术世界的发展，体验科学技术对个人生活、对社会发展的影响。

（五）突出知识的内在联系

《课程标准（2022）》围绕学科核心概念和跨学科概念，关注知识间内在的联系，促进知识结构化，改变知识碎片化和割裂式的教学倾向，构建了贯穿整个义务教育阶段 1～9 年级的整体科学课程。不仅如此，在核心素养四方面学习内容阐述中，注重各分学段目标的学习进阶，各学段教学内容安排具有序列化和递进性。此外，《课程标准（2022）》创新性地提出了学业要求和学业质量标准，同样也关注了各学段的衔接和递进。

而《课程标准（实验稿）》由于仅限于对 3～6 年级的科学课程进行规划，具体内容标准所表述的是 6 年级结束时绝大多数学生应达到的程度，因而没有呈现学习进阶的特征。

第三节 小学科学的学科特点

在一次微格教学大赛上，来自地理专业的小王展示了小学科学《梅雨》一节课的部分新授环节，她利用动画等多媒体手段，全程采用讲解方式，向小朋友介绍了不同的梅雨类型，解释了梅雨是如何形成的，但是评委老师却给了低分，小王感到很委屈，她感到不解：我不是把知识点讲解得很清楚吗？

小王之所以会得低分，是因为她对小学科学的学科特点没有把握好。在小学科学课堂上，仅仅靠教师讲解知识点显然是不够的。

小学科学作为小学阶段的一门基础性学科，承担着培养小学生科学学科核心素养、为他们的继续学习和终身发展打好基础的责任。它涉及物质科学、生命科学、地球与宇宙科学、技术与工程等领域，以探究实践为主要方式，引领学生探索了解周围的事物，倡导做中学、玩中学，通过自主探究学习与初步的技术工程实践，体验科学探究与技术工程实践的一般过程，掌握基本的科学知识，形成初步的科学观念，掌握观察、测量、实验、推理、解释等科学方法以及一些基本的科学思维方法，养成热爱科学、热爱自然、实事求是、勇于探索的科学精神和科学态度，以核心素养为导向，促进学生的可持续发展。

与小学阶段其他学科相比，小学科学有其独有的一些特点。

一、启蒙性

小学科学课程是一门以培养学生科学学科核心素养为目标的综合性基础课程。课程标准将科学课程性质定为基础性课程，这是为了强调科学课程在义务教育阶段的重要地位。而小学阶段是学生科学学习的基础阶段，是为了帮助学生初步建立对客观世界的科学认识，形成初步的科学探究实践能力以及热爱自然、探索科学的兴趣和态度，为他们的后续学习和终身发展奠定基础。科学素养的形成是长期的，早期的科学教育将对一个人的科学素养的形成具有决定性的作用。科学素养的内涵是非常丰富的，依据《课程标准（2022）》，科学课程的核心素养包括科学观念、科学思维、探究实践、态度责任等方面，具体包括对科学的体验和认识，掌握一定的科学知识，具有一定的思辨分析和探究事物的能力，解决一些简单的实际问题，形成基本的科学态度和社会责任感等。承担科学启蒙任务的小学科学课程，将细心呵护小学生与生俱来的好奇心，培养他们对科学的兴趣和求知欲，引领他们学习与周围世界有关的科学知识，帮助他们体验科学活动的过程和方法，使他们了解科学、技术与社会的关系，乐于与人合作、与环境和谐相处，为后续的科学学习、其他学科的学习、终身学习和全面发展打下基础。

知识卡片

对公民科学素养含义的理解和表述，随着社会和经济的不断发展变化而更新，而且反映出浓厚的时代背景。国际上对科学素养的研究尚处于完善阶段，还没有形成统一的、被广泛认可的表述。以下为几个有代表性的表述：

（1）经济合作与发展组织（OECD）认为，科学素养是运用科学知识，确定问题和得出具有证据的结论，以对自然世界和通过人类活动对自然世界的改变进行理解和做出决定的能力。

（2）国际学生评估项目（PISA）提出，科学素养的测试应该由三个方面组成：科学基本观念、科学实践过程、科学场景。测试范围应由科学知识、科学研究的过程和科学对社会的作用三个方面组成。

（3）美国学者乔·米勒认为，公众科学素养由相互关联的三部分组成：科学知识、科学方法和科学对社会的作用。具体来说，就是拥有足够的可以阅读报刊上各种不同科学观点的词汇量和理解科学技术术语的能力、理解科学探究过程的能力、关于科学技术对人类生活和工作所产生的影响的认识能力。

（4）欧盟国家科学素质调查的领导人J. 杜兰特认为，科学素养由三部分组成：理解基本科学观点、理解科学方法、理解科学研究机构的功能。

《课程标准（2017）》前言中指出，科学素养是指了解必要的科学技术知识及其对社会与个人的影响，知道基本的科学方法，认识科学本质，树立科学思想，崇尚科学精神，并具备一定的运用它们处理实际问题、参与公共事务的能力。《课程标准（2022）》则界定科学课程的学生核心素养，主要是指学生在学习科学课程的过程中，逐步形成的适应个人终身发展和社会发展所需要的正确价值观、必备品格和关键能力，是科学课程育人价值的集中体现，包括科学观念、科学思维、探究实践、态度责任等方面。

科学学习的内容非常多，包括物质科学、生命科学、地球与宇宙科学、技术与工程等多个领域，但在小学阶段，学生的学习内容都是一些最基本的、基础性的简单科学知识，大部分内容定位于初步了解或对简单现象的探究，对一些复杂的内容安排在中学进一步深入学习。作为启蒙教育，小学科学更关注呵护、激发学生对科学技术的学习探究兴趣，而不追求传授给学生更多的科学知识。如观察地上的蚂蚁、种子的发芽，探究沉与浮到底与什么有关……在简单的内容学习中，让学生体验科学，了解科学探究的一般过程，掌握一些基本的科学探究技能，感受科学与人类的关系，养成热爱科学、勇于探索、实事求是、乐于合作的科学精神。

在教学中，教师如何体现启蒙性呢？首先，选择的内容要简单，学习要求不要过高，不要挖掘得太深；其次，在学习的过程中要注意保护学生的兴趣、好奇心；最后，注意一定的科学方法渗透和探究能力培养，但也不能要求过高，主要以试试、玩玩、做做、看看为主，指导学生初步实践体验科学探究，促使学生发现问题、尝试解决简单问题。

二、生活性

科学课程的内容要满足社会和学生双方的需要，应选择贴近学生生活的、符合现代科学技术发展趋势的、适应社会发展需要的，以及为学生的人生建造知识大厦永久基础的最必需的内容。《课程标准（2022）》指出：（教学内容）突出核心概念在真实情境中的应用，加强知识学习与现实生活、社会实践之间的联系……提出科学课程要从学生的认知特点和生活经验出发，让他们在熟悉的生活情境中感受科学的重要性，了解科学与日常生活的密切关系，逐步学会分析和解决与科学有关的一些简单的实际问题。

在小学科学的课程内容中，许多来源于学生周围的生活，如校园里的植物、周围的土壤、常见材料、天气变化、物体的沉与浮、月相变化等，这些事物、现象就在学生的周围，是学生在日常生活中所耳闻目睹的，以这些身边的事物、生活中的问题为载体开展科学学习、探究，有利于拉近科学与学生的距离，使学生体会到科学就在身边，生活中处处有科学，科学学习对我们日常生活很有用。生活化的内容也便于学生入手，展开自主探究。如在学习常见材料时，可让学生课前收集身边的各种物品，交流制作它们所用的材料，通过比较、实验等方式了解金属、陶瓷、纸、塑料等不同材料的性能、特点与用途。

小学科学的生活性还体现在密切联系学生的生活，为学生今后的健康、科学生活服务，帮助学生理解身边的科学现象，解决生活中的问题。如学会选择合适的材料盛放食物；了解食物与营养，养成良好的饮食习惯；了解人体的构造和各器官的功能，爱护身体，学会合理运动与休息；利用所学的水的蒸发快慢的知识，让水果保持水分，让湿衣服干得更快；等等。

总之，小学科学提倡以生活中的事物为研究内容，以生活化的方式展开探究，解决生活中的问题。

案例

三年级第二学期“把固体放到水里”教学活动片段

师：“今天，我给大家带来了一些材料。它们是什么呢？请小组长把盒子拿过来，同学们认真、仔细、安安静静地观察。”

生：“有玻璃、蜡烛、布条、泡沫、橡胶塞、辣椒。”

师：“其他组来汇报些不同的。”

生：“还有橙子、粉笔、橡皮泥。”

生：“我补充，还有高锰酸钾。”

师：“观察得真仔细。”

师：“它们虽然名字各不相同，但都有一个共同的称谓叫——”

生齐：“固体。”

师：“对！我们已经认识了固体。今天如果要来研究这些固体，你们准备怎样研究？”

生：……

师：“那今天就按你们说的来研究。把固体放到水里，好不好？”

生：“好。”

师：“我们就先来猜猜，把它们放到水里会出现一些什么现象。桌子上有一张表，请小组长把同学们猜测的情况记录到表上。”

学生分组猜测观察情况。

师：“猜测的情况有哪些？哪个小组先来说一说？”

师：“第四组。”

师：“其他组认真地听，有不同的看法待会儿来补充。”

生：“我们组猜测的是橡胶塞会沉，玻璃会沉，大蜡烛会沉，小蜡烛会浮，布条会沉，橡皮泥会沉，泡沫、辣椒会浮。”

生：“我补充，我们认为粉笔会沉；小蜡烛也会沉；橙子大的会沉，一瓣橙子会浮，小的橙子会浮。”

生：“我不同意，我们认为橙子不论是大的、小的还是一瓣的都会沉。”

生：“我们也认为蜡烛无论大小都会沉。”

师：“有的认为沉，有的认为浮，这都只是我们的猜测而已。究竟情况如何，我们可以怎样得知？”

生：“做实验试一试，就知道了。”

师：“对，亲自做实验。可我们有这么多的材料，怎么做好呢?”

生：“一样一样地放到水里。”

师：“你们觉得他的建议怎么样?”

生：“可以。”

师：“为什么要一样一样地放，而不一起放呢?”

生：“因为一起放，材料太多了，不便于观察。”

生：“看得不准。”

师：“哦，原来是这样。在做实验时，还要注意些什么呢?”

生：“要注意仔细观察，做好记录。”

生：“要注意安全，讲究卫生。”

师：“同学们想得真周到，在实验中，不仅要仔细观察，还要认真思考。等会儿看哪组观察得最仔细，发现得最多。”

学生们分组实验。

【评析】

科学学习，就是要建立在学生已有的生活经验基础之上，只有这样，学生才会积极主动地投入。这里所用的活动器材都是生活中常见的，容易激发学生的兴趣；随后让学生从已有的生活经验出发进行猜想，既体现了学生的主体地位，又有效地把学生引入积极探究之中。

三、综合性

小学科学是小学阶段的一门综合性课程，无论是在学习内容、学习目标上，还是在学习方式上，都具有很强的综合性。

从学习内容来看，小学科学以身边的事物为学习研究对象，范围非常广泛，涉及自然科学的多个领域，是中学物理、化学、生物、地理等多门学科的基础综合。它包括研究动植物的身体形态结构、动植物的生长与繁殖、生物对环境的适应等生命科学内容，包括运动与静止、各种各样的力、简单机械、常见材料、能与能源、声、光、电、磁等物质科学内容，包括地球的自转和公转、月相变化、太阳系、星座等地球与宇宙科学内容，还包括人类对自然世界的认知发展过程、科学技术的发展史、工程与技术等内容。在教材内容的组织上，有些也按照一个主题，综合了多领域的内容。例如，江苏凤凰教育出版社五年级上册第三单元“地球的表面和内部”，既有地表形态、各种地形的认识，也有地震和火山两种破坏性很强的地质灾害的介绍和原因探究，还有地球的内部结构、地壳运动和造成地表形态变化的内部外部各种因素的探究，了解三大类岩石的成因等，有静态的地表认识，也有动态的变化探究，有外部形态也有内部结构认识，学习方式有阅读、观察、模拟实验、模型制作等，同时有助于学生形成系统与模型、稳定与变化等跨学科概念（见图 1-5)。

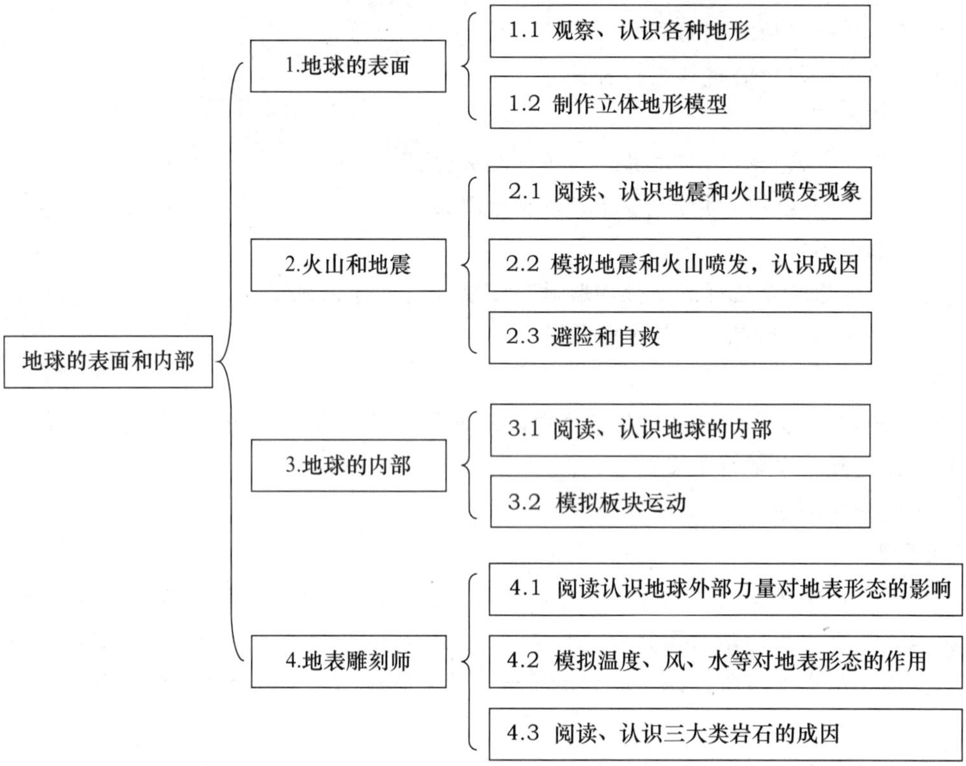

图 1－5　单元教学“地球的表面和内部”的内容结构

资料来源：科学：五年级上册．南京：江苏凤凰教育出版社，2019.

从学习目标来看，小学科学课程以培养学生的科学学科核心素养为宗旨。因此，小学科学不仅有各种各样丰富的科学知识、原理的学习，也有在不同类型活动中科学方法与技能、技术加工与制作技能的训练，如温度计、测力计、酒精灯、过滤器、溶解器等各种科学仪器及基本技能的动手操作训练，基础技术加工工具使用技能的训练，以及发现问题、查找资料、设计探究（或技术工程）方案、整理分析解释实验数据（分析产品试验数据）、建立模型等思维能力培养。此外，通过不断学习，满足学生的好奇心和探究欲，使学生逐步地感悟科学、技术、社会与环境的关系，发展对科学本质的理解，初步形成正确的科学态度。

知识卡片

在小学科学教学中，应帮助学生正确认识科学的本质，正确理解科学的作用和演变。

对于科学，既有许多人把它当作一种绝对的真理，也有许多人把它理解为单纯揭示客观现象和事物变化的科学知识、规律和原理。古今中外，不同的学者、科学家对科学有各种不同的定义。这些定义尽管有所差异，但也有其共同之处。目前为止，各界学者普遍接受科学是一个“三位一体”的概念。首先，科学是客观存在在人脑中的反映。这一客观存在不仅指自然界的物质存在，也包括社会的精神存在。其次，科学是以范畴、定理、定律、规律等形式反映客观存在的本质与规律的，是一种系统化了的知识体系，它不同于意见、猜测和传说。最后，科学不仅指认识的结果，也包括思维过程与思维方法。科学是一种探索未知的创造活动，是一个不断探究、发现、丰富和完善的过程。

科学具有一定的相对性和历史性，新的科学发现常常对原有的理论提出挑战，进而产生新的解释和理论。虽然科学思想是不断发展变化的，但是很多基本的科学知识、规律和原理是相对稳定的。虽然科学追求客观，但它难免受主观影响。科学家的研究始终追求日益精确地逼近客观世界的真实状况，对客观世界的万物及其变化做出解释，但它毕竟是人类对自然界的"反映"，科学家的观察、实验、解释会受到现有条件、理论指导、信念、文化等各种因素的影响。

从学习方式来看，小学科学的学习以活动为主，需要综合运用多种学习方式，如：阅读相关资料、观看视频，了解动物的迁徙洄游；通过交流讨论日常生活中看到的某些现象，推测影响物体沉浮的因素；通过设计对比实验并实施，研究种子的萌发需要的适宜的温度……即使是在一节课的学习中，也经常有观察、实验、阅读、交流、讨论等多种方式，既可以是集体的互动学习，也可以是个体的独立学习探究，还可以是分小组合作。

四、实践性

《课程标准（2022）》指出，以探究实践为主要方式开展教学活动。小学科学课程把探究活动作为学生学习科学的主要方式，强调从学生熟悉的日常生活出发，使学生通过亲身经历、动手动脑等科学探究、工程与技术实践活动，了解科学探究的具体方法和技能，理解基本的科学知识，发现和提出生活实际中的简单的科学或技术问题，并尝试解决，在探究实践中体验和积累探索自然、工程实践的初步经验，具备初步的科学思维能力、科学探究能力、技术与工程实践能力。同时，学生亦可在探究实践活动中培养科学态度与社会责任，学习与同伴交流、交往与合作，具备初步的自主学习能力。

在小学科学教学中，教师要非常注重学生实践能力的培养，注重学生的亲身操作体验，提倡让学生在实践中学科学、用科学、爱上科学。科学本身就是一个在实践中不断发现问题、研究问题、解决问题、获得发现的过程。同时，认知科学的发展也告诉我们，有效的学习离不开学生的主动建构，而建构的重要基础是学生自己的实践体验。意大利教育家蒙台梭利曾经说过："我听过了，我就忘了；我看见了，我就记得了；我做过了，我就理解了。"讲给学生听，做给学生看，都不如让学生自己动手实践，亲自试一试、做一做。2001 年，中国教育部和中国科学技术协会共同在中国启动了一项具有重大意义的科学教育改革项目，取名为"做中学"，倡导在幼儿园和小学进行基于动手做的探究式科学学习和科学教育，进一步强调了科学教育的实践性。通过实践活动，学生可以得到更多的经历和体验，可以把科学知识的学习，探究和解决问题能力的提高，科学态度、科学精神的培养，有机地融合在一起。

小学科学的教学内容和学习活动设计，都体现了实践性的特点。例如为了帮助学生了解生物的生命过程，了解其生长过程中的变化，课程设置了种植植物、饲养小动物的活动。让学生自己养蚕，给蚕宝宝喂食，观察它们进食、休眠、蜕皮、结茧、羽化等生长过程；让学生种牵牛花，亲手播下牵牛花的种子，观察它发芽，给它浇水、施肥，看着它从长出幼苗一直到开花结果、凋谢枯萎……又例如，让学生亲自动手搭建一座桥梁模型，在一次次的尝试与改进中，了解桥梁的组成结构，探究如何提高桥梁的坚固性和承重能力，亲身体验不同的形状结构对桥梁的承重能力的影响，尝试设计与制作满足一定承重要求的桥梁模型，感受科学与技术的魅力……

五、探究性

探究（inquiry）就其本义，是探讨和研究。探讨就是探求学问、探求真理和探求本源；研究就是研讨问题、追根求源和多方寻求答案，解决疑问。探究是科学最本质的特征。科学就是不断探究和发现的过程。探究式学习类似于科学研究的方式，这种符合儿童天性的学习方式可以激发儿童学习科学的兴趣，有利于儿童对科学概念的理解，也是培养儿童的科学探究能力、科学思维能力、科学精神的有效学习方式。因此，小学科学教学提倡以探究为主要方式，努力为学生创造各种探究机会，引领学生经历“发现问题—提出假设—设计方案—收集证据—得出结论—交流评议”的探究过程。

在小学科学的教学过程中，许多活动是以探究的形式展开的，其目的就是让学生经历和体验探究过程，通过自主探究主动获取科学知识，学习和使用各种科学方法，提高探究能力，培养勇于探索、分工协作的科学精神和严谨细致、尊重事实、注重证据的科学态度，提升综合科学素养。在教学中应减少直接讲授，转变原来以知识传授和验证为目的的实验操作，从学生角度出发，将学习内容转化为问题，引导学生从问题出发，制订简单的科学探究活动计划，开展探究学习。

第四节　小学科学教材

尽管顺利通过了教师资格考试笔试，上海的小叶同学在准备面试的时候犯了难，据她了解，上海地区的小学科学课程目前执行的是上海地方性课程标准，她接触到的教材也是上海地区专用的。如果面试的试题来自她并不熟悉的全国通用教材，那么她该如何应对呢？

其实教材不管是什么版本的，秉承的小学科学教学理念都是一致的。不同版本的小学科学教材有很多共通之处。

在2001年《课程标准（实验稿）》颁发后，全国各地小学科学教材主要有以下审定通过的多套教材：教育科学出版社的《科学》教材（以下简称“教科版”教材），江苏凤凰教育出版社的《科学》教材（以下简称“苏教版”教材），人民教育出版社的《科学》教材，大象出版社的《科学》教材，广东教育出版社、广东科技出版社的《科学》教材，河北人民出版社的《科学》教材，青岛出版社的《科学》教材（分六年制和五年制两套教材），湖北教育出版社的《科学》教材，湖南少儿出版社的《科学》教材。此外，还有多套试验性教材正在试用阶段。从 2017 年 9 月起，全国小学从 1 年级开始使用新版教材，教材依据《课程标准（2017）》编写，当时的 3～6 年级仍旧使用旧版教材。根据《课程标准（2022）》编制的教材正陆续投入使用。

以下主要介绍"教科版"和"苏教版"这两套覆盖面相对较广的教材。这两套教材既较好地体现了鲜明的中国科学文化特色，又能够紧密对接国际科学教育理论前沿。教材以学生的认知活动为基础设计出内容的主线，充分体现了科学启蒙教育的特点，力求使科学课贴近学生的真实生活，贴近学生的精神世界。

一、"教科版"教材

教育科学出版社依据《课程标准（实验稿）》出版的《科学》教材全套 8 册（3～6 年级），共 37 个单元，约 140 课，其中，侧重生命世界主题的单元 10 个，侧重物质世界主题的单元 11 个，侧重地球与宇宙主题的单元 8 个，另有 8 个跨学科的综合单元。

（一）科学概念与探究协同发展的设计思路

整套教材的编排从横向上注意一册教材各个部分内容的均衡性，从纵向上则注意各册教材间科学概念发展的应用逻辑顺序和科学探究能力发展的层次。全套教材以学生探究能力发展为主线，用探究活动构建出教材。教材经历了从单纯追求结论到强调学生经历的转变、从追求事实性知识到关注科学概念的转变。

以下各年级递进的活动水平安排，体现了教材的设计思路：

3 年级：对特定物体进行观察和描述——发现观察对象更多的观察内容和采用更多的观察方法，学会提出问题，写作观察记录及进行小组间的交流。

4 年级：有计划地对一个主题进行多侧面调查——学习制订包括研究问题、研究方法、研究准备、小组分工在内的研究计划，并付诸实施。

5 年级：自主参与和完成一个比较完整的探究过程——学习只改变一个变量的对比实验，及对实验现象和观察结果做出自己的解释。

6 年级：尝试进行某些开发性较强的自主探究活动——在系统地观察和实验操作方面积累更多经验。

2017 年 9 月开始使用的"教科版"新版教材采用了科学概念和科学探究双螺旋协同发展的编写思路，表现出"大单元"的组织形式和"聚焦""探索""研讨""拓展"四个板块的呈现方式。以 1 年级上册新版教材为例，安排的活动主要是观察、比较和测量：以观察、记录、交流为重点，与概念协调发展；在观察中比较，用相同及不同的物体进行测量。新版教材将原有的科学概念与探究协同发展延伸到小学 1 年级，延续了原有风格，活动水平符合儿童发展特点。不同的是，新版教材第一册只有"植物"和"比较和测量"两个单元，而其中的"比较和测量"单元侧重探究的能力培养，更突出了学生探究能力发展这条主线。

（二）精到的内容选择

整套教材强化了概念对于学生建构过程的表现，结构安排上强化了对一个概念由浅入深的编排过程，体现了“一英寸宽，一英里深”的思想。首先，在探究活动设计方面，单元主题少，明显表现出教材在统一的课程标准之下，对概念的整合与选择。单元的精简，能够使学生在有限的学习时间内，深入地探究一个话题，并保持概念建构、能力培养的连贯。其次，教材不用单纯的知识点做主题，尽可能不用专业术语、抽象概念表述科学概念和科学原理，取而代之的是一些生活化、口语化、儿童化的主题，教材选编的内容是开放的、贴近儿童生活的。最后，该教材在选择教学素材时有意识地挖掘了一些能表现科学、生活、社会相互关联的综合内容，使学生对科学的学习不再停留在获取知识上，而能参与科学探究过程，经历科学发现的过程。教材突出科学探究的关键是培养学生的问题意识。

（三）清晰的呈现方式

该套教材每个单元均有针对单元学习的单元首页；针对教学活动的结构，为每一个活动都设计了表现活动主题、活动方法的标题；体例比较统一；每个单元之后都设计了相关的阅读资料；文字简明，图像清晰可读性很强；活动记录安排在教学活动中（见图 1－6）。

图 1－6 “教科版”新版《科学》教材的页面呈现

资料来源：科学：一年级上册．北京：教育科学出版社，2017.

该套教材的内容依据课程标准编写，教材的设计意图指向明确，知识点呈现清晰，给教师使用教材提供了方便。该套教材还特别注重把学生带出课堂，投入社会活动，这样的结构安排与目前新课程标准及其研发者的思路较为统一。

二、“苏教版”教材

江苏凤凰教育出版社出版的《科学》教材是21世纪的第一批科学启蒙教材之一。依据《课程标准（实验稿）》编写的教材一共8册（3～6年级），共42个单元，其中，侧重生命世界主题的单元14个，侧重物质世界主题的单元14个，侧重地球与宇宙主题的单元5个，专门训练过程技能的单元9个。

（一）体现“大教材”观

“苏教版”教材体现的是一种全新的教材观：科学教材不是孤立的、静止的、封闭的，更不是学生科学学习的全部内容。郝京华主编这样论述“苏教版”教材：“我们的《科学》教材是一种大教材，而不仅仅是一本学生用书。它是一个系统工程，是一个全新的资源包。”教材编写组在编写这套教材的同时，精心设计了“学生自己的科学书”——《科学活动记录》；不断修改完善教师用书，使其更加方便教师使用；组织开发了相应配套的工具箱和光盘资料，以减轻教师准备活动器材的工作量，以及为教师提供充分的可用资源；还组织全国著名的科普专家编写了与教材同步的课外读物《牵手科学》。他们所做的这一切都是为了让学生获得最佳的学习效果。

此外，此套教材在编写理念中渗透了鼓励教师对教材再创造的思想，希望在教师的共同参与下丰富教材内容，注重让教师“用教材教”而不是“教教材”。它倡导科学教学不以完成科学教材内容的教授为目的，教师既可以根据教材提供的内容和创设的情境来完成《课程标准（实验稿）》中规定的最基本的内容，也可以突破教材，联系本校、当地的资源，以及教师和学生的知识背景，生成新的教学内容。这一切都是为了从根本上提高学生的科学素养。

（二）突出“科学探究”

强调探究式学习，可以说是“苏教版”教材最大的亮点之一。教材以建构主义等先进课程设计理念为支撑，充分体现了“自主探究”这一崭新的理念，突出表现在教材中丰富多彩的“观察活动”和“探究活动”上。从提问开始，从假设开始，从实验开始，无不通向科学探究之路。教材的每一课都可以展开生成若干个探究活动，有的活动让学生经历探究的全过程，有的活动侧重于探究过程中的某一个环节，丰富的探究活动不仅组成了这套教材的主体内容，也构成了科学探究能力的螺旋上升式的内在体系。教材给教师、学生留有充分的创造、拓展空间，只提出学习任务与情景，不直接给出答案，鼓励学生在学习中想象与思考，并留有较大余地，供师生互动与进一步发挥。

本套教材还有一个最大的特点，就是过程技能的集中训练和培养。根据学生的认识水平，每学期的教材都安排了一个过程技能单元，把散布在各册中的各种活动进行梳理和归类。从最初的仔细观察到学会用多种方法观察和分类，从猜测到有根据地假设再到收集证据验证假设，从建立模型到设计与制作再到拓展与应用，让学生循序渐进地掌握各种科学探究的方法和技能。

（三）注重“单元整合”

鉴于儿童具有整体认识世界的特点，本套教材采用了国际流行的综合主题单元构成的方法，从儿童的生活逻辑出发设计教材单元。

主题单元是“苏教版”教材的主要表达形式。主题单元就是在一个主题中开展多个活动，有利于学生全面、整体地认识事物。以“苏教版”教材三年级上册为例，除了作为启蒙单元的“我们都是科学家”以外，其他四个主题单元“我眼里的生命世界”“生命之源——水”“它们是什么做的”“提出问题”都是综合性的，不仅整合了多个学科领域的学习内容，而且内容编排与主题引入均遵从学生发展的心理特征与需要，尤其注意挖掘学生的生活经历和体验，使学生感受到科学就在身旁，科学是鲜活的。以这样的方式组织科学学习，不仅贴近学生生活，而且易于激发学生的学习动机，也注重对学生的情感态度价值观的培养。

（四）渗透“人文精神”

“苏教版”教材在突出科学探究、体现关注学生获取知识的过程的同时，更注重师生在探索过程中表露出来的情感交流、彼此间心扉的相互敞开和精神上的相遇相融。每册教材的首篇都有一封给学生们的信，字里行间渗透着编者的情深意切，编者真诚地希望和学生们一起走进科学殿堂，希望学生们在科学课的学习中得到乐趣。另外，在每册教材中都有两个小卡通角色，通过它们的对话给学生一些要求和提醒，以避免出现生硬的课文。

教材除精选教学内容、精心设计探究活动之外，还增加了诗歌形式的科学美文，每册教材都有两三篇。它们有的以优美的话语将学生领入一个科学领域，有的将繁杂枯燥的科学知识用浅显的话语表达出来，使学生在轻松愉快的氛围中积累科学表象，这可以说是科学教学的一大创举。编者不仅让学生读，还适时地让学生模仿续写。这充分展示了科学与文学的交融，蕴含着深刻的人文精神，有着较宽的人文视野，体现了科学精神与人文精神的结合，表达了科学中的人文之美，这正是科学教育返璞归真的脚步。

2024 年 9 月开始使用的“苏教版”新版教材每册由 4～5 个单元组成单元的主题主要来自《课程标准（2022）》的 18 个主要概念，既包括了陈述性知识，还整合了科学探究、工程实践或科学本质等。如 1 年级上册教材里“走进科学”“用大脑思考”两单元重在体现科学本质，而“用感官观察”“用双手创造”两单元则侧重科学探究。新版教材的特色是每一册都安排了“专项学习”，上下册交替进行工程实践指导和科学探究指导，以螺旋上升式结构组织内容。教材的另一创新是将工程实践从科学探究中独立出来，并细化为“明确问题、设计方案、实施计划、检验作品、改进完善、发布成果”（见图 1－7）。

除去以上所述各自的特点外，这两套小学科学教材编写的指导思想都从对学生“学”的关注转向对学生“人”的关注，转而强调注重调动学生参与学习活动的积极性，使学生

图1－7　“苏教版”新版《科学》教材的页面呈现

资料来源：科学：一年级上册．南京：江苏凤凰教育出版社，2024：60－61.

在参与的过程中认识自然和社会。在呈现方式上，两套教材都采用了亲切、优美、简练的文字和画面，用大量的图片代替了生硬的文字，更适合学生的年龄特点和认知水平。版式设计充分考虑了学生的审美，努力展现了与国际接轨的、面向现代化的、具有鲜明时代特点的新教材风采。教材表达方式多样、图文并茂、充满意趣，学生不仅有兴趣学，也能从中学到有价值的知识与方法。通过动手、动脑理解概念、原理、方法远比生硬地记忆科学术语更重要，前者为学生将来正式学习这些术语提供了良好的基础。

通过对根据《课程标准（2022）》新编一年级小学科学教科书和学生活动手册的分析，参照各版本的原有教材可发现，各套教材均在保留自身特色的同时力争有进一步的突破，体现出以下几方面的特色：

第一，以主题活动为基本单元，关注总体框架的线索串联。各个版本的教材的基本单元均是主题活动。在各主题活动间的串联上，多个版本的小学科学教材均比以往更加关注内容组织的外显逻辑和内隐线索。例如，以四个领域的科学知识为经线，以科学探究的八个要素为纬线，以类似“针织”结构的方式编排内容，并将“科学态度目标”和STSE目标要求渗透其间，这是对传统教材以知识为唯一主线的设计方案的一大突破。

第二，沿探究过程展开内容，突出情境创设与问题驱动。绝大多数版本的教材设计了数量不等的栏目。对于这些栏目的应用，有的版本采用了稳定出现的方式，每节课都用固定栏目来不断指导和强化科学探究的思路，有的版本则根据各节课的教学内容灵活选取某些栏目。好的栏目设计能使课文适合学生生活经验和知识基础的学习情境；能使单元问题聚焦到一个具体的科学探究或工程技术问题；能使学生通过参与科学实践解决问题，并在解决问题的过程中建构科学概念，训练科学思维，发展科学能力，最后拓展和应用所学。

第三，寻求科学实践能力和科学态度的显性培养。在科学实践能力培养方面，一些版本的教材安排专项学习或专题单元，以相对集中且外显化的方式培养学生的科学探究能力和工程实践能力。在科学态度培养方面，提示语是各版本的教材常用的外显化引导方式。还有的版本通过对教材边框的充分利用，适时根据教材内容从探究兴趣、实事求是、追求创新、合作分享四个方面对学生的科学态度加以点拨，进一步提升了科学态度在教材中的显现度，对学生科学态度的形成进行了积极引导①。

思考与练习

1. 请根据以下资料中的教学过程说明教师怎样在教学中提高学生对科学本质的理解：

《各种各样的叶》中关于是不是同一种叶子的讨论：教师拿出两片叶子，要求学生找出这两片叶子的相同之处。有的学生小组找到 7 个相同点，有的学生小组找到 9 个相同点，因而他们得出结论：它们是同一种树的叶子。接着，教师又拿出两片树叶，让学生比较它们是不是同一种树的叶子并要求说明理由。结果一个学生小组找出了 8 个不同点，说明这两片叶子不是同一种树的叶子。

随后，教师又拿出了两片叶子——看似差不多，却又不一样——问："大家说是不是同一种树的叶子?"学生们有的说是有的说不是，并且都有自己的证据，谁也说服不了谁。最后教师拿出了整根树枝，可以看出上面的树叶是有变化的，学生明白了，原来它们是同一种树的叶子。

2. 小学科学具有哪些特点？

3. 小学科学的学科特点与教学设计有什么关系？如何在教学设计中体现与落实学科特点？

阅读导航

马丁．建构儿童的科学．杨彩霞，等译．北京：北京师范大学出版社，2006．

该书旨在帮助读者了解如何采用建构主义的方法开展早期儿童的科学教育。书中提供了许多可称为"建构你的观点"的探究活动，读者可以小组形式开展这些活动，就如同儿童在科学课堂中进行科学活动一样。书中还提供了 150 多个适合儿童年龄特点的以过程为导向的活动案例——"在课堂上建构科学"，每一个活动都说明了一个概念，并对概念进行了讨论，以帮助读者明了如何将这些概念应用到课堂教学中。

---

① 姚建欣．新编小学科学教材的特点分析与后续册次修订建议．课程·教材·教法，2018，38（11）．

第二章

小学科学教学设计的基本程序

本章导读

在上一章了解小学科学教育的改革发展和学科特点的基础上，本章将带领读者了解教学设计的基本环节和程序，明确教学设计的基本要求，并结合实例了解教案文本的基本规范，初步掌握快速备课的基本技巧，为后续进一步学习形成整体认识和基础。

本章学习要求

- 知道教学设计的基本过程与要求。
- 初步掌握快速备课的要点。
- 形成对教学设计的整体认识。

第一节 小学科学教学设计的基本环节与方法

马上要到学校组织的教学设计比赛的时间了，虽说教学设计是教师的基本功，此前也备过几节课，可小王心里还是慌慌的，因为教学设计要考虑课程标准的要求、教材的内容安排和意图、学生的实际情况、教学形式、教学媒体、环境条件、教学方法、教学资源……要考虑的因素有很多，但究竟具体要考虑哪些方面，应该按照怎样的顺序、流程操作，小王还是觉得无从着手，没有一个清晰的头绪。

其实，教学设计还是有一定的基本程序和方法要求的。按照一定的顺序，可以帮助我们系统、有序地完成教学设计，并提高教学设计的质量。

一、新课程背景下的教学设计

教学设计是一项系统工程，具有一定的程序和方法。教学设计是综合多种学科理论和技术研究成果的学科，其主要理论基础有学习理论、教学理论、系统理论和传播理论等，每一种理论都从不同的视角对教学设计的形成与发展产生了重要的影响，其中学习理论是教学设计最重要的理论基础。随着时代发展，教学设计的理念要求也在不断发生改变。

（一）认知科学研究对教学设计的启示

我们曾经认为，教师教学生就好比往一个空的容器里注水一样，把教师脑子里的东西，通过一定的管道一点一点传输进学生的脑中即可。然而，近几十年来认知科学的研究却给我们描绘了另一种景象：人脑的内部既不是一个空洞的暗箱，只要简单地往里面填东西就可以，也不是像摄像机那样把外界事物摄入镜头存储下来。人脑是由神经细胞组成的，神经元包含细胞体、轴突和树突，神经元之间有突触互相连接，形成神经网络。人脑约有 1 000 亿个神经元，每个神经元通常与 1 000～10 000 个（也许更多）其他神经元相互连接。外界刺激通过人的感觉器官（眼、耳、鼻、口、皮肤等）传向中枢神经系统，并形成某种神经元联系模式。信息不同，被触发的神经元在脑内的部位以及神经元之间的联系模式也不同。所以，一个人学习新知识的过程，也就是某种对应的神经网络模式建立的过程。如果这种模式因某种刺激而被重新激发，就是我们通常所说的回忆，对某事物的成功回忆表明学习者“记住了”或“学会了”某种新知识。对某事物记录下的信息（如形状、颜色、构造、功能等）越丰富，激发原神经元网络联系模式的通道就越多，回忆的过程也就越顺利。

脑科学的最新研究表明，人类的学习是建立在原有的认识基础上的，知识学习不是简单地累积叠加，而是逐步建构，不断丰富、完善的过程。人脑从出生前到 20 岁左右是主要的建构期（见图 2-1），这个建构过程是先天基因和后天经验相互作用的结果；建构过程是逐渐和连续进行的，在此过程中会出现一些功能的敏感期。因此，教育要考虑到学生的差别和学习历程。

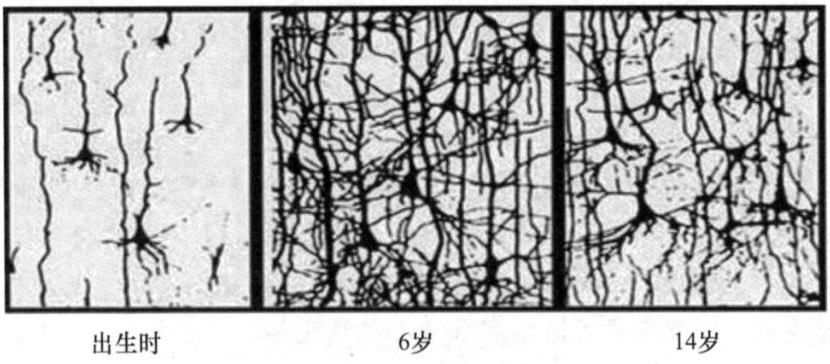

图 2-1　儿童神经突触连接数量变化图

儿童有强大的学习能力，教师需要采用适合儿童年龄特征的学习方式和教学方式。学习的生物基础是神经系统的可塑性。学习是对我们所有察觉到的和处理过的信息的整合，这种发生在体内的整合过程引起了脑结构（突触连接、神经元数目、功能区、神经递质等）的变化。从根本上说，学习就是连接状态的变化，或是增加了突触连接处的电位，或是强化或剪除了突触之间的连接。学习不是简单的知识累积或突触连接的增加，而是结构化的过程，对有些突触连接还会剪除。成功的教学通过改变突触连接状况，影响着脑的结构。

建构主义认为，世界是客观存在的，但是对世界如何理解和赋予意义却是由每个人自己决定的。我们是以自己的经验为基础来建构现实，或者至少说解释现实的。任何学科的学习和理解都不像在白纸上画画，学习总要涉及学习者原有的认知结构，在学习过程中，对问题的理解是构筑在学习者原有的理解和经验之上的，即学习不是被动地接收信息刺激的过程，而是主动地建构意义的过程，是学习者根据自己的经验背景，对外部信息进行主动选择、加工和处理，从而获得意义的过程。学生主动地建构知识的意义，这种建构是无法由他人来代替的。所以，教学不能无视学习者的已有知识经验，简单强硬地从外部对学习者实施知识的“填灌”。我们在教学设计前应分析学生，充分考虑学生已有的经验和认知（既包括之前通过正规学习获得的科学概念，也包括通过非正规学习获得的日常经验），把学生原有的知识、经验作为新知识的生长点，引导学习者借由原有的知识、经验生长出新的知识，获得新的科学认识。

知识卡片

建构主义关于学习和教学的主要观点

建构主义强调学习的主动性、社会性和情境性，对学习和教学提出了许多新的见解，主要有：

由于事物的意义并非完全独立于我们而存在，而是源于我们的建构，每个人都以自己的方式理解事物的某些方面，因此教学要增进学生之间的合作，使学生看到那些与他的观点不同的观点的基础。所以，合作学习受到建构主义的广泛重视。这些思想是与维果茨基对社会交往在儿童心理发展中的作用的重视的思想相一致的。学习者以自己的方式建构对事物的理解，从而不同的人看到的是事物的不同方面，不存在唯一标准化的理解，学习者的合作使理解变得更加丰富和全面。

教师不是知识权威的象征，而应该重视学生自己对各种现象的理解，倾听学生时下的看法，思考学生这些看法的由来，并以此为据，引导学生丰富或调整自己的解释。教学应在教师指导下以学习者为中心，强调学习者的主体作用是毋庸置疑的，但也不能忽视教师的主导作用。教师的角色从传统的传递知识者转变为学生学习的辅导者、高级伙伴或合作者。教师是学习意义建构的帮助者、促进者，而非知识的提供者和灌输者。

（二）新课程改革理念提出的要求

在认知科学持续发展的基础上，针对时代发展对 21 世纪人才提出的新要求，当前的教学改革提出了许多新的教学理念，也给教学设计提出了新的要求。

在教学目标设定上，从落实双基转向三维一体再到核心素养的培养，强调培养学生的综合科学素养，注重学生科学知识、科学探究能力、实践能力和科学态度、科学精神等各维度的全面培养。《课程标准（2022）》中的课程目标提出立足核心素养的培养，包括科学观念、科学思维、探究实践、态度责任等方面。

在教学过程上，从以“教”为主转向以“学”为主，更注重发挥学生的主体作用，从学生的实际出发，引导学生主动参与学习过程。

在学习方式上，从被动接受、练习巩固转为自主探究、发现，倡导从问题出发，增强综合实践，引导学生主动发现问题、提出问题，设计方案，收集证据，探究所获发现，并进行交流评议。

案例

“电磁铁”［小学《自然》（上海科教版）第七册］教学设计

一、教学目标

（1）通过制作简易电磁铁，了解电磁铁的简单构造，提高动手制作能力。

（2）通过探究电磁铁磁性强弱因素的实验，知道线圈圈数和电流大小等因素会影响电磁铁的磁性强弱。

（3）通过探究实验，进一步提升预测、设计方案、分析比较等科学探究和思维能力，产生对电磁现象的探究兴趣。

二、教学重点和难点

重点：了解电磁铁的简单构造及影响磁铁强弱的因素。

难点：通过实验来探究影响电磁铁磁性强弱的因素。

三、教学准备

软铁钉、漆包线、1 号电池（3 节）、电池盒、回形针、带鳄鱼夹的导线、橡皮筋、自制 PPT 课件、实验单等。

四、教学活动过程

活动一：制作简单电磁铁

学生活动	指导要点
（1）复习磁铁的相关知识。 （2）观察演示实验：教师制作电磁铁并连接电池后接近回形针。 （3）交流实验现象。	* 以磁铁导入，复习旧知识，同时为新课程导入做铺垫。
（4）观察：电磁铁的三个主要组成部分。 （5）交流。	* 激发学生对电磁铁的兴趣和好奇心。
（6）小结：电磁铁主要由铁芯、线圈和电源组成。	* 通过观察，发现通电后，软铁钉具有磁性。
（7）操作：利用提供的材料，跟随教师制作一个简易的电磁铁，并完成相应实验和记录。	* 软铁钉在电磁铁中叫作铁芯。
（8）交流：说说自己的发现。 （9）小结：电磁铁通电后有磁性，断电后磁性消失。	* 区分导线与漆包线的区别。讲清楚制作过程。注意提醒学生不要长时间通电。实验过程中注意巡查。

活动二：探究电磁铁的磁性强弱与哪些因素有关

学生活动	指导要点
(1) 提问：为什么不同小组的电磁铁吸住回形针的枚数不同？ (2) 思考：电磁铁磁性强弱可能与哪些因素有关？ (3) 交流猜想。 (4) 过渡：要想验证我们的猜测，应该怎么办？(做实验) (5) 出示评价单。 (6) 设计：根据各自的想法，设计实验方案，并做交流。 (7) 验证：根据实验方案进行实验，观察并记录实验结果。 (8) 交流分析实验结果与发现。 (9) 总结收获。 (10) 对活动表现做出评价。	* 此问题由上一活动引出。 * 引导学生从电磁铁的三个组成部分入手进行推测和假设。 * 可一一列出学生猜测的因素。 * 由于时间有限，因此选择一个因素让学生讨论。根据学生的回答设疑。如果学生已经回答了改变哪些条件和保持哪些条件不变，那么引导学生回答怎么改变。 * 教师参与小组活动并适时指导。

【评析】

本案例中的教学设计体现了这样一些变化：

一是教学目标多维化。不仅关注知识，还关注科学思维、探究能力、探究兴趣的培养，如对影响电磁铁磁性强弱因素的猜想、实验方案设计、实验现象交流分析等。

二是注重学生的主动学习和建构。在本教学设计中，对电磁铁结构组成部分的认识、影响电磁铁磁性强弱的因素的认识，都通过学生自主观察、讨论、实验比较，获得发现，并在此基础上，通过交流讨论、归纳小结，建立起科学认识。

二、教学设计基本程序的变革

近年来，随着教学观念的变革，教学设计的程序、目标也有了较大变革。传统的教学设计主要面向教师的“教”，通常包括以下几个环节：

(1) 教学目标分析——确定教学内容及知识点顺序。

(2) 学习者特征分析——确定教学起点，以便因材施教。

(3) 在以上分析的基础上，确定教学方法、策略。

(4) 在以上分析的基础上，选择教学媒体。

(5) 进行施教，并在教学过程中做形成性评价。

(6) 根据形成性评价得到的反馈对教学内容与教学方法、策略加以调整。

建构主义环境下的教学设计是为了促进学生自主地学，设计过程一般包括：

(1) 情境创设——创设有利于学生自主建构知识意义的情境。

(2) 信息资源提供——提供与当前学习主题相关的信息资源（教学资源），以促进学生的自主建构。

（3）自主学习策略设计——自主学习策略是引导学生自主学习、自主建构的内在因素，其作用是调动学生学习的主动性、积极性，达到自主建构的目标。

（4）组织协作学习——通过协作交流，碰撞思想，取长补短，深化学生的意义建构。

（5）组织与指导自主发现、自主探究——在建构知识意义的基础上，通过解决实际问题的发现式学习与研究性学习，进一步培养学生的创新精神与实践能力。

传统教学设计通常也称以教为中心的教学设计，主要面向教师的“教”，其主要内容是研究如何帮助教师把课备好、教好，其教育思想倾向以教师为中心。按这样的理论和方法设计出来的教学有利于教师主导作用的发挥，有利于教师对整个教学活动进程的把控，有利于系统科学知识的传授，有利于教学目标的完成，对学生全面打好各学科知识基础是有利的；不足之处是长期“重教轻学”，忽视学生的自主学习、自主探究，容易造成学生对教师、对书本、对权威的迷信，且容易使学生缺乏发散思维、批判思维和想象力。

建构主义环境下的教学设计，也称以学为中心的教学设计，其教育思想倾向以学生为中心，特别强调学习者的自主建构、自主探究、自主发现，这无疑对学生的创新精神与创新能力的培养大有好处，但它忽视了教学目标分析，忽视了教师主导作用的发挥。

近年来，随着混合学习概念逐渐为国际教育技术界所接受，越来越多的教师认识到以学为中心的教学设计既有自己的突出优点——有利于促进学生自主探究和创新精神的培养，也有自身的缺陷——不利于系统科学知识的传授与掌握；而以教为中心的教学设计恰好与之相反。若能将两者有机结合，正好可以优势互补。

将教与学结合起来的教学设计，被我们称为“学教并重”的教学设计。“学教并重”的教学设计兼取两者之长并弃其之短，既突出学生的主体地位，又重视教师的主导作用，其设计过程主要包括：

（1）教学目标分析——确定教学内容及目标要求。

（2）学习者特征分析——确定教学起点，以便因材施教。

（3）教学策略的选择与活动设计。

（4）学习情境设计。

（5）教学媒体选择与教学资源的设计。

（6）在教学过程中做形成性评价，并根据评价反馈对内容与策略进行调整。

在上述过程中，环节（3）涵盖了建构主义的自主学习、协作学习与自主探究等策略的设计；环节（4）和环节（5）则包括了对情境创设和资源提供的要求。这种教学设计既强调充分体现学生的主体地位，又强调充分发挥教师的主导作用，不仅对学生的知识技能与创新能力的训练有利，对学生健康情感与价值观的培养也是大有好处的。

三、小学科学教学设计的基本要求

（1）系统性。按照系统论的观点，教学设计必须系统考虑学习目标、学习对象、学习内容、学习方法、学习过程、学习评价等各个因素，同时各单元主题、各课时的教学设计要符合整个小学科学课程的总体要求及各阶段的具体要求。

（2）整体性。要把教学设计作为一个整体加以考虑，不能只着眼于某个要素的分析和设计，或各个要素形式上的结合，而应从整体与要素、要素与要素的相互联系、相互作用中，以及外部环境的制约关系中，统筹考虑安排教学的实施策略，如目标要求与学生实际、学习内容与教学环境等要素间的相关性、制约性、匹配性，使教学设计达到理想与现实结合的整体最优化。

（3）目的性。教学设计要在教学目标的要求指引下统一起来，各环节要体现教学目标的要求，保证教学目标的实现，而不能偏离教学目标。

（4）有效性。教学设计的目的是有效完成教学任务，收到较好的教学效果，最大化地实现教学目标。因此，教学设计不能单纯追求教学形式，而要追求实际教学效果。

（5）可行性。教学设计要符合当时具体的教学条件，并且明确具体、切实可行。以学生为出发点，为学而教，以学定教。

（6）开放性。教学设计既要精细、周到，又要留有余地和灵活空间。可以根据不同情况对设计的预案进行动态调整，不能完全封闭、固守死板。

四、小学科学教学设计的基本过程

小学科学作为一门科学启蒙教育课程，倡导以活动为主，引导学生“做科学”，在活动中体验科学，经历科学探究过程。结合当前的课程改革理念、教学设计要求以及广大教师的丰富实践经验，我们提出以下教学设计的基本过程：

（1）分析教学内容。包括了解教学内容所属的主题，课程标准对应的内容要求，内容包含的要点、结构层次，等等。

（2）分析教学对象。了解学生的已有知识经验、认知水平、思维能力，学习本内容可能出现的困难，等等。

（3）确定教学目标。根据课程标准对该教学内容的要求，以及学生的年龄层次、知识能力等实际情况，确定学生学习本内容所要实现的学习目标。

（4）设计学习活动。根据学习内容、学习目标和实际条件等因素，设计相应的若干个学习活动，确定教与学的策略。明确各活动的活动内容、活动目的、活动过程与活动方式等。

（5）设计教学支持环境。包括教学环境准备、活动器材准备、媒体资源的选择与设计等。

（6）设计教学评价。包括如何检测学生的学习情况、对学生的学习表现做出评价等。可以是教师对学生的评价，可以是学生之间的互相评价，也可以是学生自己的评价。可以是一些简单的练习测试、即时性的口头评价，也可结合一定的评价量表。

值得一提的是，教学设计不是一次就能做得完美的，而是需要在反复实践检验中不断改进和完善的。在一次教学完成后，教师应根据实际情况重新修正自己的教学设计，使其取得更好的教学效果（见图 2-2）。

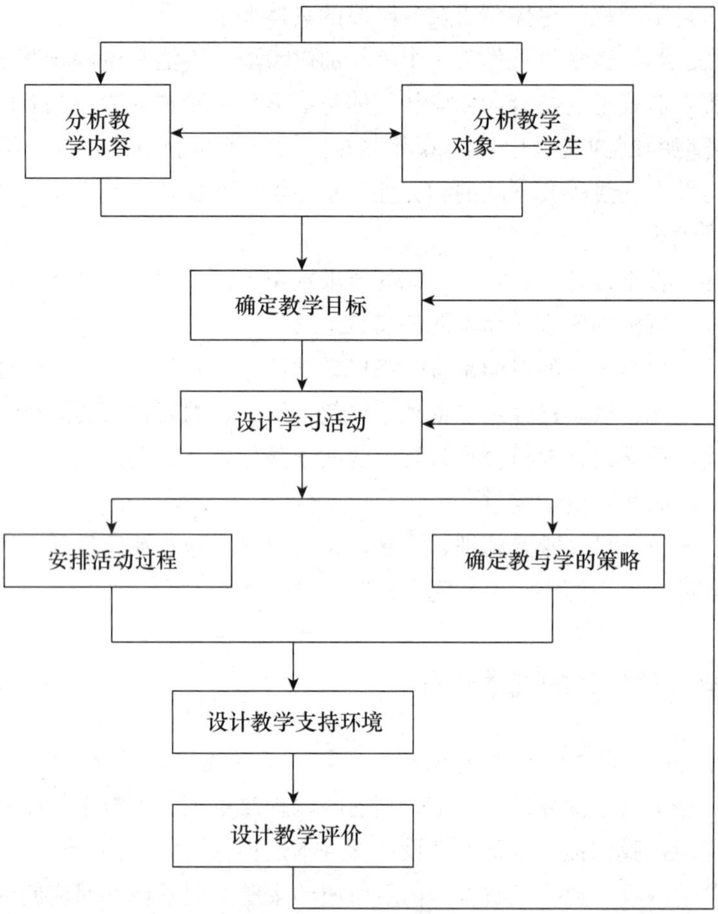

图 2-2　小学科学教学设计基本模型

第二节　小学科学教学设计各环节的具体内容与要求

为了迎接区级教学设计比赛，小周老师认真撰写了一份教学设计，包括教学内容分析、学情分析、教学目标、教学重难点、教学过程等内容，非常详细完整，特别是在教学目标这一块，小周老师列出了六点目标，包括“理解水的压力与水的深浅有关，与水的多少无关”“培养学生的合作交流意识，激发学生探索求真”……可带教的王老师看了后，认为小周老师的各栏目的内容写得不够贴切，教学目标也不够恰当。小周老师不免感到有点郁闷。

其实，教学设计的每一个栏目，都有其对应的内容和要求，要完成一篇优秀的教学设计，必须注意教学设计的要点。

一、教学内容的分析

教学设计的第一步通常是从内容分析出发，分析教学内容包含的要点、前后联系、地位作用等。虽然教学内容一般是由教材规定的，在教材中已呈现，但由于教材版面的限制，教材只能呈现最主要的部分，不能完整呈现某主题所需的全部教学内容。教材页面上文字说明的减少一定程度上也增加了教师对教学内容的把握难度。同时，由于教学安排需要，同一主题的内容会根据学生年龄层次安排在不同学段，缺少整体感，也增加了教师对教材内容整体把握的难度。在日常教学中，常常会出现教师对内容把握不够正确、没抓住重点或难点、缺少知识间的联系等的情况。此外，教材提供的只是通常情况下的教学内容载体，而教学设计需要根据课程标准要求、教学对象、教学方式和教学条件的实际情况，对教材内容做适当的处理和编排，使之更加清晰、准确，并与教学条件、教学对象的实际情况相匹配。因此，对教学内容的把握和对教材的处理是教学设计的一个重要环节。

（一）教学内容的把握

对教学内容的分析可从以下几方面进行：

1. 整体分析

在拿到一个教学内容后，首先我们应从整体上去把握它。如本内容在教材第几册，本内容属于课程标准中哪一个领域中的哪一个主要概念，本内容的具体的学习内容和对应的学段是什么，本内容与隶属的主要概念之间有怎样的关系，本内容与前后学段相关内容之间有怎样的关系，本内容在整套教材中的地位作用是什么，整个单元的设计意图、内容结构是怎样的，本内容在整个单元中的地位作用是怎样的，等等。

整体把握有两个层面的要求：

（1）对一个单元的把握要立足于整套教材、课程标准相关领域的主要概念和学习要求。

（2）对一节课内容的把握要立足于整个单元，不能只局限于一节课本身。

我们提倡采用中观层面的设计，即以单元主题为出发点的教学设计，整体考虑单元中的内容组织、学习方式组合、时间分配、目标整合等，这样的设计更有利于我们对教学内容的整体把握与处理。

2. 要点分析

在了解了一个教学内容的整体要求后，我们就可以去分解它的内部组成，分析它包含哪些知识点、涉及哪些方面，以及这些知识点和方面中的哪些是主要的、哪些是次要的、哪些是关键的。除此之外，我们还可以分析整个单元的要点有哪些、一节课中的要点有哪些。在具体操作时，我们可结合课程标准和教学参考的介绍来把握。

3. 层次分析

我们常常发现课程标准中同一主要概念的学习内容所对应的主题，如声音、电、磁等会在不同年级重复出现，其中有些内容还很相近，这是因为实际上教材本身的内容安排就是螺旋上升的，所以我们需要关注同一主题的相关内容在不同年级、阶段到底有何不同要求。如“沉和浮”这一主题，是仅要求学生知道物体在水中有的会沉有的会浮，还是要求学生初步感知改变物体的重量和形状会改变物体的沉浮状态，要求学生清楚地知道影响物体沉浮的两个因素——重力和浮力的大小之比。在进行层次把握时，我们应理出相关主题在整套教材中的出现点，然后对照课程标准和学生年龄阶段来确定内容的层次要求。当有些内容在教材中一次性出现，教师只看教材往往不知道到底要求学生掌握到什么程度时，可参照课程标准和教参确定，课程标准没有具体涉及的内容，以这个阶段的大部分学生能达到的认知水平为准。

4. 结构分析

一个主题单元、一个课时的教学内容，都有一个内在结构。我们在分析内容时，应注意各内容要点、活动间的内在逻辑和相互关系，分清哪些是基础，哪些是关键，前后有什么关系，相互间是并列的、互为因果的、层层递进深入的，还是由单一到综合的等。

例如“教科版”四年级“声音”这一单元，整个单元主题共分 7 个要点。第 1 课时是整个主题的导入，初步感受声音的奥秘；第 2 课时探索声音产生的原因，它也是后续学习的基础；第 3 课时了解声音是怎样传播的，以及声音在不同物体中的传播效果；第 4 课时顺接声音的传播，探究我们是怎样听到声音的，通过耳的结构、模拟实验，了解听觉的形成过程；第 5～6 课时探索声音的变化，由整体到个别，具体了解声音的高低与物体振动幅度、振动快慢的关系，是对声音的进一步深化认识；最后，第 7～8 课时讲述如何让弦发出高低不同的声音，以及制作小乐器。这几个课时的内容是层层递进的，从观察外在现象，到探索本质、解释缘由，步步深入（见图 2－3）。

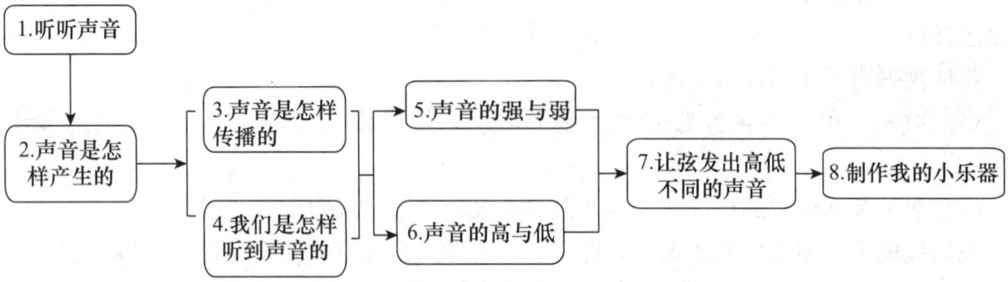

图 2－3　“声音”单元内容要点的结构关系

资料来源：科学：四年级上册．北京：教育科学出版社，2023.

厘清内容的结构，可以帮助我们更好地把握教学内容，有条理、有逻辑、有侧重、有结构地安排教学内容。如在上述单元第 3 课时“声音的传播”中，教材有两个活动，这两个活动的地位作用是不一样的，同时有着内在联系：活动一通过观察音叉振动带动的水波和体验“土电话”的声音传播，结合教师的讲解，帮助学生认识声音是以波的形式传播的。当声波遇到物体时，会使物体产生振动，这样声音就通过各种物体传播到另一个地方。这是学习声音传播的基础。活动二则在活动一共同探究的基础上，引导学生通过自主探究实验，比较声音在不同物体中的传播情况，在了解科学知识的同时，更注重学生探究能力的培养。

（二）教材的处理

教材是我们实施教学的一个载体，是课程的呈现方式之一，但绝不是我们教学的唯一依据。受各种因素的限制，教材总是相对静止、滞后、划一的，不可能照顾到不同学校、不同学生和老师的具体情况。课程改革提倡教师做课程的研究者和开发者，要学会“用教材教”而不是“教教材”。教师可以，也应该根据实际对教材的内容做适当的调整。但是，这个调整不是随意的，教师首先应该充分熟悉教材、研究教材，领会教材编写者的意图，因为这些内容毕竟是经过编写组反复研究和专家审议的，总有一定的道理。我们不能在还没理解清楚它的意图的情况下就轻易否定，随意更改。对教材的处理必须建立在充分理解其意图的基础之上。

1. 教材处理的要求

（1）整体性。

在教材处理中，应以课程标准为依据整体审视教材内容；从整体上考虑一个主题在整套教材中的地位及作用；考虑某一子主题内容与整个主题及整套教材中相关子主题的联系；考虑某一课时、某一活动在整个单元、整节课中的地位作用和相互关系，以此来确定对教学内容的处理。同时，要整体考虑教学内容对科学探究的要求，包括涉及哪些主要类型的活动，主要关注哪些方面的探究能力，以及对科学知识、情感态度价值观的要求。

（2）科学性。

教材处理时要注意把握内容的科学内涵，注意学生的现有认识与科学概念、规律等方面的差异，以及本阶段所应达到的教学要求。注意物质科学、生命科学、地球与宇宙科学、技术与工程等不同领域内容的特点。这里的科学性有这样几方面含义：

- 学科知识内容的科学性。
- 层次要求的科学性。
- 内容顺序安排、内在逻辑的科学性。
- 内容对应教学目标的科学性。

（3）贴切性。

内容的处理必须贴近学生生活，切合学生的已有知识经验和思维发展水平。在处理前必须通过观察、分析，对学生的经验和思维水平做出判断，必要时可设计一些项目，通过测试对学生进行判断。另外，教材处理还要符合所在学校的学习环境和条件。

（4）灵活性。

教材处理可以有多套方案，如选择不同的载体、选择不同的呈现程序、确定不同的侧重点、补充不同的内容等，以应对不同教学对象和不同教学条件，便于在教学中根据学生的实际表现，及时、灵活地对教学内容做出调整。教材处理还可以根据教学要求对教材进行详略处理或适当取舍，比如，可以对有很高教育价值的内容进行重点挖掘，也可以自主设计、开发一些教学内容。

（5）发展性。

教学内容的处理应以能否很好地促进学生发展为根本依据和终极目标，学生的发展不仅是科学知识、科学概念的获取，而且应包括学生探究实践能力、科学思维和态度责任等各方面的提升。教师可通过教学内容的处理，为学生提供富有价值的经历体验，促进学生综合素养的发展。

2. 几种常用的教材处理方式

（1）替换。

替换就是将教材中的内容用教师自己另外选择的内容来取代。如地处海滨的学校在学习“生物与环境”单元的“池塘里的生物”一课时，可改成“海边湿地的生物”；学习“动物世界”的时候，可用学生身边的动物让学生感受动物世界的丰富多彩；学习生物的生长过程“蚕宝宝的一生”时，也可以换用学生熟悉的其他动物。

（2）增减。

教师可以根据学生的实际情况和不同的教学目的，对教学内容进行增减。当学生对所学内容有较好基础，或教材内容本身较单薄，或需要补充与主题密切相关的生活实例、最新发展动态等时，可以增加教学内容。有时，还需要根据科技发展和变化扩充、增加一些学习内容。相反，当学习内容过多、学生接受能力较差，或想留出更多时间让学生自主探究的时候，就需要减少教学内容。

（3）换序、重组。

有些教学内容可以换序、重组，如根据植物开花时间、养蚕时间调整单元及课时教学顺序、时间，还可以根据学生的实际学习情况，调整活动的先后顺序，对有关内容进行重组等。

（4）转换侧重点。

小学科学应该培养的能力有观察与分析、方案设计、实验操作、信息搜集与处理，以及思维能力、语言表达能力等。这些能力不可能在短短一节课内得到全面培养，教师只能有侧重点地培养其中的某一种能力。如一节实验课本应侧重于学生的实验探究过程，但当受条件限制无法进行时，可转换为侧重于学生的探究方案设计，而实验改由老师演示操作。

值得一提的是，我们不必每节课都调整教材、处理教材。不管采用何种处理方式，都是为了从学生实际情况出发，用好教材这个媒介，培养学生的科学学科核心素养。如果教材符合这个条件，那么我们就没有必要调整教材。

二、对学生的分析

教学的对象是学生，他们既是教学的受益者，也是教学的出发点。教学的任务就是利用有效的教学手段使学生的心理和行为等方面发生变化，达到教学预定的标准。教学，是学生的建构过程，所以，在教学前，教师必须对学生有充分了解，使教学活动更有针对性、贴切性，才能使教学顺畅进行，取得较好的教学效果。对学生的分析了解主要从这样一些方面进行：

（一）学生的已有认识

知识不是靠简单的记忆堆积起来的，而是根据学习者的经验不断建构起来的，是不断扩展原有认识形成新的认识的过程。儿童接收信息、解释信息，并把它和原有知识经验联系起来，可见儿童在来到学校时已经具备了一些与新的学习内容相关的知识。这些原有的经验和概念会影响他们对新知识的学习——有些会有助于新知识的学习，有些会阻碍新知识的学习。在教学设计时，我们首先要分析学生有没有学习过相关内容，已经拥有哪些认识。如在进行水的浮力教学时，学生对水的浮力已有一定了解。比如：他们知道水有浮力但不清楚水的浮力是怎样的，知道一些物体会浮在水中，另一些物体则沉入水中；知道大的物体容易浮在水面上，一些轻的物体容易浮在水面上；有的认为物体沉入水底是因为没有受到浮力……学生的这些认识有些来自以前的学习，包括幼儿园、课外读物；有些来自日常的生活经验；有些来自父母；有些则是他自己做出的解释。

我们的学生生活在一个真实的世界中，每天会接触到各种各样的事物，因此他们也会拥有一定的生活经验。如，了解白天黑夜的变化、一年四季的变化，知道水会结成冰、金属杯容易传热等现象，会运用身边的各种材料等。生活在不同环境中、具有不同家庭背景的学生拥有的生活经验会有所不同。农村的学生与城市的学生会有很多不同的生活经验，如农村的学生对植物的生长过程、池塘的生态系统可能会有更多认识，而城市的学生在这方面的生活经验较少。家里种花或卖花或住在花店旁的学生可能会有更多的关于花的知识；家中有汽车的学生可能会对汽车的结构、原理有更多了解；家中养鱼的学生可能会对鱼的生活习性有更多经验……

在教学中，我们应充分考虑学生的生活经验。对于那些来自生活、与学生日常生活密切相关的内容，如水的蒸发现象和影响水的蒸发快慢的因素，教学中我们应充分利用学生的生活经验，激活、唤醒他们原有的经验，促进其对学习内容的理解和建构，修正、扩充其原有的认识。对于那些离学生日常生活较远、学生基本无生活经验可言的内容，如发电、宇宙探索等，教学中我们就应考虑采用更多的直观手段、更多的媒体资料和信息来支持学生的学习。

知识卡片

科学前概念

学生在日常生活中，对一些自然现象已经形成了一定的认识，我们通常将其称为科学前概念。这些认识中有些是正确的，有些是错误的。它们都会对学生后续学习过程中的概念建构产生影响。在教学设计时，我们要充分考虑学生的这些认识，并采取不同的对策。对正确的前概念，可以加以利用，帮助学生完善、巩固；对错误的前概念，要通过呈现不同现象、引入差异性事件等方式，帮助学生否定原有认识，重构新的科学概念。

例如，对于认为金属在水中都会下沉的错误认识，最佳纠正方式是让他们动手实验。我们可以设计一个“下沉或漂浮”的活动：让学生将各种形状和结构的金属物体放在一盆水中，然后观察结果，学生将会发现一些盘形或船形的金属物体会漂浮。我们要使用这些新的经验在学生的原有认识之上建立正确的概念，而不是去破坏原有经验。在学生认识到确实有一些金属物体会漂浮在水面上之后，可以总结他们的经验并发展他们的认识：“我们已看到，尽管确实会有许多金属物体在水中下沉，但仍有一些金属物体可以漂浮在水面上。那么能漂浮在水面上的金属物体有什么共性吗？”

（二）学生的兴趣

不同年龄的学生的兴趣是不一样的。如，低年级的学生对小动物很感兴趣，喜欢游戏、卡通人物等，教师在教学中可将奖励星星作为激励手段。而高年级的学生对事物的原理探究、一些高科技可能更感兴趣，教师在教学中应充分考虑学生的兴趣，在教学内容、教学方式、教学引入、情境创设等各方面利用兴趣这一情感因素帮助教学，选择学生感兴趣的内容，采用学生感兴趣的方式，促进学生的主动学习。

（三）学生的认知水平、思维的发展

在对教学对象的分析中，还有很重要的一点是，教师要注意学生的认知水平和认知习惯。认知涉及信息的获取、转化、储存、提取，乃至将其付诸使用这样一些智慧过程①。不同年龄阶段学生的认知水平发展是不一样的，了解不同阶段学生的认知水平对教学活动设计有重要意义。

知识卡片

儿童的认知发展

著名的瑞士心理学家皮亚杰将从婴儿到青春期的认知发展分为感知运动阶段（0～2岁）、前运算阶段（2～7岁）、具体运算阶段（7～11岁）和形式运算阶段（11～15岁）四个阶段。

第一，感知运动阶段（0～2岁）。此时语言还未形成，主要通过感知觉来与外界取得平衡，处理主、客观的关系。

第二，前运算阶段（2～7岁）。语言的出现与发展阶段，儿童能用言语以及符号来表征内心世界和外在世界。但其思维还是直觉性的、非逻辑性的，且具有明显的自我中心特征。

第三，具体运算阶段（7～11岁）。思维具有明显的符号性和逻辑性，能进行简单逻辑推演，但在很大程度上局限于具体的事物以及过去的经验，缺乏抽象性。

第四，形式运算阶段（11～15岁）。能够把思维的形式与内容相分离，能够设定和检验假设，监控和内省自己的思维活动，思维已经进入了抽象的逻辑思维阶段。

小学生处于前运算阶段后期向具体运算阶段的过渡时期。

在1、2年级，有些学生还处于前运算阶段，具有单维思维（不能从多个维度考虑、判断问题）、不可逆思维、自我中心、反映静止的知觉状态（难以考虑动态的变化过程）、

① 本杰明，等. 心理学导论：第11版. 吴庆麟，等译. 上海：上海人民出版社，2017：338.

不合逻辑的推理等认知特征。例如，当让 4 岁或 5 岁儿童用两手分别向两个同样大小的杯子内投放同等数量的木珠（每次投一颗）时，儿童知道这两个杯子里装的木珠一样多。然后，实验者将其中一杯木珠倒入另一个高而窄的杯子里，问儿童："两个杯子中的木珠是一样多，还是不一样多?"部分儿童会说，矮而宽的杯子中的木珠多；另一部分儿童会说，高而窄的杯子中的木珠多。这是因为处于这一阶段的儿童只有单维思维，只考虑杯子的高度或宽度，但忽略了木珠数量在本质上并没有发生变化。这种现象又叫集中偏向。

2～5 年级的学生一般都已逐步发展到了具体运算阶段。这个阶段的标志是守恒观念的形成。所谓守恒是指儿童认识到客体在外形上发生了变化，但其特有的属性不变。拿上面所说的杯中木珠数量的例子来说，具体运算阶段的儿童不会因为杯子的形状发生了变化就误认为两个杯子里的木珠数量不等。这个阶段儿童的认知结构中已经具有了抽象概念，能从多维角度对事物归类，能意识到事物的转化过程，思维不再局限于静止的表象，因此能解决这种守恒问题。例如，在向学生呈现两个装有等量的水的相同的玻璃杯后，将其中一个杯中的水倒入另一个又细又高的玻璃杯中，这个阶段的学生能判断两个不同形状的杯中的水一样多，因为他们已能意识到事物的转换过程，而不再局限于静止的表象。他们具有了思维的可逆性和去自我中心特征，能够进行具体逻辑推理。不过须指出的是，他们的推理是具体的，不是形式的，他们只能对具体事物、具体情境进行思考。如果在纯粹语言或符号叙述的情况下进行推理，儿童就会感到困难。例如，向 7～8 岁儿童提出这样的问题："假定 A>B，B> C ，A 与 C 哪个大?"他们可能一时难以回答。若换一种说法："张老师比李老师高，李老师又比王老师高，张老师和王老师哪个高?"他们便可以回答了。因为在后一种情境下，儿童可以借助具体表象进行推理。

分析学生的思维发展对于教学设计主要有两个启示：一是学生思维发展阶段制约教学，教学必须适应学生的认知发展；二是教学又可以作为学生思维发展的一个有效途径，促进学生认知水平的提高。这两方面是相辅相成的，适应认知水平是基础，促进认知水平发展是目的。我们的教学内容、教学方式，必须适应相应阶段的学生的认知能力。在学生出现困难时，适当退回低一级的认知要求，利用更多的具体经验，使用可操作材料，可以帮助学生完成任务，起到很好的作用。同时，适当的教育训练可以加快各个认知阶段的转化，促进学生各项认知能力的提高，我们应该有意识地设计各类活动促进学生的发展。这与苏联维果茨基提出的"最近发展区"的教学理论也是相一致的。

（四）学生的感知觉和观察力的发展

感知是感觉和知觉的合称，而观察是一种有意识、有计划、有目的、持久的知觉活动，是感知觉的高级形态。

1. 感知觉的发展

小学生感知觉的发展主要表现在 6 个方面：（1）视觉方面，儿童视敏度随年龄增长而增长，7 岁时增长最快。因此，教学中可以依赖小学生视敏度的增长去感知事物间的细微差别，如几种岩石的差别。（2）声音感知方面，低年级学生的感知力已很好地发展了起来，能分辨声音的强弱、高低。（3）空间知觉方面，低年级学生已能对形状迥异的物种进行分类，如能将不同形状的树叶分别归入针形、带形、扇形、圆形等大类，高年级学生对形状相似的物体也能准确划分，如能将圆形、卵形、心形等分开。(4) 方位知觉，学生易区分上下概念，但掌握左右相对关系几乎贯穿了整个小学阶段。第一阶段（5～7 岁），儿童比较固化地辨认自己的左右方位；第二阶段（7～9 岁），儿童初步掌握左右方位的相对性；第三阶段（9～11 岁），儿童比较概括、灵活地掌握左右方位。(5) 时间知觉，时间知觉是个体对客观事物运动发展过程先后和长短的体验和理解。儿童对与自己的生活、学习关系密切的时间概念掌握得较准确，对与之关系稍远的时间概念则较难理解。教师在教学中对化石形成和生物进化中的纪元等概念应做具体说明。(6) 运动知觉，儿童已有相当的运动知觉能力，特别是手的运动知觉的发展，为实验操作和课外小制作提供了支持，但其精细度有一个随年龄而提高的过程，当然，精细度也跟所受训练有关。

2. 观察力的发展

小学生的观察力发展主要表现出以下特点：

(1) 观察常从知觉事物的表面特征发展到知觉事物的本质特征。儿童的观察会经历四个阶段：从只看到各个独立对象或对象的某一方面的“个别对象”阶段，到能看到各个对象间能直接感知的“空间联系”阶段，再到可以认识对象之间不能直接感知到的“因果联系”阶段，最后到能从意义上完整地把握对象总体的“对象总体”阶段。

(2) 小学生的观察一般从笼统模糊的知觉发展到比较精确的知觉。低年级学生只能区分一些显著的外表差异，因此，教师在教学中应注意培养学生的观察鉴别能力。

(3) 小学生的观察常从缺乏系统性的观察发展到有目的、有顺序的观察。低年级学生观察事物时往往杂乱无章，观察点常为对自己有吸引力的方面，观察结果也不够全面、准确。例如，在比较蜜蜂和蚂蚁时，低年级学生不能自觉按照动物身体的各个部位排列进行对比。对于小学生在观察力方面的这些弱点和不足，教师需要在教学过程中加以注意，引导学生有目的、有顺序、全面地开展观察。

（五）学生注意力的发展

小学生注意力的发展主要表现出以下特点：

(1) 小学生的无意注意力在学习活动中仍占有重要地位，有意注意力正处于积极的发展过程中，但还没达到完善的程度，因此，教师在教学中要注意充分利用直观教学手段和灵活多样的教学方式吸引学生的注意力，同时，组织学生进行有目的的观察、操作、交流、讨论等活动，活动前要让学生明确活动的目标，从而使学生保持有意注意力，促进学生有意注意力的发展。

(2) 小学生注意力的广度有随年龄的增长而增长的发展趋势。高年级学生的注意力广度明显高于低年级学生。

(3) 注意力的稳定性。学生注意力的稳定性随年龄的增长而提高，而且存在女生优于男生的性别差异。学生的学业成绩与学生注意力的稳定性成正比关系。教师在教学中应注意培养学生的意志力和抗干扰能力。

(4) 注意力分配和注意力转移的发展。注意力分配是指在同一时间把注意力分配到两种及以上的对象或活动上。小学生注意力分配和注意力转移同样随年龄增长而发展。小学生注意分配的能力较低，有时可通过小组合作、同伴互助来完成需要同时进行的任务。学生注意力转移的快慢与新事物、新活动的性质有关，新事物越新奇、越有趣，注意力转移得越快。教师必须注意学生的注意力转移问题，通过一定的手段促使学生的注意力尽快从一个活动转移到下一个活动。

（六）学生学习对应内容所需的知识、技能准备，以及可能出现的困难

在了解学生的认知水平发展后，我们还应针对具体内容，分析学生是否具有学习本内容所需的知识、技能准备，以及学生可能出现的困难。只有这样，才能更有针对性地做好教学的充分准备，设计出符合学生实际的学习活动过程。如学习“串联和并联”这一内容时，需要分析学生是否已具有电路的概念，能否描述电路中电流通过的基本过程，是否具有正确连接简单电路、绘制简单电路示意图以及交流展示等技能，这些都将对新的学习产生影响。如果学生在某些方面有所欠缺，那么教师必须考虑采取一些补救措施或采用其他的教学策略。同时，要分析学生在学习串联和并联电路时可能出现的困难，如学生可能会只关注不同的连接顺序这一现象，而不能抓住通路的多少这一本质，不能正确区分串联、并联电路，不能理解电流顺次通过和同时通过不同电珠，等等，并为此准备相应的应对策略，考虑如何让学生发现本质区别，抓住本质区别，理解本质区别。

（七）学生学习对应内容的难点、突破点

在明确了学生的认知能力水平、学习某一对应内容的已有知识技能准备情况、可能存在的困难之后，我们接下来要分析和确定的就是学生学习此内容的难点、突破点或者关键点。还是以上面的“串联和并联”内容为例，我们依据上面的分析和该年级学生的认知特点，可以确定教学难点为引导学生区分串联电路和并联电路，并能描述其区别，而突破口是让学生找电路中有几条通路，描述电流是依次通过还是同时通过不同电珠的，并通过断开其中一个通路（电珠）来验证判断。这样，学生就容易将直观形象与抽象概念紧密结合起来，初步构建起对串联电路和并联电路的认识。

在了解不同层次学生的不同认知能力、已有知识技能准备、存在的困难，以及教学期望的不同训练培养目标的基础上，我们可以确定不同的教学重难点，进而寻找不同的突破点来组织实施我们的教学。例如，在“水的蒸发”一课中，我们既可以将重点放在影响水的蒸发快慢的因素上，也可以将重点放在探究方案的设计上；既可以重视科学知识维度，也可以重视科学探究能力的维度。前者侧重猜想、归纳各种影响水的蒸发快慢的因素，后者侧重引导学生对探究方案的思考、讨论与完善。

三、教学目标的制定

在充分研究教学内容和学生实际情况的基础上，我们就可以着手制定教学目标了。教学目标的制定包括确定各维度目标的内容、明确目标的层次等。

（一）如何确定目标

（1）参照课程标准，围绕核心内容确定目标的内容。

（2）结合内容要求和活动特点确定各维度目标。根据《课程标准（2022）》，我们可以结合教学内容，从科学观念、科学思维、探究实践、态度责任四个方面思考确定各维度的目标。同时可适当考虑融入其他一些主题教育如爱国主义、环境教育、劳动教育等，以更好发挥课程整体育人的价值。

（3）根据课程标准要求和学生的认知水平确定目标的层次。具体可参照课程标准中各维度的学段目标来确定。

在确定目标时要处理好几种关系：教学目标与教学内容的关系，教学目标与教学对象的关系，教学目标与教学方法的关系，教学目标与课程标准要求、单元主题整体要求的关系，等等。简单来说，教学目标整体应针对具体教学内容，依据课程标准的要求来确定，同时要结合学生实际、教学方法、单元不同课时的侧重等适当灵活调整。此外，在确定教学目标时，要注意一个阶段在探究能力培养方面的系统性，根据培养目标采用不同的学习方式，确保各种探究能力的全面锻炼和提高。教学目标与教学重点应该相互联系和有一定呼应。

（二）目标的表述

在进行目标表述时，我们应注意以下几点：

（1）教学目标陈述的是学生的学习结果，而非教师应做什么（如教会学生、培养学生……）。教学目标的行为主体是学生。

（2）教学目标应包含核心素养的各维度（包括科学观念、科学思维、探究实践和态度责任），不能只关注科学知识和观念，不一定要独立分开逐条表述，可以综合表述。例如："通过影响物体溶解快慢的因素的探究，能设计对比实验验证自己的猜想，知道温度会影响物体溶解的快慢，进一步产生对物体溶解快慢的探究兴趣，养成严谨细致的实验习惯。"

（3）教学目标的陈述应力求明确、具体，可以观察和测量，尽量避免用含糊和不切实际的语言陈述目标。如，当说"初步认识身边的一些常见植物"时，到底怎样才算达到了标准很难明确，可改为"能识别、列举身边常见的3～5种植物"，这样更便于操作和检测。必要时，可描述完成目标的具体途径，如"通过观察并描述校园中植物的主要特征，识别、列举身边常见的3～5种植物"，保证教学目标在活动中得到落实。

（4）目标的表述应反映学习结果的层次性，一般有初步了解、了解、领会、理解、运用等层次，还可限定达成条件——是在老师引导下完成还是独立完成。

（三）目标的分解与落实

在目标制定后，要注意结合具体的教学内容和教学活动进行落实，将单元的目标分解落实到各课时中，将课时目标分解到各活动中，明确各活动的主要目标。这样，既可以保证目标的落实，又可以强化目标意识，提高活动的有效性，避免教学目标，特别是一些情感态度方面的目标与教学实施脱节，出现写归写、做归做的情况。

案例

"太阳能、风能和水能"（一年级第二学期）的课时教学目标

（1）了解太阳给我们带来光和热。

(2) 初步了解风和水给我们提供动力。

(3) 初步培养学生的动手组装技能。

【评析】

存在的问题主要有两点：

(1) 没有从核心素养四个维度出发设计目标。

(2) 条目 (3) 的行为主体变成了教师。

修改建议：

(1) 通过交流讨论，了解太阳可以给我们带来光和热。

(2) 通过生活实例交流和实验体验，了解风和水可以给我们提供动力。

(3) 初步学会组装小叶轮，并利用风和水使其转动，提高动手技能和观察分析能力。

(4) 关注身边的常见能源，感受其与日常生活的密切联系。

案例

“食物链”(三年级第一学期) 的课时教学目标

(1) 知道动植物之间的食物联系叫作食物链，各种生态环境中都存在着食物链。

(2) 知道大自然中生物之间的食物供求关系并非简单的一条食物链，当一些食物链彼此交错时，就会形成食物网。

【评析】

存在的问题主要有两点：

(1) 表述不够清晰明确，缺少可观测性。如条目 (1) 的后半句可改成“能举例说明不同环境中的食物链”。

(2) 缺少探究实践、态度责任等方面的目标。

修改建议：

(1) 知道动植物之间的食物联系叫作食物链，能举例说明不同环境中的食物链。

(2) 知道自然界中生物之间的各种食物链是彼此交错的，并形成食物网。

(3) 通过交流、信息收集等方式获取信息，利用图示的方法展示并解释某一环境中的食物链和食物网。

(4) 感受生物间的密切联系，初步形成保护生态平衡的意识。

四、活动设计

小学科学课堂学习的主要方式是活动，通过活动引领学生开展科学探究学习。

(一) 采用活动化设计的理由

活动更贴近科学。科学是不断探索和发现的过程。活动是小学生进行科学学习最基本、最主要的学习方式。建构主义认为：学习过程不是学习者被动地接受知识，而是学习者积极地建构知识的过程。学习是一种个体主动参与的过程。现代小学课程都避免使用记忆、被动接受作为主要的学习模式。而小学科学课程尤其要关注学生的活动。《课程标准（2017）》明确提出："探究活动是学生学习科学的重要方式。小学科学课程把探究活动作为学生学习科学的重要方式，强调从学生熟悉的日常生活出发，通过学生亲身经历动手动脑等实践活动，了解科学探究的具体方法和技能，理解基本的科学知识，发现和提出生活实际中的简单科学问题，并尝试用科学方法和科学知识予以解决，在实践中体验和积累认知世界的经验，提高科学能力，培养科学态度，学习与同伴的交流、交往与合作。"① 《课程标准（2022）》也在教学建议中提出："探究和实践是科学学习的主要方式……整合启发式、探究式、互动式、体验式和项目式等各种教与学方式的基本要求，设计并实施能够促进学生深度学习的思维型探究和实践。"② 活动无疑是实现这一要求的有效途径。

活动产生经历。活动可以给学生提供丰富的经历和体验，是全面落实教学目标的有效形式。活动化学习体现了新课程开放性、综合性、主体性的要求，有助于三维目标的整体达成，能够锻炼提高学生的各类认知能力。通过一个个活动展开学习，不仅可以让学生主动发现、获取科学知识，而且可以让学生在各种各样的活动经历中体验和领悟科学探究过程，提高探究能力，逐步形成良好的科学态度和科学精神。

（二）小学科学学习活动的主要类型

小学科学学习活动的形式是多种多样的，主要有观察、实验、调查、讨论、设计、制作、信息收集与整理等。有些是只涉及某种形式的单项活动，有些则是涉及多种形式的综合性活动。在教学中，我们往往以探究某一问题、完成某一项任务为驱动，在一个活动中包含多种科学方法和活动形式。一般来讲，小学科学学习活动的主要类型有：以观察为主的活动，如"了解昆虫的特征""观察植物的组成"；以实验探究为主的活动，如"探究影响电磁铁磁性强弱的因素""探究水的压力"；以调查为主（包括实地调查和资料收集）的活动，如"了解动物的迁徙和洄游""探究恐龙灭绝的原因"等；以设计制作为主的活动，如"制作昆虫模型""制作潜望镜"等。

不同的活动类型意味着不同侧重的学习方式和不同的探究能力培养，为了充分发挥学生的多元智能，促进学生的全面发展，我们应根据不同的学习内容和学习条件，灵活选用不同的活动类型，丰富学生的学习经历，提高学生各方面的素养。

（三）活动设计要点

1. 活动设计的基本过程

在进行活动设计时，应分两步进行：（1）课时整体活动设定；（2）各活动具体设计。

首先，根据课时目标和具体学习内容分解确定若干个具体的学习活动，并明确各个活动的具体目标、活动间的关系与时间分配；然后，确定每个活动的内容、形式、过程、要

① 中华人民共和国教育部．义务教育小学科学课程标准．（2017－02－15）［2025－03－01］．http：//www.moe.gov.cn/srcsite/A26/s8001/201702/W020170215542129302110.pdf.

② 中华人民共和国教育部．义务教育科学课程标准：2022年版．（2022－04－20）［2025－03－01］http：//www.moe.gov.cn/srcsite/A26/s8001/202204/t20220420_619921.html.

点、支持帮助等（见图 2－4）。一节课的活动不宜过多，一般以 2～3 个为宜。

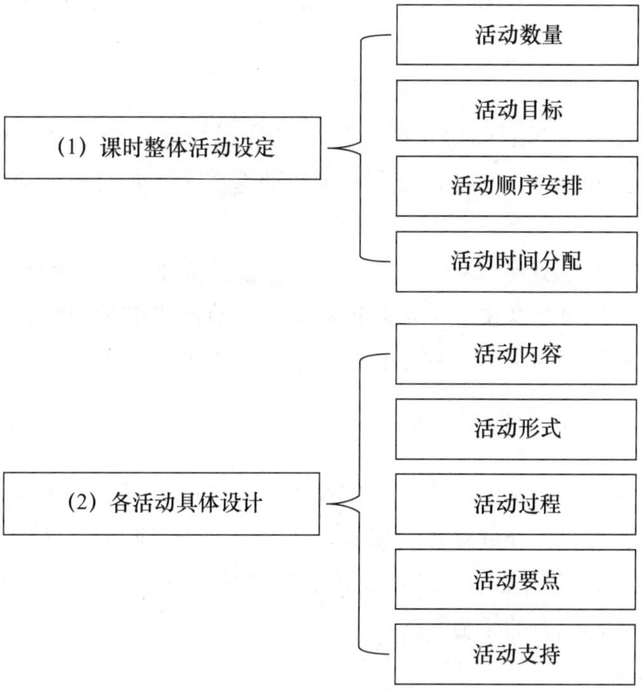

图 2－4　活动设计的基本过程

2. 活动设计的基本要求

（1）趣味性。

在进行活动设计时，包括活动的引入、活动的方式、活动的内容等，应考虑一定的趣味性，满足小学生的心理需求。例如，采用卡通形象创设情境，提出问题；采用“镜子接力打靶”游戏学习感受光的反射；观看科普影像了解濒危动物的保护；等等。

（2）贴切性。

活动的内容、目标要求、方式等既要相互贴切，又要贴近学生需求、能力、环境等教学实际。活动的要求应与学生的经验水平相统一，低年级与高年级的侧重点应有所不同。活动方式的选择应充分考虑学生思维特点与活动兴趣，根据内容特点、学生实际和学习目标等合理选择和安排，避免形式化。

（3）综合性。

活动内容要有一定的综合性，不能分得太细、太碎，要为学生提供多样的学习方式和学习经历，有一定的探究容量和思维容量，这样更有利于学生的能力培养。如在探究影响水的蒸发快慢的因素时，可设计一个活动，先让学生综合考虑各种可能的因素，再通过控制变量，逐个或分组选择探究某个因素，而不要将其分成三个活动，第一是探究水的蒸发与温度的关系，第二是探究水的蒸发与表面空气流动的关系，第三是探究水的蒸发与其面积大小的关系。因为当分成三个活动时，学生的探究活动就孤立开来，思维量也大大降低，从而失去很多有价值的锻炼机会。

活动方式也要有综合性。在一个活动中，教师可采用观察、推测、设计、测量、交流、讨论等多种方式来组织学生学习，做到做、想、讲的结合，独立学习与合作学习的结合。

（4）明确性。

每一个活动的任务目标要明确，每一环节要达到的目的要明确；活动内容、活动过程，即什么活动、怎么活动要明确；既要明确活动重点，又要明确活动细节。

（5）整体性。

要考虑整节课的目标实现。对于每个活动，不能独立地看当前活动的目标，而要关注各活动间的相互关系与内在联系，关注当前活动在整节课中的地位与作用。此外，要根据活动的难易程度确定活动的层次和顺序，顺应学生的思维活动和建构过程，注意活动间的过渡和衔接。

（6）实践性。

活动设计时，要注意联系生活实际，创设真实的情境，多为学生提供动手实践、应用所学知识解决问题的机会，开展观察、实验、设计、制作、调查等多种形式的活动，经历明确问题、设计方案、实施方案、展示交流、检验作品、改进完善、发布成果等活动过程，促进学生探究实践能力的培养。

3. 活动过程设计

在设计好一节课的整体活动安排后，我们就要进行各个活动的具体设计。在进行一个活动的具体设计时，除了前面讲到的一些基本要求外，最重要的是要考虑活动的具体展开过程，包括活动的引入方式、环节步骤、各环节的时间分配、需提供的支持等。

（1）活动的引入。

活动的引入主要是创设怎样的情境，以怎样的方式呈现问题，这对整个活动的气氛、学生的学习兴趣、活动的收效等都会产生重要影响。通常可以采用的方式有：

● 直接提问（包括教师提问和学生提问两种方式）。如学习“昼夜的形成”一课时，由于学生对昼夜交替的现象具有丰富的生活经验，因此教师可以直接提问：你认为白天和黑夜现象是怎么形成的？为什么会有白天和黑夜呢？等等。

● 利用生活现象引入。如学习“水的蒸发”一课时，教师可利用身边的常见现象引发探究：湿衣服为什么会自己慢慢变干？衣服里的水去了哪里呢？

● 播放视频。如学习“昆虫的一生”一课时，教师可先组织学生观看视频，然后让学生交流讨论昆虫的一生经过哪几个阶段。

● 情景演示。如学习“电磁铁”一课时，教师可演示利用自制的电磁铁玩“钓鱼”游戏，激发学生的好奇心和探究欲。

● 经验交流。如学习“沉与浮”一课时，教师可让学生交流各自的观点，说说物体的沉浮与什么有关，怎样的物体会浮或沉。

● 采用任务驱动。如学习“让小电珠亮起来”一课时，教师可提供导线、电珠、电池等材料，让学生直接完成挑战任务——利用所给材料连接电路，让电珠亮起来，以此来引入本课的学习探究活动。

对学生有一定基础或较熟悉的内容可采用简单直接的方法，不必故弄玄虚、浪费时间，而对学生较陌生或平时关注较少的内容则须通过情境创设和生活实例回顾、亲身体验等激发学生参与。在进行活动引入时，教师也可利用学生已有的前概念引发学生的认知冲突，促进学生的主动学习。引入环节的时间一般应控制在2～5分钟。

（2）活动的环节安排。

活动的环节安排主要有两方面：

一是安排各活动环节的顺序。先做什么后做什么？是先讨论后操作，还是先操作体验再交流总结，或是以尝试—交流—再尝试—再交流—总结提炼的顺序？是先观察事物的现象还是先了解其成因？先操作什么再操作什么等等，必须在活动设计中做好具体安排。教师应根据学生的认知过程，结合不同的内容特点和训练目的安排活动步骤顺序。如在让学生感受声音的产生时，首先可以通过猜声音引入，激发学生对声音探究的兴趣，然后通过“摸声音”“看声音”“让物体发出声音和停止声音”三个环节来引导学生感受声音与振动，再交流自己的发现与感受。通过这样几个步骤，让学生通过亲身的体验，领悟振动与声音之间的联系。

二是明确各活动环节的要点和操作细节。包括每个活动环节要关注什么，要求学生怎么做、思考什么，有哪些注意点，等等。教师在设计时必须想深想透，这样在教学实施时才能做到有张有弛、不偏不倚、灵活调控、有序高效。如在进行“测量每分钟的呼吸次数”活动时，可以先让学生猜测每个人的呼吸快慢是否一样，从而引发不同猜想，激发探究欲望，再让学生思考如何来测量，分小组交流讨论测量时应注意什么（如要保持平静状态等），怎样才算一次呼吸，使学生明确操作要点。然后，在学生测出自己每分钟的呼吸次数后，引导学生记录、收集、整理数据，对数据做统计、比较、分析，并引导学生发现大多数学生每分钟呼吸次数集中在一个范围内……通过这样一个过程，学生的每一步操作都很清晰、连贯，保证了活动的有序进行。学生在获取到科学知识的同时，又得到了科学方法的训练。

此外，活动设计还应做好各环节的时间分配，为活动精心准备各种支持，包括知识准备与经验激活、媒体器材、教学环境、提供的指导帮助等。

（3）活动过程设计中的注意事项。

在活动过程设计中，须注意以下几点：

一是活动过程的安排应有层次、有坡度，契合学生的认知过程。由表及里、由浅入深、由简单到复杂、由单一到综合，按学生的认识规律安排教学过程，力求使教学过程符合学生的认知建构过程。如在探究“昼夜成因”时，当使用灯光照射地球仪模拟昼夜变化时，可设计这样一些环节：分析静态的一个点所处的时间，认识被太阳照到时是白天，照不到时是黑夜；识别地球表面不同位置所处的时间（早晨、中午、傍晚、半夜四个时间节点的位置）；以一个点为基准，慢慢转动呈现这四个时间节点的变换过程，即白天黑夜的变化过程；连续多圈转动，理解昼夜交替的成因；把自己当作地球，把灯泡当作太阳，在灯泡前慢慢原地转一圈，再次感受，进一步促进理解。通过这样一个过程，学生就可以对昼夜交替的成因形成比较充分的体验和清晰的认识。

二是为学生提供足够的探究时间和空间。要舍得给时间，使学生有真正的自主探究时间，不要急于告知结果，必要时还可反复探究。不要赶时间、走形式。

三是要关注学生的思维。当前不少课堂出现了表面热闹、学生实际收获和发展很少的现象，教师常常只关注学生在做什么、怎么做，而很少关注学生的“想”。表面看起来，学生是动起来了，好像参与了学习过程，课堂气氛也很热烈，但学生真正的深入思考、思维能力的发展较少。事实上，在学生的一次探究活动中，最有价值的是学生的思维活动，是他们思维方式和思维能力的锻炼和发展，探究不只是动动手和喧闹地讨论交流，有时也需要静、需要想。要避免为活动而活动，浮于表面，热热闹闹走过场；要给学生思考的空间，设置一些思考的环节，让学生多思考，关注学生有没有在想、在想什么、怎么想、是浅表地想还是深入地想。

四是注意必要的反复。学生的认识并非一蹴而就，教师有时可以安排一定的重复观察和体验环节。如当观看影像或演示时，可先整体感知，再观察细节；当学生实验出现困难或不同意见时，可让他们分析讨论后重新实验。这样的反复更有利于学生认识的逐步深入和领会、顿悟。

活动的设计将在第三章、第四章进行深入的阐述。

五、活动支持资源的选择和设计

学生的活动过程需要各种资源的支持，这些资源既包括各类文本、图片、音频、视频、实物、标本、模型等，还包括实验器材、相关设备等。在教学设计时，我们要想清楚哪个环节需要使用媒体、需要什么媒体、要起什么作用、如何使用等问题。随着现代科学技术的发展，教学媒体资源也在不断丰富和变化，既有生动形象的多媒体设备、影像材料，也有传统的书本、挂图；既有真实的也有虚拟的；既有静态的也有动态的。不同的教学资源具有不同的特性，其表现力、传播力、可控性、交互性等都是不一样的。因此，在教学设计时，我们必须考虑教学资源的使用与选择问题。同时，我们也要考虑活动器材的选择，可以根据不同需要和实际条件，或选择生活化的简易器材，或选择专门的仪器设备。

（一）媒体资源的收集与处理

教学媒体资源的来源一般有三种：手头现有的、通过各种途径收集的和自己制作的。在收集媒体资源时，除教材外，还可利用校园、社区、大自然、科普基地、网络等资源，收集时应注意资源的科学性、适用性、安全性、完整性等。如果是在校园或野外直接观察实物，那么教师应先做考察，对校园或野外环境进行选择、标注，便于学生开展学习。

收集到的资源很多时候不能拿来就用，应根据教学需要做些处理，包括：降低难度、通俗化、配以必要的说明等，使之符合学生认知水平；截取片段、隐藏或去除无关信息，根据学习目标重新组织内容；改变呈现方式，利用多媒体软件组合各类资源；等等。

（二）实验器材的选择与准备

当前我们的科学课教学以活动为主，课上往往需要各种实验器材和教学用具。在选择和准备实验器材时，我们可以从科学性、便捷性、显著性、安全性等角度加以考虑，选择使用便捷、安全、科学、有效的器材，为学生提供亲自动手操作体验的机会，帮助学生开展探究活动。活动前，应对材料的种类、规格、质量、数量等进行检查，做好充分准备。必要时，还可进行试用，进行实验尝试，以熟悉了解器材的性能，保障活动的有效开展。

课程资源的组织和利用将在第六章进行深入讨论。

六、教学评价的设计

一项完整的教学设计还应考虑如何对学生的学习进行评价。评价是为了诊断、了解学生的学习状况，检测学生的学习成果，激励、促进学生的日常学习，引导学生养成良好的学习习惯，把握本课的学习重点。通过对学生学习情况的检测评价，教师可以获取反馈信息，从而改进教学。

(一) 评价的内容

评价是为了更好地实现教学目标，在确定评价内容时应与教学目标相适应，不能只关注学生的知识技能掌握情况，而是要全面关注学生各个维度的表现，促进学生全面达成课程目标。评价内容可以包括：(1) 对科学知识的掌握、科学概念的建构。如能否正确说出地球自转是昼夜形成的原因。(2) 对科学方法、探究技能的体验和掌握。如能否有依据地提出自己的观点，能否通过小组讨论设计简单的探究方案，能否用图画、文字等多种方式记录自己的观察和发现，能否规范使用仪器、器材。(3) 对科学、技术、社会与环境相互关系的了解。热爱自然、珍爱生命、保护环境的意识和社会责任感，对科学的兴趣、探索精神、求真求实的态度、合作等方面，如是否勇于提出问题，乐于积极参与交流，能否实事求是地记录，对身边科学事物的关注……

我们也可以从学习兴趣、学习习惯、学习成果等维度来设计确定我们的评价内容。学习兴趣如提问兴趣、探究兴趣、阅读兴趣等，学习习惯如观察习惯、记录习惯、实验操作习惯、交流习惯、合作习惯等，学习成果如科学概念理解、科学实践能力等。

在具体操作时，我们应根据本单元或本课时的教学设计，结合教学内容和教学目标，来选择确定对应的评价内容和评价指标。评价的设计也应有所侧重，避免面面俱到。

以一年级“磁铁能吸铁”一课为例：

本课的教学目标是：

(1) 通过动手实践操作，知道磁铁具有吸铁的性质，进一步产生对磁铁的探究兴趣。

(2) 通过对实验现象的记录、分类，提高记录、分析和归纳能力。

(3) 能积极与同伴交流自己的发现。

在本课中，学生主要通过小组实践操作、交流讨论，得出磁铁能吸铁的结论。根据本课的活动内容和教学目标，我们可以细化确定以下评价内容：

(1) 实验操作的情况：是否按要求有序操作，进行检测。

(2) 实验记录的情况：能否及时、实事求是地做好记录。

(3) 分类情况：能否根据能被磁铁吸住和不能被磁铁吸住，将物品分成两类。

(4) 结论归纳情况：是否能正确归纳得出磁铁能吸引铁做的物品。

（5）交流情况：是否乐于与同伴交流自己的发现和想法，并能倾听别人的交流。

（6）知识掌握情况：能否说出磁铁能吸住怎样的物体。

（7）实践能力：是否能判断身边一些常见物品能否被磁铁吸住。

（8）探究兴趣：是否有进一步探究磁铁的欲望（如爱提问、想尝试等）。

通过细化，我们发现，可评价的内容有很多。但课堂时间有限，我们不能面面俱到，所以还要根据核心内容和阶段培养目标等精选其中几点作为最终的评价内容。有些评价点可作为教师课堂即时评价内容，有些评价点可被用作在活动后让学生进行自评或互评。

（二）评价的方式

评价的方式多种多样。从评价的功能分，有诊断性评价、形成性评价；从评价的主体分，有学生自评、学生互评、教师评价；从评价的实施方式分，有口头评价、任务测试评价、评价量表评价；等等。教学设计涉及的一般是过程性评价，是与学生的学习交融在一起的，包括课前、课中、课后针对学生的学情及学习表现所进行的评价活动（见表 2－1）。

表 2－1　课堂学习评价设计参考

评价主体	评价时段	评价内容	评价方法	评价目标	举例
教师	教学准备阶段	学习的出发点（前概念）	● 画思维导图 ● 画概念图 ● 提前观察记录 ● 课前小测试 ● 课前访谈	● 了解学情信息	课前画一画蚂蚁的身体结构图，课堂上用放大镜仔细观察蚂蚁，修正前概念下所画的图
学生		对比学习基础与学习目标		● 明确学习方向	
教师	课堂教学阶段	学生的学习水平及参与程度	● 对话、提问和追问 ● 观察活动表现（如实验操作、小组讨论） ● 检查作业（如实验报告、实验设计、实验记录）	● 诊断学习问题 ● 调节学习过程	追问分析“加热水过程中看到水汽现象”背后的物理变化过程，补充建构水的液化概念
学生		是否达到预期学习目标，是否满意自己的学习效果	● 学生自评或互评 ● 质性描述	● 在反思过程中修正学习效果	在对“水沸腾”一系列现象观察记录后进行反思讨论
教师	教学结束阶段	科学探究能力与科学态度	● 学习总结汇报 ● 成长记录 ● 成果表现	● 提升科学探究能力 ● 促进科学精神养成	● 我的环保实践行动 ● 制作食盐晶体 ● 制作小杆秤 ● 设计铁生锈实验
学生					

案例

“压力与什么有关”教学片段

课一开始，G 老师在提出“压力大小与什么有关”的问题之后，让学生各抒己见。

学生 1：与水的多少有关。

学生 2：与河面的大小有关。

学生3：与水的深浅有关。

…………

【评析】

这是一个典型的头脑风暴式自由讨论，教师通过诊断性评价，如实记录学生发言，了解学生内隐的前概念。通过发言，教师可以了解学生对这一学习内容是否感兴趣、学生对这一内容的已有认识等，为后续教学方法、教学环节安排提供有力依据。

案例

一年级“认识水”一课“找纯水”活动的评价设计

“找纯水”实验星级评价表

评价内容	自评	同桌互评
1. 不争抢，有序进行实验		
2. 能使用3种以上方法辨别		
3. 能说出纯水的特点		
4. 整理器材，保持整洁		
总评：我能得	（　　）☆	（　　）☆

注：每做到一项可得一颗星。

【评析】

这是利用课堂学习评价单方式进行的评价。考虑到评价对象为低年级，这种方式简单、易操作。评价内容包含学习习惯（第1、4点）、科学探究（第2点）、科学知识（第3点）。课堂学习评价不必贪多求全，不求面面俱到，而要使不同阶段、不同活动有所侧重。一般来说，对低年级的课堂学习评价要简单，文字要简洁；对中高年级的课堂学习评价可以适当丰富、具体些。

案例

五年级“设计制作保温杯”的评价设计

“设计制作保温杯”评价表

评价内容	评价标准			同伴互评
	A优秀	B较好	C仍需努力	
设计表达	能选择合适的材料和结构，能用图示清晰表达自己的设计	设计材料、结构较合理，图示表达不够清晰	设计材料、结构不太合理，图示表达不清	
加工制作	能根据设计精心制作，大小合适、质量较好、外形美观、有创意	能根据设计完成制作，外观与质量一般	没有按设计完成制作	

续表

评价内容	评价标准			同伴互评
	A 优秀	B 较好	C 仍需努力	
交流展示	能清晰、响亮地表达自己的保温杯的设计思路、制作过程，能听取别人的意见	表达较清晰，能听取别人意见	表达不清，不能听取别人的意见	
作品效果	具有较好的保温性能	有一定的保温性能	保温效果不明显	

【评析】

本课是在学生学习了热的传递、加热和保温等知识后，要求学生用身边的材料，设计制作一个简易保温杯，并向其他同学展示、介绍自己的作品。教师设计了评价表让学生进行互评。本评价是结合任务表现进行的评价，从设计表达、加工制作、交流展示、作品效果四方面进行评价，设定了各评价指标的分级描述，并且采用同伴互评的形式，能较好地促进和引导学生的学习。

在设计教学评价时，应注意以下几点：

一是不贪多求全。不是每个活动、每个评价点都需要纳入评价内容，可围绕核心活动确定评价内容。选择影响目标达成的主要评价内容，或针对学生最欠缺的方面设计评价内容，也就是说，根据重要性来选择评价内容。

二是不同阶段、不同活动可有所侧重。在全面关注的前提下，可以有所侧重。如有时可以侧重学习习惯与兴趣的评价，有时可以侧重学习成果的评价。此外，可以根据自己班级学生的实际情况设计评价内容，如某一阶段侧重关注学生有序实验操作的习惯，另一阶段侧重关注学生轻声交流讨论的习惯，也就是说，根据需要来选择评价内容。

三是注意操作性。课堂时间有限，加上小学生的能力有限，评价点的选择要考虑操作性。针对低年级学生，一般可以选择 2～3 个点；针对中高年级学生，一般可以选择 3～4 个点。通常不超过 5 个点。

第三节　教案文本撰写的基本规范与技巧

小王下个月就要参加教师资格考试面试了，他听说面试时须当场完成一篇教学设计，而且完成教学设计的时间只有 20 分钟。小王上网查了查，发现教学设计的样式很多，栏目格式也不尽一致，到底教学设计需要包含哪些内容、采用怎样的格式比较好呢？小王感到很迷茫，有点不知所措。

小学科学的课程教学设计虽然没有一个规定的统一栏目和格式，但基本的要素内容是相同的，不必过分拘泥于具体的细节差异。面对教师资格考试面试这样的快速备课，也是有一定的章法可循的。

教学设计的书面呈现通常称教案。教案编写是针对教材中某一课时的教学内容，按照一定步骤，对前期完成的一系列教学准备和教学设计工作的书面呈现。教案是教师实施课堂教学的方案，是实施教学任务的主要依据。

一、教案文本的基本规范

教案有一定的固有要素，如教学目标、教学过程等，但在格式上没有统一的限定要求。不同学科、不同教师的呈现格式会有所不同。在一般情况下，一份完整的教学设计应包含以下内容：教学内容分析、学生分析、教学目标、教学重难点、教学准备、教学过程、板书设计、学习单设计。

以下面“潜望镜的秘密”［小学《自然》（上海科教版）第七册第七单元“光的传播”第二课时］教案为例。

案例

潜望镜的秘密

一、教学内容分析

1. 整体把握

小学阶段“光的传播”这一主题，一般涉及的内容包括：光的直线传播（含小孔成像）、光的反射、光的折射、光的色散等。

课程标准①的要求：初步了解光的反射现象，了解常用的光学仪器（如放大镜、望远镜、显微镜）的主要构造及作用。

本单元的主题内容结构：

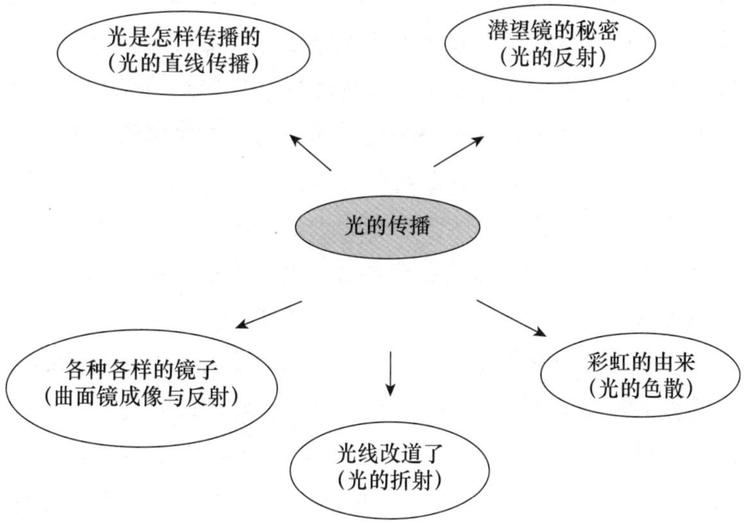

① 此处的课程标准指上海地区小学自然课程标准。

2. 结构把握

教材中本课时的主要内容与活动安排包含三个方面，它们是层层递进的：

（1）通过潜水艇的潜望镜引入。

（2）拆开看潜望镜的内部结构，探究为什么有两块平面镜。

（3）制作、玩简易潜望镜，探究光在潜望镜中的传播。

3. 要点把握

本课的内容要点是认识潜望镜的结构，知道潜望镜是利用光的反射原理制成的。

4. 对教材的处理

（1）增加“让光线改道”操作，先进行一次反射学习；将探究潜望镜的内部结构和光的传播路线结合在一起探究。

（2）课内制作潜望镜太费时（教师课前亲身实验，用配套材料制作潜望镜花了30多分钟），如果课上时间只用来制作潜望镜，学习效率太低，因此可以把制作放到课外。

（3）适当扩展关于反射的其他认识，激发兴趣，增加了解，但不做出要求。

【评析】

教学内容分析主要介绍本课的教学内容属于哪一主题、包含哪些内容要点，课程标准对此内容的学习要求，教材前后的联系，本课的地位作用，等等。本教案对教学内容做了非常仔细深入的分析——既有对单元整体的分析，也有对课时结构、内容要点的分析，明确了与前后内容的联系，以及在此基础上对教材的处理等，为后续确定目标、把握重点、设计活动奠定了很好的基础。

二、学生分析

（1）学生的已有认识：通过第一阶段（第二册“影子和镜子”一课）关于光、镜子、影子的学习，学生对光的直线传播、镜子能反光等已有一定认识。

（2）学生的生活经验：部分学生生活中注意过镜子反射光的现象，但对反射光的传播方向一般关注较少。有的学生可能玩过潜望镜，但一般只知其功能，不知其原理。

（3）学生的认知水平：4年级的学生处于具体形象思维逐步向抽象思维转变的过程，虽有一定的抽象思维能力，但离不开具体形象。由于光路平时是不可见的，因此教师在教学中还应在具体操作体验的基础上通过图示方法把光的反射路线直观表达出来，发现其规律特点，并且借助画图推测、理解潜望镜的结构和原理。

（4）学生可能出现的问题和困难：学生对影响光的反射方向的因素的关注和理解、对二次反射中光路变化的理解和描述存在障碍；学生对视觉的形成（光进入眼睛，看到影像）还不了解，此内容将在5年级时学习，这也会对学生学习潜望镜原理（光路传输过程）产生一定障碍。学生可能会认为光是从眼中出发，照到物体上从而看到物体的（前概念）。

【评析】

学生分析主要介绍学生的认知情况、年龄特点，对该内容的已有经验和认识，相关的技能，学习本内容可能遇到的困难，等等。本案例分析了学生通过以往学习及生活事例对光的反射的已有认识情况，4 年级学生的思维、认知能力，以及对光的反射的认知可能存在的问题，全面、细致、真实、贴切，为后续确定教学难点，在活动设计中提高教学针对性、有效性奠定了基础。

三、教学目标

(1) 通过实验操作，初步了解光的反射，能绘制简单的光线反射图，并初步感受通过改变镜面角度可以改变光的反射角度。

(2) 通过观察、推测、模拟等手段，探究潜望镜的内部构造和基本原理，能绘制出光在潜望镜中的传播路线，知道潜望镜是利用平面镜对光的反射原理制作的。

(3) 通过对光的各种反射现象的学习，进一步产生对光的传播的探究兴趣。

【评析】

教学目标介绍了本课预设的期望学生达到的学习目标，包含科学知识、科学探究、科学态度等维度。对教学目标，目前普遍采用的是行为目标表述法，表述时应以学生为主体，注意目标的层次与维度。本教案的教学目标既符合课程标准的要求，又能贴近学生实际，内容全面、具体明确、可操作，可以为后续教学发挥指引作用。

四、教学重难点

教学重点：知道潜望镜是利用光的反射制成的。

教学难点：能描述光在潜望镜中的传播过程。

【评析】

教学重难点包括教学重点和教学难点，教学重点一般根据学习内容和课程标准的要求来确定，是本课学习的核心内容。它既可以是知识方面的，也可以是方法技能方面的。教学难点主要针对学生的学习，指学生在学习时容易出现困难的地方。本教案能结合“光的传播”主题所对应的课程标准要求和教材内容，正确把握教学重点，将潜望镜的工作原理——光的反射作为教学重点，同时根据对学生认知情况的分析和判断，正确捕捉到学生学习的难点：探究、描述光在潜望镜中的二次反射传播过程。

五、教学准备

手电筒、平面镜、小物品（当作反射目标使用，自备）、潜望镜、记录单、潜望镜制作材料、PPT 课件。

【评析】

教学准备包括教师的教学用具、学生的学习用具、媒体资源等。如各种探究活动的材料、实验器材、学生记录单、场所、PPT 课件、多媒体网络环境等。本教案结合教学实际，全面考虑了教学活动所需的各类器材、媒体资源、学习单等支持材料。

六、教学过程

活动一：让光线改道

学生活动	指导要点
(1) 操作：试一试，有什么方法能让光线改道。 (2) 操作：改变目标的位置，再试。 (3) 交流：说说镜子在这里起了什么作用。认识光的反射现象。	☆利用身边光的直线传播现象引入，激发学生的兴趣，同时有助于建立知识间的联系。 ☆通过改变目标位置，让学生有意识地通过改变镜面角度来改变光的反射方向，体会两者间的关系。
(4) 小组活动：体验光的反射，说说自己的发现。 (5) 画一画光的大致反射路线。	☆引导学生分工协作，并注意光线射入角度、射出角度。 ☆应适当提示并做示范，如光线、镜子的表示方法等，避免学生无从入手。对光的反射角度不要求精确，只要让学生有所感受即可。
(6) 讨论：在不同情况下，光的反射路线有何不同？与什么有关？	☆引导学生初步感受反射光线的角度与入射角、镜面方向有关。

活动二：探究潜望镜的内部构造

学生活动	指导要点
(1) 游戏："透视眼"。 (2) 操作体验：利用潜望镜模型进行"隐蔽观察"。	☆抓住一些要点，引导学生分析、推测。如：有几面镜子？镜子在什么地方？为什么？……利用画光路结构图推测潜望镜的内部构造。
(3) 观察：潜望镜的结构。 (4) 思考：光在潜望镜中是怎样传播的？里面用到了几面镜子？	☆在探究潜望镜的结构原理（潜望镜的结构、光路传播）时，让学生先独立思考，再与同伴交流。这样，会让学生产生不同想法，更能激发学生思考、探究的欲望。
(5) 尝试画出光线在潜望镜中的传播路线，并解释潜望镜的工作原理。 (6) 小组交流、讨论。	☆注意学生画的光路的方向，应该是从物体进入潜望镜，再反射入人眼的。
(7) 交流小结：结合图示，说说潜望镜的工作原理。	☆交流时通过一些追问，展示学生的思维和认识。如：你为什么认为这里有镜子？为什么镜子是朝这个方向放置的？注意帮助学生整理、归纳对潜望镜的认识，同时提高学生的表达能力。
(8) 小组合作，用两块镜子模拟潜望镜中的镜子，并蹲在桌面下观察桌面上放置的物体。 (9) 课后完成简易潜望镜的制作。	☆引导学生体验、验证潜望镜的工作原理。 ☆鼓励学生在课后制作简易潜望镜的过程中进一步体会潜望镜的工作原理。

活动三：了解其他光的反射现象

学生活动	指导要点
(1) 玩一玩：自由玩各种镜子，包括偶镜、多面平面镜组合等。	☆可鼓励学生课后利用镜子自己尝试制作各类玩具。
(2) 交流：说说自己的发现。 (3) 思考（拓展）：a. 除了镜子，其他物体能反射光吗？b. 表面不平的物体是怎样反射光的？ (4) 课余探究：科学小实验"镜子亮还是纸亮"。	☆可先让学生就光的反射提出问题。如学生提不出问题，那么可出示教师的问题，并展开讨论。课上可做适当讨论、演示，激发进一步探究的欲望。扩展思路后，在课结束前，可再让学生提问题。

【评析】

教学过程具体描述教学各活动的展开过程、各环节的具体设计安排，包括教师活动、学生活动、设计意图、教师在各环节的指导要点等。本教案围绕教学重点，以活动形式引导学生有序开展探究式、体验式学习。首先，通过让光线改道活动，让学生认识、体验光的反射现象，为探究光在潜望镜中的传播做铺垫。其次，先观察潜望镜的结构，引导学生抓住关键，如有几面镜子、镜子在什么位置、镜面方向等，然后推测、讨论、探究光在潜望镜中的传播过程，通过画一画帮助学生呈现自己的想法，接着通过交流讨论，最终获得对潜望镜工作原理的清晰、直观的认识。最后，扩展到生活中的其他反射现象，帮助学生对光的反射获得更全面的认识。并且，要求学生在课后进行简易潜望镜的制作，可以进一步促进学生的认知和体验。整个教学过程层次清晰、重点突出、环节有序，同时注重了学生主体作用的发挥，体现了自主性、探究性。

七、板书设计

潜望镜的秘密

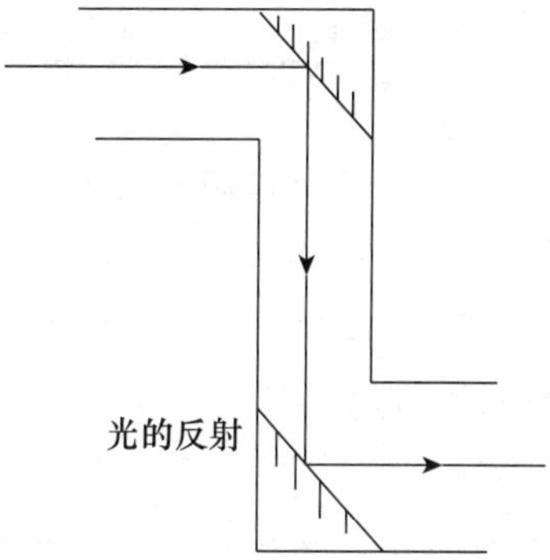

【评析】

板书设计呈现本节课的学习要点、内容结构等，可以是文字形式，也可以图文结合。板书设计要考虑呈现的内容、时机、布局等。本教案的板书突出重点，以图示形式直观呈现了潜望镜中光的传播过程，简洁明了。

八、学习单设计

“潜望镜的秘密”活动记录单

1. 请根据看到的现象画出光的反射路线

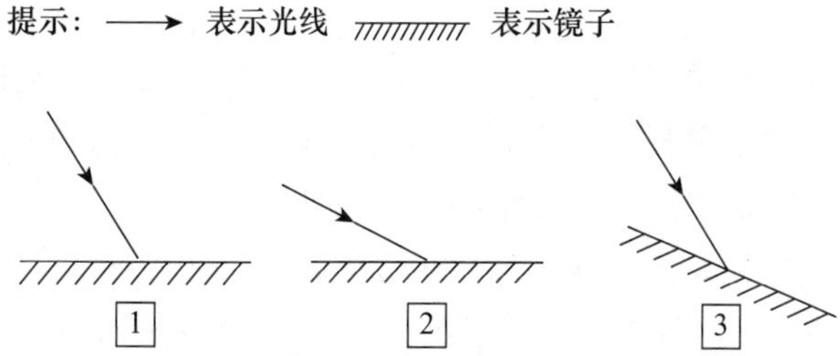

2. 请你想一想：光在潜望镜中是怎么传播的？潜望镜里有几面镜子？镜子是怎么安装的？

（请画出光在潜望镜中的传播路线，以及镜子的安装位置和方向）

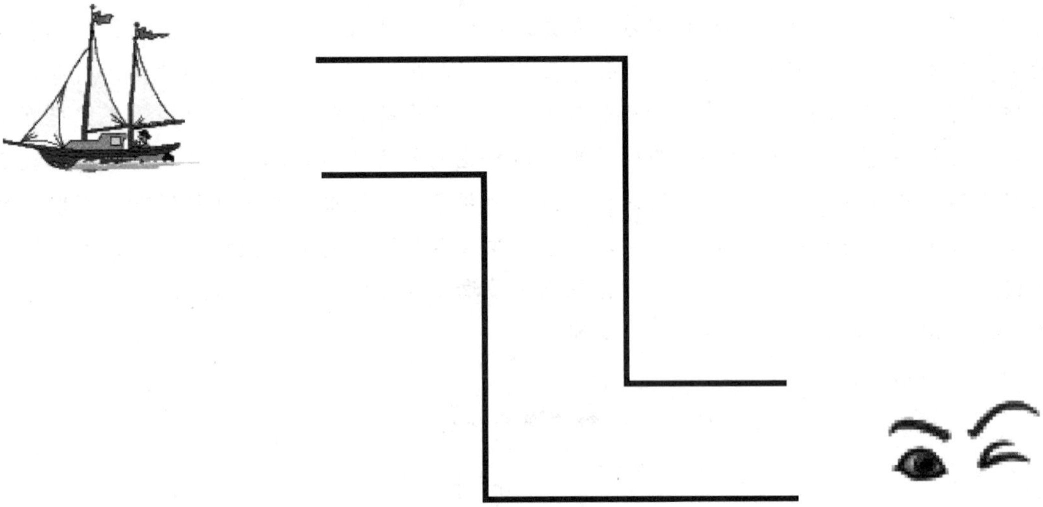

【评析】

学习单设计指的是对学生为学习本课内容而开展的活动中所需要的各种学习单的设计，包括活动设计单、活动记录单，以及练习单、评价单等。本教案中设计了两个活动记录单，分别与活动一、活动二相配套，采用画图的方式让学生展现自己的认识和想法，操作简便、效果直观，便于展示与交流讨论，起到了有效促进学生学习的作用。

教案也可以用相对简略的形式呈现，我们称为“简案”。简案一般只包括教学目标、教学重难点、教学准备、教学过程，有时也附板书设计等，省略的是教学内容分析、学生分析，以及学习单设计等。简案主要是为了节约备课的时间或更加便捷地交流，但在实际进行教学设计时，仍需要对教学内容和学生做简单分析，只是不像详案那样细致、具体和全面，所做的分析也没有以文字形式呈现出来而已。此外，有时教学过程的表述也可以简略些。

二、小学科学快速备课技巧

在某些情况下，比如教师资格考试面试环节，一些教学竞赛、求职面试等，需要当场备课并试讲。由于拿到教材资料后只有很短的准备时间，因此需要我们掌握一定的技巧，学会快速备课，在短时间内完成一份基本的教学设计。

为了适应面试时的快速备课并达到较好的效果，面试前应注重平时练习，熟悉前面所述的教学设计的基本程序和方法，明确需要考虑的各个因素，以及教案要呈现的基本内容。在快速备课时，由于时间关系，既不可能做到面面俱到，也不能备详案，只能列出一些基本内容和教学流程。在快速备课时，应注意以下几点：

（一）正确把握内容

在拿到教材资料后，要细致迅速地阅读教学内容，梳理其中包含的内容要点和对应的学习活动（如观察、讨论、实验、制作等），明确本节课的重点、难点，注意避免出现科学性错误。

（二）全面拟定目标

在分析把握内容的基础上，思考本节课要达到的目标。确定目标要全面，科学观念、科学思维、探究实践、态度责任等方面都要涉及。目标既要紧密结合教学内容、学习方式，又要符合课程标准要求和学生的认知水平。在撰写目标时，要尽可能具体明确、表述规范。

（三）合理搭建结构

接下来，就要梳理结构，设计这节课的教学过程。按照一般的教学过程环节，结合这节课，进行教学环节和内容的设想。如，怎么导入，安排几个活动，用怎样的方式开展活动，按照怎样的过程开展活动，过程中有哪些关键点，等等。要做到条理清晰、环节过渡自然，形成有机整体。

需要注意的是，教学过程设计不能偏离设置好的重难点以及教学目标，特别是要明确本节课的重点在哪儿，要想清楚重点部分如何安排展开活动。

（四）体现理念，展现亮点

在理清结构、形成基本的教学环节思路后，就要对教学基本过程的各环节做进一步的细化设计，考虑如何体现课程的理念和要求。如，导入时怎样创设情境，如何设计问题引导学生自主探究，以及在一些环节采用小组合作学习，合理利用现代媒体技术，有机融入评价，等等。除此之外，还可考虑怎样突出自己课程设计的亮点和特色，以获得评委的认可，争取好的成绩。

（五）以简案形式呈现

由于时间有限，在思考清楚上述内容后，可以简案的形式撰写教学设计。教学过程这一板块的内容，只要按教学流程，列出教学过程的提纲即可，千万不可按教学过程一词一句地写下来，否则时间肯定是不够用的。

案例

“风的形成”教学设计

一、教学目标

（1）科学观念：理解自然界中风的成因，知道空气流动形成了风。

（2）科学思维：通过观察到的现象，分析并描述空气流动形成风的过程。

（3）探究实践：能从“这是什么”“为什么会这样”等角度提出有关自然界中风的问题，能用简单的器材做简单的风成因模拟实验。

（4）态度责任：乐于提问，大胆想象，愿意合作交流；对身边事物具有探究兴趣，感受风与人类的密切联系。

二、教学重难点

教学重点：理解自然界中风的成因。

教学难点：自行设计风的成因模拟实验，通过实验现象观察分析，理解风的形成原因。

三、教学准备

有关风的图片及文字资料、PPT课件、模拟实验材料（如可乐瓶、蜡烛、火柴、线香等）、活动记录单等等。

四、教学过程

（一）导入

（1）猜谜语（谜底为风）。

（2）交流：生活中哪里有风？

（3）提问：自然界的风是怎样形成的？

（4）揭题：风的形成（出示主题）。

（二）探究风的形成原因

（1）试一试：能不能制造风？（放手让学生自己做，用嘴吹、用书扇、开窗等）

（2）能不能利用这些材料（扇子、气球、小风扇）制造出风？谁来试试？

（3）这些都是人为制造的风，称“人造风”。

（4）想一想，人造风是怎么产生的？

（5）小结：空气的流动形成了风。

（6）猜测：自然界中的风是怎样形成的？

（7）小组讨论，并做记录。

（8）交流：大胆交流自己的猜想，并说出猜想的理由。

（9）观察教师提供的材料，设计实验，验证自己的猜想（小组合作）。

（10）交流实验方案。

（11）说说在实验中要注意什么？

（12）小组开始探究实验，细致观察、做好记录。

（13）学生汇报交流看到的实验现象。（引导分析实验现象，认识热空气上升，冷空气过来补充，空气流动形成了风。）

（14）教师出示PPT课件，补充介绍自然界中风的形成。

（三）拓展

（1）说说风对我们的生活都有什么影响？（从有利、有害两个方面进行交流，提高学生对人与自然关系的理解。）

（2）关于风的话题还有许多，课后可以查资料。

五、板书设计

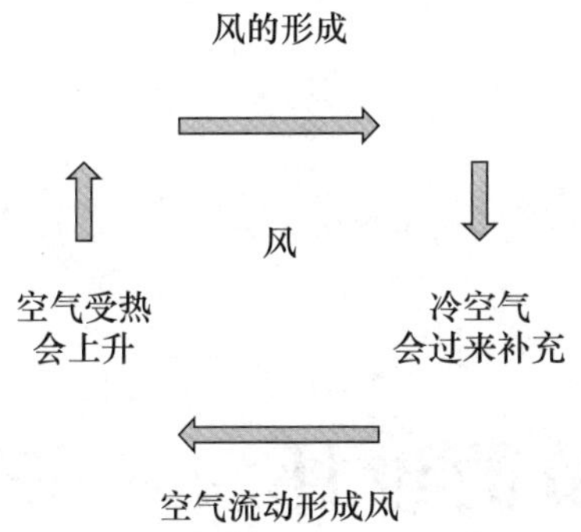

【评析】

本教学设计的主要优点是：（1）能正确设定教学目标，从科学观念（风的成因）、科学思维（分析风的成因）、探究实践（设计模拟实验探究风的形成）、态度责任（合作交流、对自然现象的探究兴趣）四个方面确定本课的教学目标，表述规范全面，定位恰当，符合教材内容和课程标准要求。（2）能正确把握教学内容，合理确定教学重难点。（3）教学过程的设计条理清晰，结构合理，能较清晰地引导学生通过讨论交流、自主设计实验的方式认识风的形成原因。（4）能注意联系生活，适当拓展，体会风与人类生活的密切关系。同时，教学过程较好体现了小学科学自主学习、合作探究、联系生活等理念。板书采用图文结合的方式，展现了风的形成过程。考虑到时间关系，在非重点部分，如“人造风”的操作体验环节，可进一步简洁些。

思考与练习

1. 请梳理小学科学教学设计的基本环节与方法，并标出各环节的要点。
2. 小学科学教学设计一般包含哪些栏目？
3. 快速备课有哪些注意点？

阅读导航

陈华彬，梁玲．小学科学教育概论．北京：高等教育出版社，2003.

该书以科学教育理论为基础，以建构主义为主线，运用主动参与式学习模式，论述了科学的本质、科学素养的含义及儿童是如何学习科学的等问题。该书注重理论与实践相结合，书中运用大量的课堂实例阐述了在教学中如何培养儿童的科学过程技能、小学科学教育课堂教学理论、课堂教学方法、课外活动的组织、教学评估、教学环境的设计、教师在小学科学教学中的地位、小学科学教育与其他学科的整合，以及计算机等多媒体技术手段在小学科学教育中的运用等问题。

第三章

导入环节的设计

本章导读

对一节课而言，教学导入是学生学习新内容的准备阶段，是学生从对其他事物的关注转向对新的学习内容的关注。本章将就导入环节的设计目的、原则和方法进行深入探讨。

本章学习要求

- 列举教学导入环节的设计目的。
- 举例说明教学导入环节的设计原则。
- 能针对教学目标，运用“呈现现象”“设计困境”“赋予任务”等策略与方法设计教学导入环节。

第一节　教学导入的设计目的与原则

上课铃响了，实习教师小陈向学生宣布今天学习的主题是昆虫，并在黑板上写下了“昆虫”二字。然后，他出示了一些昆虫标本，要求学生比较这些昆虫有哪些相同的形态特征并进行记录。

这样的教学导入虽然直奔主题，但没有站在学生的角度提取学生的已有经验、激发学生学习的内驱力，不利于学生积极主动地投入学习和自主地建构新知。

教学导入是一节课的开始部分，是教师运用一定的方法和手段，将学生的学习基础、学习兴趣与即将学习的内容进行有意义的联结。导入环节虽然在一节课中只占短短的几分钟，但对学生能否积极主动地投入新的学习活动，起着至关重要的作用。

一、教学导入的设计目的

设计教学导入环节的主要目的是明确学习主题，激发学习动机，激活已有经验。

（一）明确学习主题

学习主题与学习目标直接相关，它既是一节课的主要知识内容，也是达成科学观念、科学思维、探究实践、态度责任目标的基本载体。在导入部分明确学习主题，不仅能让学生从下课时的各自活动状态进入相对集中的课堂学习准备状态，而且能使学生明确学习方向，调动相关的经验和知识，形成对该主题的学习兴趣。

让学生明确与其个人需求相一致的学习主题，是教学导入环节设计的目的之一。学生的个体特征、生活经历、学习背景等存在差异，对于相同的主题，他们有着不同的经验、想法、问题和关注点。因此，在学生围绕主题产生各自问题的基础上，教师要引导学生聚焦他们有能力学习或可以探究的核心问题，让学生明确学习或探究的方向，以便有针对性地展开学习或探究，有效达成教学目标。

案例

“彩虹的成因”教学导入

教师：“在我们身边有许多奇妙的现象。”

教师演示 PPT：“这是什么现象？”

学生：“彩虹。”

教师：“对于彩虹，你们有什么问题吗？”

学生 1：“彩虹为什么是圆弧形的？”

学生 2：“彩虹为什么有 7 种颜色？”

学生 3：“为什么在雨后才能看见彩虹？”

学生 4：“彩虹是怎么形成的？”

学生 5：“怎么制造彩虹？”

教师：“要回答这些问题，首先要知道彩虹是怎么形成的。”

【评析】

对于“彩虹”这种奇妙的现象，学生很感兴趣。他们往往会有许多问题，其中有些问题是相互关联的。如果学生知道了“彩虹是怎么形成的”，那么诸如“为什么在雨后才能看见彩虹”“彩虹为什么有 7 种颜色”“怎么制造彩虹”的问题也就迎刃而解了。因此，“彩虹的成因”既是本课的学习主题，又是来自学生众多问题的一个基本问题。

教师的“要回答这些问题，首先要知道彩虹是怎么形成的”适时点拨，既点出了解决系列问题的关键点，又起到了引导学生聚焦关键问题的作用，还揭示了本课的学习主题——彩虹的成因。本课的主要学习任务是探究彩虹的成因。

（二）激发学习动机

动机分为外部动机和内部动机。外部动机与外在因素有关，从外部影响行为，如奖励或惩罚。内部动机与内在因素有关，反映的是个人实现内部需求和心愿的倾向。许多学习过程依靠的是内部动机而非外部动机。

激发学生学习动机，促使学生积极主动地学习，是教学导入环节设计的目的所在。好奇心、疑惑、兴趣、理解现象或解决问题的需求等都是人们不断探究、学习新事物的内在基本动力。因此在课开始之际，教师可以设计激发学生学习内驱力的教学导入环节，以引起学生的学习兴趣，为他们积极主动地投入学习活动做好心理上的准备。

案例

"影子是怎么产生的"教学导入

教师："今天老师带来了一段有趣的视频，大家看看里面有什么？"

教师播放《手影》视频。

教师："大家看到了什么？"

学生1："看到了天鹅的影子。"

学生2："看到了兔子的影子。"

学生3："看到了狗的影子。"

学生4："不，是手的影子。手做不同的姿势，手的影子一会儿像天鹅，一会儿像兔子。"

教师："真的吗？让我们来试一试吧。"

学生玩手影游戏。

教师："你们的手的影子是怎么产生的？"

【评析】

游戏是小学低年级学生喜欢的一种活动形式。上课伊始，教师先组织学生观看手影表演，用变化多样的手影吸引学生的注意力，激发学生亲自做出手影的兴趣，然后组织学生玩手影游戏。在学生有了初步体验的基础上，教师提出问题"你们的手的影子是怎么产生的"，由此，激发学生为解释现象而主动探究的内驱力。

（三）激活已有经验

建构主义认为，人是通过建构自我知识来进行学习的。皮亚杰把将新信息纳入已有图式称作"同化"，把建立新图式称作"顺应"。图式是指记忆中储存和相互交织的各种事件或认知结构。在他看来，儿童在认知发展过程中，为了使新信息有意义，必须以有意义的方式把它同化到已有图式中，或者把它顺应到与已有图式紧密联系的新图式中。这样，新旧信息之间便建立了联系。奥苏贝尔认为，"影响学习的最重要的一个因素是学生已经知道了什么"，只有当已有的知识与新知识之间产生了本质性的联系时，有意义的学习才会发生。

激活已有经验，为学生自主学习做好准备，是教学导入环节设计的又一目的所在。儿童在日常生活和以往的学习活动中，通过身体力行的活动、与身边人的交谈、大众媒体、学校学习活动等途径，形成了对观察到的现象的各种想法和解释。如果在新的内容学习之前，教师能激活学生的相关经验或知识，使之与新的学习内容建立联系，那么将有利于学生在原有的经验或知识基础上建构新的认知。

案例

“水蒸发快慢与哪些因素有关”教学导入

教师出示一些湿度相同的手帕，问：“有什么办法可以使这些湿手帕干得更快?”

学生1：“将手帕平铺，放在阳光下晒。”

学生2：“用电风扇吹。”

学生3：“用空调吹。”

学生4：“放在取暖机前或用热水袋烘干。”

学生5：“用电吹风可以快速吹干。”

教师根据学生的回答逐一出示板贴。

教师：“你们真会动脑筋，想出了这么多办法。这些办法究竟行不行，一个个尝试恐怕时间不够，怎么办?”

学生：“将相似的办法归在一起，然后在每类中选一种办法尝试。”

学生对黑板上的板贴进行归类并说明理由。教师根据学生的回答板书：“提高温度、增强风力、扩大面积。”

教师：“这些办法是否真的能使手帕快速变干？我们怎样才能知道?”

【评析】

教师创设了“怎样使湿的手帕快速变干”的问题情境导入教学，让学生在真情实景中设想各种解决问题的办法，并提取将手帕平铺、放在阳光下晒、用风吹等使手帕快速变干的生活经验。通过“这些办法究竟行不行，一个个尝试恐怕时间不够，怎么办”的问题，引导学生将设计的多种方法进行归类，有助于学生形成“提高温度、增强风力、扩大面积”等能使水蒸发得快的假设，进而产生验证假设的探究内驱力，同时也为学生在原有经验的基础上自主建构“水蒸发的快慢与表面积、温度、表面的空气流动等因素有关”的知识做好准备。

二、教学导入的设计原则

教学导入要针对教学目标，基于学生的学习心理和已有知识经验，体现学科的特点。教师在设计教学导入时须遵循以下原则：

（一）科学性

教学导入的内容应具有科学性。小学科学课程内容属于自然科学及应用，涉及物质科学、生命科学、地球与宇宙科学、技术与工程。教学导入的内容选择要符合自然界的客观规律，不能为了迎合学生的兴趣或喜好，而牺牲内容的科学性。教师应尽可能选取实物，呈现真实的现象或事件，避免采用拟人的方式、童话的形式、虚构的故事等与科学原理或自然界实际不相符的内容导入教学，以免使学生产生误解，影响学生对科学知识的正确理解。

案例

“鸟的喙和脚”教学导入

教师：“同学们，在上课前先请大家听个故事。小鸡和小鸭是好朋友。一天，小鸡对小鸭说：‘鸭哥哥，你的嘴宽宽的、扁扁的很好看，走起路来一摇一摆多神气呀。我的嘴又尖又小，脚上也没有蹼。我跟你换，好吗？’同学们，你们说可以换吗？”

学生 1：“不能换，如果换了，它们谁也活不了。”

学生 2：“如果鸡的嘴换成了扁扁的鸭嘴，鸡就捉不到虫了。如果鸡的脚换成了有蹼的鸭脚，鸡就没有办法扒土了。”

学生 4：“如果鸭的脚换成了没蹼的鸡脚，鸭就不能游泳了。”

学生 5：“如果鸭的嘴换成了又尖又小的鸡嘴，鸭就吃不到小鱼了。”

教师：“看来，鸡、鸭的嘴和脚的特征与它们的生活习性有关。科学上，我们把鸟的嘴称为喙。那么，其他鸟的喙和脚又是怎样的呢？今天我们就来学习‘鸟的喙和脚’。”

【评析】

在上述案例中，教师选择了学生熟悉的鸟类动物——鸡和鸭导入教学。采用拟人的方式，用鸡与鸭的一段“对话”，引出了对鸡、鸭的喙与脚的特征及功能的讨论，为学习“鸟的喙和脚”的特征及功能做好了铺垫。

这样的设计虽然有童趣，能够吸引低年级的学生，但不真实，在科学性上有所欠缺。教师可以将上述导语改为：“同学们，你们知道鸡和鸭的嘴、脚分别是怎样的吗？如果将它们的嘴和脚进行交换，行吗？为什么？”这样做既符合低年级学生的年龄特点，又不妨碍他们对动物的正确认识。

（二）一致性

教学导入的内容与教学目标应具有一致性。教学目标是教学活动的出发点和归宿，是教学活动的指南。教学导入旨在为学生有效达成教学目标做好心理和知识上的准备。因此，教学导入的设计应针对教学目标，选择与教学目标密切相关的内容，以激活学生学习新内容的相关知识或经验，引导学生发现并聚焦对于学习目标具有价值的关键问题，形成学习的内驱力，同时也使学生明确学习的主题。

案例

“导体和绝缘体”教学导入

教师：“这儿有小电珠、导线和电池。比一比，哪个小组能使小电珠快速亮起来。”

学生连接简单电路。

教师："你们的小电珠都亮了吗?"

学生："亮了!"

教师："可我的小电珠没有亮，帮我找找原因。"

学生："可能是电池的电用完了。"

教师："请把你的电池借老师用一下。"

教师用学生提供的电池连接电路，小电珠没有亮。

学生："可能是小电珠坏了。"

教师："请把你的小电珠也借老师用一下。"

教师用学生提供的小电珠连接电路，小电珠还是没有亮。

学生："哦，我看到导线一端的铜丝没有露出来!"

教师剥去导线外壳，连接电路，小电珠亮了。

教师："为什么铜丝没有露出来，小电珠就不亮?"

学生："因为塑料不导电，所以小电珠不亮。"

教师："塑料不容易让电流通过，那么其他材料的导电性能如何呢?"

【评析】

在学习导体和绝缘体之前，教师先采用比赛的方式，组织学生连接简单电路。教师希望在短时间内激活学生的已有知识，为学生检测导体和绝缘体做好知识和技术上的准备。在此基础上，教师出示故障电路，鼓励学生逐个排查电路故障点，寻找造成故障的真正原因。通过问题"为什么铜丝没有露出来，小电珠就不亮"，引导学生聚焦材料与导电的关系，由此激发学生探究"哪些材料容易让电流通过，哪些材料不容易让电流通过"的内驱力。

导入活动的前半部分——连接简单电路，是学生自主探究导体和绝缘体必备的知识与技能。导入活动的后半部分——排查电路故障，能引发学生产生并聚焦"哪些材料容易让电流通过，哪些材料不容易让电流通过"的问题，进而展开探究活动，解决问题并得出结论。这些与本课教学目标"通过用简单电路检测物体是否导电的实验，说出容易让电流通过的材料是导体，不容易让电流通过的材料是绝缘体，以及能对实验结果进行归类并得出结论"高度一致，因此，上述导入环节的设计能十分自然地引导学生进入新授环节的学习。

（三）真实性

教学导入的内容要贴近学生的生活实际，具有真实性。学生是学习的主体，与学生生活密切相关的问题情境，不仅有利于唤起学生的生活经验，以便学生在原有的经验基础上建构新的认知，而且能使学生意识到将要进行的学习有助于解决实际问题，解释生活现象，对于他们是有意义的、实用的，从而促使学生形成学习的动力。因此，教师可以选择身边的事物、常见的现象、生活中的问题等作为教学导入的内容，创设真实的学习情境。

案例

“热是怎样传递的”教学导入

教师：“这是一杯热水。如果将金属勺的勺体放入热水，一段时间后金属勺会怎样？”

学生：“金属勺会变热。”

教师：“金属勺是怎样变热的？”

学生1：“先是勺体变热，然后热会传到勺柄。”

学生2：“把勺体放入热水中，整个勺子一下子就会变热。”

教师：“现在我们有两种不同的观点。那么，热在金属勺上究竟是怎样传递的呢？请大家分组讨论。”

【评析】

学生有用金属勺喝热汤、热粥的经历。他们知道金属勺被放入热汤、热粥后会变热，然而对于“热在金属勺上是怎样传递的”，他们没有关注和思考，不同的学生会有不同的观点。即便学生的观点是一致的，但对于如何证明自己的观点，大多数学生可能也没有思考或实践。

在上述案例中，教师正是利用了学生个体间的差异和这种迫切想要证明自己观点的心理，在教学开始之际，呈现生活情境，激活并提取学生的已有经验，激发学生证明自己观点的需求，促使他们积极投入设计方案、寻求实证的小组活动。

（四）简捷性

教学导入的时间不宜过长。课堂教学的主要任务是有效达成教学目标，关于新内容的教学应占课堂教学的大部分时间。教学导入的目的是将学生的学习基础、学习兴趣与即将学习的内容进行有意义的联结，让学生明确学习的主题。教学导入是为学习新内容服务的，因此不可喧宾夺主，导入时间不宜超过5分钟。

教师应创设与新内容密切相关的、具体直观且贴近学生生活实际的教学情境，用精练、准确的语言吸引学生，让学生能在短时间内快速集中注意力，明确学习任务，并以积极的状态投入学习。

案例

“磁铁的两极”教学导入

教师：“同学们，今天老师带来了什么？”

学生：“磁铁、小铁珠。”

教师：“如果将小铁珠在磁铁周围滚动，那么会出现什么现象？”

学生：“小铁珠会被磁铁吸住。”

教师多次演示。

教师：“你们看到了什么现象？”

学生：“小铁珠总是被磁铁的两端吸住。”

教师：“你们有什么问题吗？”

学生：“为什么小铁珠总是被磁铁的两端吸住？”

【评析】

针对“磁铁的两极”这一教学内容，教师设计了在条形磁铁周围滚动小铁珠的导入活动。首先，教师让学生观察他带来的器材，以集中学生的注意力。其次，通过设问“如果将小铁珠在磁铁周围滚动，那么会出现什么现象”激活学生关于磁铁能够吸铁的已有知识，为之后探究磁铁不同部位的磁性强弱做好知识上的准备。最后，教师多次演示小铁珠被磁铁两端吸引的实验，提出“为什么小铁珠总是被磁铁的两端吸住”的问题，由此激发学生探究磁铁不同部位磁性强弱的欲求，为发现磁铁两端磁性最强这一科学现象、建立磁极的概念等做好铺垫。

在教学开始之际，教师直接展示研究对象——磁铁，通过一个指向明确的设问和一个简单的演示活动，创设了一个简洁明了的问题情境，引导学生发现并提出问题，从而激发了学生为解决问题而进行探究的热情。

第二节 教学导入的设计方法

小王准备的实习汇报课是“空气有压力”一课。通过教学内容分析和学生分析，他希望能够在教学导入环节提取学生的已有经验，引导学生提出问题或聚焦问题，由此激发学生探究的内驱力。

因此，设计怎样的教学导入环节才能实现这个期望，教学导入的设计有没有可以借鉴的方法，这是小王老师迫切想要了解的。

教师可以基于儿童的年龄特征、生活经验、已有的知识基础和学习能力，结合教学内容，设计形式多样的教学导入环节。创设问题情境，能有效地提取学生的已有经验，促使学生发现问题并提出问题，激发学生探究的内驱力。表 3－1 给出的是一些创设情境的策略与方法。

表 3－1 创设情境的策略与方法

策略	方法
呈现现象	演示实验
	出示实物
	再现生活现象
	播放视频、音频或展示图片

续表

策略	方法
设计困境	描述困境
	呈现困境
赋予任务	交流课前的观察记录
	交流课前收集的资料
	组织体验
	开展游戏
	进行比赛

一、呈现现象

呈现现象是指教师在教学的开始部分，呈现与探究内容密切相关的真实现象，让学生在解释现象的过程中发现问题并提出问题，以激发学生探究的内驱力。

小学生以具体形象思维为主，并开始向抽象逻辑思维过渡，他们的抽象思维是一种建立在具体形象基础上的逻辑思维。因此，具体真实的现象更容易吸引学生，当前的事实更有利于支持学生的思考，引发学生的问题。

针对小学生好奇好问的心理特点，在教学导入环节呈现令他们感到惊奇的、有趣的现象，是促使他们产生问题、形成探究欲望的一种有效做法。以下是一些呈现真实现象的方法和实例：

（一）演示实验

教师介绍实验器材、实验装置并演示实验，呈现出乎学生意料的现象，让学生在观看演示实验的过程中发现问题并提出问题。

案例

“空气的热胀冷缩”教学导入

教师：“这里有烧瓶、插有尖嘴玻璃管的瓶塞和水。如果老师在烧瓶内装入小半瓶水，盖上插有尖嘴玻璃管的瓶塞，然后对着烧瓶外壁浇热水，那么会有什么现象产生？”

学生1：“水会热胀冷缩，体积变大。”

学生2：“水会从管子里冒出来。”

教师演示实验：对着装有小半瓶水的烧瓶外壁浇热水，瓶中的水喷出，且喷得很高。学生们欢呼。

教师：“你们有问题想问吗？”

学生：“为什么瓶中的水能喷出来？”

【评析】

通过之前的学习，学生已经知道水遇热体积会变大，因此他们推测“水会从管子里冒出来”，然而他们看到的却是“瓶中的水喷出，且喷得很高”。这个出乎学生意料的现象，既有效地激活了他们的已有认知，又激发了他们的好奇心，促使他们提出了“为什么瓶中的水能喷出来”的问题。由此，教师可以组织学生讨论瓶中除了水还有什么，并引导学生探究空气是否也具有遇热膨胀的特点，并比较空气、水遇热膨胀的程度。

（二）出示实物

教师出示学生熟悉但又不同于他们已认识的物体，引发学生的好奇，鼓励学生解释奇特的现象产生的原因，让学生在解释的过程中发现问题、形成问题或聚焦问题。

案例

“植物茎的作用”教学导入

教师出示一束因茎曾分别被浸入红色和蓝色的液体而花朵呈红色和蓝色的康乃馨。

教师：“这些是康乃馨，大家看看花朵是什么颜色的。”

学生：“有些是红色的，有些是蓝色的。”

教师：“这些花朵原本都是白色的。它们是怎样由白色的变为红色或蓝色的呢?”

学生1：“可能是将红色或蓝色的颜料涂在了花瓣上。”

学生2：“可能是把它的茎插入了红墨水或蓝墨水中。”

…………

教师：“我们来试试，看看这些办法能否使白色的康乃馨变成像老师手中这样的红色或蓝色的花朵。”

【评析】

教师呈现一束由白色花朵变成红色或蓝色花朵的康乃馨，首先引发了学生尝试解释花朵变色现象的积极性，激活了学生的思维，提取了学生的已有经验。然后，教师针对学生的不同解释，通过“我们来试试，看看这些办法能否使白色的康乃馨变成像老师手中这样的红色或蓝色的花朵”引导，促使学生聚焦问题并形成验证各种观点的需求。

（三）再现生活现象

将日常生活中常见的现象在课堂教学导入环节中呈现，引起学生关注，鼓励他们提出问题，或尝试解释这一现象。在学生解释现象的过程中，凸显学生认识上的差异，激发学生证明自己观点的需求，由此积极主动地展开课堂探究活动。

案例

“水的凝结”教学导入

教师出示刚从冰箱里拿出来的可乐罐。

教师：“这是刚从冰箱里拿出来的可乐罐。请大家仔细观察，能发现什么?”

学生：“可乐罐的外壁有很多小水珠。”

教师："关于这些小水珠，你们有什么想问的？"

学生1："这些小水珠是从哪里来的？"

学生2："这些小水珠是怎么形成的？"

…………

【评析】

学生对生活中一些常见的现象常常熟视无睹，或未曾细细思考过其中的缘由。在"水的凝结"的教学导入环节，教师出示刚从冰箱里拿出来的可乐罐，重现可乐罐外壁出现小水珠的现象，要求学生仔细观察，促使学生发现变化，进而产生问题并提出问题，由此激发学生探究的内驱力。

（四）播放视频、音频或展示图片

有时，由于条件所限，课堂上无法出示实物或者再现生活现象，这时，教学导入环节也可以采用播放视频、音频或展示图片的方式，促使学生发现问题并提出问题，或者直接由教师提出问题，激发学生解释现象、解决问题的需求。

案例

"昼夜交替"教学导入

教师："老师带来了一段视频，大家仔细观察视频呈现了什么自然现象。"

学生观看视频：清晨太阳从东方升起，天色渐亮；傍晚太阳西下，天色渐暗；晚上天空漆黑、繁星点点。第二天，太阳又从东方升起，白天到来……

教师："你们看到了什么现象？"

学生1："看到了白天和黑夜。"

学生2："看到了白天和黑夜的变化。"

学生3："看到了白天—黑夜—白天—黑夜重复出现。"

教师："谁能说说昼夜交替现象发生的原因？"

【评析】

对于在课堂上难以直接呈现的现象，教师采用了信息技术手段，用视频的方式突破了时空限制，在课堂上短时间内再现昼夜交替的自然现象，让学生身临其境。在播放视频前，教师明确要求"大家仔细观察视频呈现了什么自然现象"，促使学生带着问题认真观察。在学生完整地描述了昼夜交替现象的基础上，教师提供了解释昼夜交替现象发生的原因的机会，以激发学生为证明各自的观点而积极主动地开展探究活动。

二、设计困境

设计困境是指教师在教学的开始部分，有意设计并呈现与探究内容密切相关的困境，让学生在设法突破困境的过程中自然地产生问题并提出问题，激发学生探究的内驱力。

人具有解决问题的动机。如果学生利用已有经验突破了困境，那么这种经验是否对其他的事物也具有意义、为什么这样做就能突破困境，也许就自然而然地成为学生需要解决的问题。如果学生一时无法运用已有的经验突破困境，那么突破困境的需求与他们有限的能力之间的矛盾将会促使学生产生如何突破困境的问题，并形成寻求问题解决的内在需要。

当然，由困境引发的问题必须是对学生来说既富有挑战性又能在教师的引导下通过努力予以解决的。过难的问题会使学生丧失信心，而过于简单的问题也会使学生不感兴趣，无法形成探究的动力。教师可以采用不同的方式向学生呈现困境。以下是一些设计困境的方法和实例：

（一）描述困境

在教学导入部分，教师结合 PPT、图片、实物等对遇到的困难进行形象化的讲述，让学生设想突破困境的办法，进而产生验证这个或这些办法的需求或聚焦需求进一步探究的问题。

案例

“磁铁有磁性”教学导入

教师边演示 PPT 边讲述：“小明不小心打翻了桌上的大头针盒与牙签盒，掉在桌上的大头针与牙签混在了一起。你们有什么办法能快速地将大头针与牙签分别装回盒子？”

学生 1：“用手分别捡出牙签和大头针，并装回盒子。”

学生 2：“用镊子分别捡起牙签和大头针，并装回盒子。”

学生 3：“将大头针与牙签一起倒入水中，牙签上浮，大头针下沉，然后捞起牙签，装回盒子，把水倒掉，捡起大头针并装回盒子。”

学生 4：“用磁铁吸引大头针并将其装回盒子，然后将剩下的牙签装回盒子。”

教师：“哪种办法更好？为什么？”

学生：“用磁铁吸引大头针既快又没使牙签变湿。”

教师：“磁铁能吸引大头针吗？磁铁还能吸引什么？”

【评析】

教师采用边演示 PPT 边讲述的方式，向学生描述了小明不小心将大头针与牙签混合在一起的困境，引发学生思考能快速将大头针与牙签分别装回盒子的办法。在学生想出各种办法的基础上，教师通过设问“哪种办法更好？为什么？”促使学生比较这些办法的不同与优劣，分析哪种办法能更好地解决问题。这样做，不仅提取了学生的已有经验，而且促进了学生的思维发展，同时还激发了学生验证磁铁能吸引大头针的需求，并使学生聚焦“磁铁究竟能吸引什么”这一节课的核心问题。

（二）呈现困境

在教学导入部分，教师采用演示或出示有缺陷的实物的方法来直接呈现困难的处境，以促使学生聚焦问题，并产生解决问题的需求，为积极主动地开展探究活动做好准备。

案例

“橡皮泥在水中的沉浮”教学导入

教师分别将橡皮泥、木块、乒乓球等物体放入水中。

教师：“你们看到了什么现象？”

学生：“木块、乒乓球漂浮在水面，橡皮泥下沉到水底。”

教师：“怎样能使下沉的橡皮泥浮起来？”

【评析】

教师采用实验演示的方式，向学生呈现了木块和乒乓球漂浮在水面、橡皮泥下沉到水底的情境。通过“你们看到了什么现象”的设问，引导学生比较木块、乒乓球、橡皮泥在水中的沉浮情况，为营造困境埋下伏笔；“怎样能使下沉的橡皮泥浮起来”的追问，不仅使学生聚焦本课的核心问题，而且有效地激发了学生突破困境寻求问题解决办法的积极性。

三、赋予任务

赋予任务是指教学前，教师先赋予学生特定的活动，使学生在亲自尝试、亲身体验、完成任务等过程中自行发现问题，产生解决问题的需求，进而形成学习的动力。

有意义学习理论认为，学生在明确意识到学习任务与自身或日常生活的相关意义的情况下，更愿意全身心投入，积极地学习。

教师可以在课前布置探究任务或在教学开始部分组织学生开展活动，让学生在完成任务或进行活动的过程中，积累经验，产生问题，提出问题，使学生意识到这些问题是他们亟待解决的，这将更有助于激发学生自主探究的内驱力。以下是一些赋予任务的方法和实例：

（一）交流课前的观察记录

在教授新课前，组织学生观察记录，促使学生在此过程中积累与新授内容相关的经验，并产生问题。在新课导入时，组织学生交流观察中的发现与问题，引导学生梳理并聚焦问题。

案例

“月相变化”教学导入

课前组织学生观察并记录两个农历月的月相以及在观察过程中产生的问题。

教师：“我们已经观察记录了两个月的月亮，现在请大家交流你们的发现。”

学生1：“我看到的月亮形状会发生变化，有时弯弯的，有时圆圆的。”

学生2：“我看到的月亮大小会发生变化，有时是大半个圆，有时是小半个圆。”

教师：“你们有什么问题想问吗？”

学生1：“为什么有时晴天的晚上我们也看不到月亮？”

学生2：“月亮的形状为什么会发生变化？”

学生3：“月亮的形状是怎么变化的？”

【评析】

月相变化是一个周期性的变化过程。虽然学生在生活中已经积累了一定的经验，知道了我们看到的月亮形状会发生变化，但他们对月相变化的过程和规律缺少思考和持续观察的经验。教师组织学生课前观察并记录两个农历月的月相，有助于学生积累关于月相变化过程和规律的经验，更重要的是为学生提供发现问题的机会。在教学导入环节，教师除了让学生交流观察到的现象外，还让他们交流各自的问题，以激发他们主动探究的积极性。

当然，学生会提出各种与月相变化有关的问题。教师可以按问题解决的难易程度和学生的知识能力基础，组织学生有序开展各类活动。如，首先观察比较完整的两个农历月的月相记录表，探究月相变化规律，解决“月亮的形状是怎么变化的”这一问题。其次，开展模拟活动，探究月相变化的原因，解决“月亮的形状为什么会发生变化”这一问题。最后，观看视频资料，解决“为什么有时晴天的晚上我们也看不到月亮”这一问题。

（二）交流课前收集的资料

在教授新课前，组织学生收集与教学内容相关的信息，为教学活动的开展做好准备。在新课导入时，组织学生交流课前收集的资料，并由此引发问题，促使学生形成有意义学习的心向。

案例

“我在成长”教学导入

课前组织学生收集他们从出生到现在的照片。

上课时，教师先组织学生分组交流自己的照片，然后展示一个学生从出生到现在的一组照片。

教师：“这是谁的照片？”

学生：“这是×××的照片。”

教师：“这组照片说明什么？”

学生：“说明×××在长大。”

教师：“是的，我们在成长。”

教师板书主题“我在成长”。

教师：“那么，我们在成长的过程中发生了哪些变化？”

【评析】

课前教师组织学生收集他们从出生到现在的照片，既为教学准备了足够的观察对象，又为每个学生认识成长提供了一次机会。在教学导入环节，教师先组织学生分组交流自己的照片，调动每个学生学习的积极性，并再次让学生积累自己成长的经验。然后，教师展示了班级中一个学生从出生到现在的一组照片，通过让大家看照片，集中全体学生的注意力；通过“这组照片说明什么”的设问，引导学生聚焦“成长”，有效地激发了学生观察比较人在不同时期身体变化的积极性。

（三）组织体验

在导入环节，组织学生开展操作活动，让学生在体验中留下深刻的印象，并与已有的经验产生冲突，进而提出问题，形成探究的内驱力。

案例

“奇妙的壳”教学导入

教师：“老师手里有个生鸡蛋。如果用力握鸡蛋，那么蛋壳会怎样？为什么？”

学生1：“蛋壳会碎，因为鸡蛋掉在地上都会碎。”

学生2：“蛋壳会碎，因为蛋壳很脆。”

学生3：“我也认为蛋壳会碎，因为蛋壳很薄。”

教师：“就让我们试一试吧！注意用力握，但不能用手指掐。”

学生使尽全身的力气握鸡蛋。

教师：“蛋壳有没有被握碎？”

学生：“没有。”

教师：“你们是不是都用了很大的力？”

学生：“是的。”

教师：“你们有什么问题吗？”

学生1：“为什么用了很大的力，蛋壳还是没有碎？”

学生2：“蛋壳究竟能承受多大的力？”

【评析】

鸡蛋是学生所熟悉的，生活经验使学生形成了蛋壳薄、脆、易碎的认识。在教学导入环节，教师首先出示生鸡蛋，让学生预测：“如果用力握鸡蛋，那么蛋壳会怎样？为什么？”这样，可以激活学生的已有经验。然后，教师组织学生亲身体验，让每个学生用力握鸡蛋。在学生使尽全身力气都没有把鸡蛋握碎后，教师通过设问“蛋壳有没有被握碎”“你们是不是都用了很大的力”，凸显当前体验与已有经验的矛盾，促使学生产生认知冲突，进而提出问题，形成探究蛋壳奥秘的内驱力。

（四）开展游戏

在导入环节，组织学生开展游戏，让学生在玩的过程中，形成认知冲突，进而提出问题，形成探究的内驱力。

案例

“潜望镜的秘密”教学导入

教师：“今天我们来玩侦察游戏。”

教师出示潜望镜。

教师：“你们用潜望镜看老师的信号灯的颜色，但不能让老师看到你们。”

学生用潜望镜观察并逐一说出教师的信号灯的颜色变化。

教师："光在空气中是直线传播的。上节课我们用弯管没能看到灯光，为什么用这根弯管却能看到灯光。这根弯管内有什么秘密呢?"

教师板书主题"潜望镜的秘密"。

【评析】

在上节课的学习中，学生通过用直管、弯管、一组带孔的纸板看灯光等一系列活动，得出光在空气中是直线传播的结论。本课教学导入环节，教师组织学生开展用潜望镜（再次用弯管）看灯光的游戏，既激活了学生的已有认知（光在空气中沿直线传播，用弯管看不到灯光），又使学生产生了认知冲突（为什么现在用弯管能看到灯光）。在学生用潜望镜观察并逐一说出教师的信号灯的颜色变化时，教师通过设问"光在空气中是直线传播的。上节课我们用弯管没能看到灯光，为什么用这根弯管却能看到灯光"，揭示了学生的认知冲突，激发了学生探究"这根弯管"秘密的需求。教师的"这根弯管内有什么秘密呢"的设问，则使学生进一步明确了本课的学习主题。

（五）进行比赛

在导入环节，组织学生开展比赛。利用学生求胜的心理，促使学生在比赛的过程中，积极主动地思考胜负的原因，进而聚焦问题，形成探究的内驱力。

案例

"物体的稳定性"教学导入

教师出示甲乙两位同学比赛"推手不倒"的3组图片。

教师：你认为哪种姿势容易倒，哪种不易倒？大家先来试试。

学生两人1组进行"推手不倒"的比赛。

教师："哪种姿势不易倒？说说理由。"

学生1："第3种姿势不易倒，因为脚与地面的接触面大。"

学生2："第3种姿势不易倒，因为重心低。"

教师："不易倒说明物体稳定，容易倒说明物体不稳定，今天我们就来探究物体的稳定性。"

教师板书主题"物体的稳定性"。

教师："你们认为影响物体稳定性的因素有哪些?"

学生："接触面积和重心位置。"

教师："怎样证明我们的观点?"

【评析】

在教学导入环节，教师首先出示"推手不倒"的游戏图片，通过"你认为哪种姿势容易倒，哪种不易倒"的导语组织学生开动脑筋进行比赛。在比赛结束后，教师组织学生交流哪种姿势不易倒并说明理由，促使学生分析胜负的原因。在学生基于亲身体验得出不易倒是因为脚与地面的接触面大、重心低的基础上，教师将"容易不容易倒"过渡到物体的稳定性，由此帮助学生理解物体的稳定性并揭示主题。其次，教师通过设问"你们认为影响物体稳定性的因素有哪些”引导学生归纳同学的观点，进而聚焦本课核心问题。最后，教师用“怎样证明我们的观点”的设问，激发学生主动探究的积极性。

思考与练习

1. 基于教学导入设计的科学性、一致性、真实性、简捷性原则，对下列的教学导入设计进行评析。

（1）主题：浮力。

教师首先组织学生回忆游泳时的感觉：“同学们都游过泳吧？每次走进水里，身体有什么感觉？”然后，教师抓住学生的“身体变轻”的感受，让学生尝试解释身体变轻的原因。在学生推测身体变轻是因为水有浮力时，教师提出：“水是不是真的有浮力呢？让我们一起来体验一下。”由此，进入“感受水的浮力”的教学环节。

（2）主题：食物中的营养。

教师首先组织学生观察体重偏重和体重正常的两位同学一天的食谱。然后，教师引导学生讨论：（1）体重与食谱之间的关系。（2）食谱中有哪些食物。在学生讲出食谱中所有的食物名称的基础上，教师提出：“这些食物中分别含有哪些营养成分？”由此，进入“食物含有哪些营养成分”的教学环节。

2. 根据教材内容“水的压力”设计教学导入。

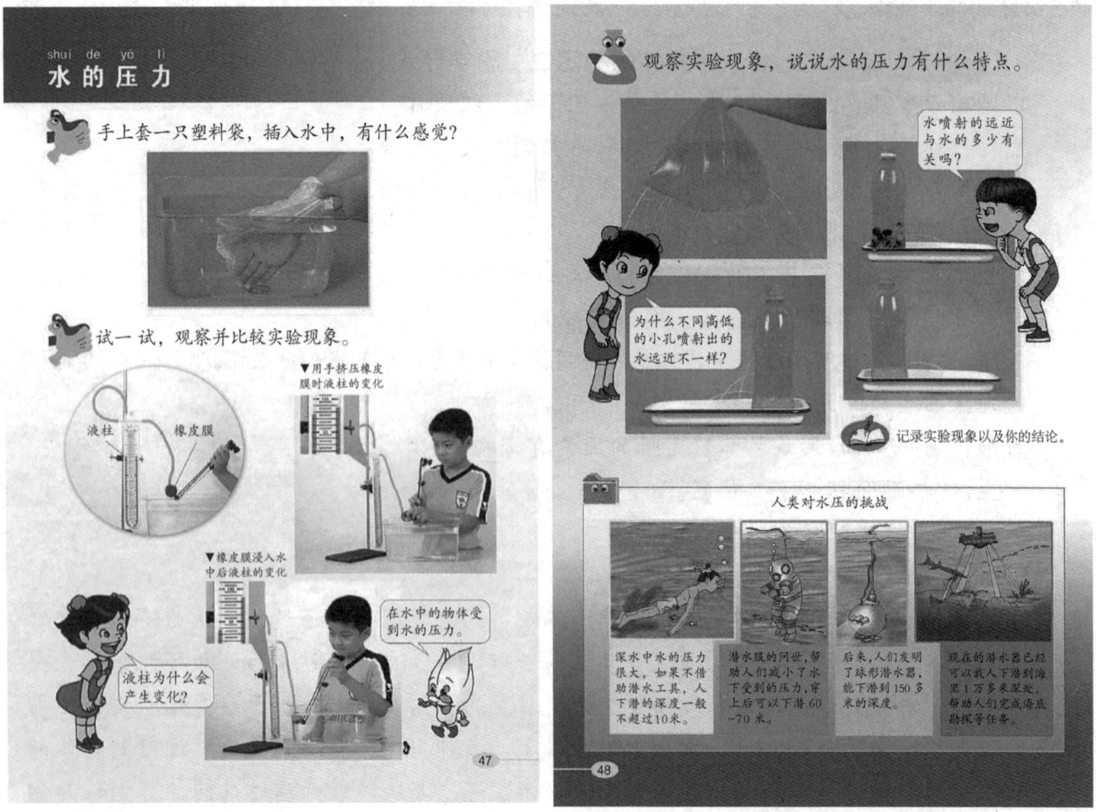

阅读导航

YELON S T. 教学原理. 单文经，等译. 上海：华东师范大学出版社，2003.

该书是以有效教学者所应用的 10 个基本而有效的原则编排而成的，旨在引导教学者的教学决策和行为，为他们的教学提供一个稳固的思考架构。重点阅读第七章“新奇”，这一章从“吸引并维持学生的注意力”“引导学生的注意力”“激发好奇心”3 个纲领和“变化教学技巧”“运用媒体来帮助学生集中注意力”“强调重点”“提问”等 10 种方法介绍了唤起、引导、维持学生注意力的原则和如何运用“新奇”这个原则。

第四章

新授环节的设计

本章导读

新授环节是一节课的主体部分，一般由一个或几个活动构成。新授环节的设计主要从学生活动和教师引导两个角度思考。本章将从课堂活动、活动任务单、提问、板书四个方面，阐述设计要点。

本章学习要求

- 掌握课堂活动设计要点并设计课堂活动。
- 针对教学目标应用设计要点设计活动任务单。
- 掌握提问的设计要点。
- 掌握板书设计要点并设计板书。

第一节　课堂活动的设计

小李设计了学生自制蜡烛并进行展示的活动。他希望学生在自制蜡烛的过程中，观察加热能使蜡块熔化为蜡液、蜡液冷却后会凝固成蜡块的现象，从而知道在一定条件下物质的状态会发生变化，并产生探究物质状态变化的兴趣。

让学生在活动中理解知识、激发兴趣，是小李设计上述课堂活动的初衷。如果在活动中增加设计个性化蜡烛模型的任务，激发学生的创造思维和创新意识，就能更好地发展学生的核心素养。

《课程标准（2022）》指出："科学教学要以促进学生核心素养发展为宗旨，以学生认知水平和已有经验为基础，加强教学内容整合，注重教学方法改革，精心设计教学活动。"① 活动化学习可以给学生提供丰富的经历和体验，体现了新课程开放性、综合性、主体性的要求。

一、课堂活动的基本类型与一般过程

小学科学课堂活动的种类很多，如观察活动、实验活动、调查活动、设计与制作活动、科学游戏活动、科学辩论活动、科普剧的创作与表演活动等。下面介绍其中主要的四类小学科学课堂活动。

（一）观察活动的类型及过程

观察活动是指在自然状态下的观察，即不对观察对象施加任何影响的观察。它是小学生凭借自己的感官或借助仪器，有目的、有计划地感知并描述客观对象的一种探究活动，是小学生获取感性认识最直接、最常用的活动方式。观察活动有许多类型，按不同的标准可将它们分为：短期观察、长期观察，直接观察、间接观察，定性观察、定量观察，等等。

短期观察指在较短时间内对事物特征或现象的观察，这种观察一般可以在课内活动中完成。如观察金鱼的外形特征、观察比较不同石头的特点、观察一些常见的天气现象等。长期观察指在较长时间内对事物变化做持续观察，这种观察有的需要几天，有的需要几个月，有的甚至需要更长时间。如观察种子的萌发、观察月相变化、观察季节的变化等。

直接观察指凭借人的感觉器官直接感知事物。如观察白玉兰在不同季节的变化、观察叶的颜色等。间接观察指借助工具或仪器感知事物。如用放大镜观察蚂蚁、用显微镜观察青霉菌、用望远镜观察星空等。

定性观察指对事物具有的性质、特征以及事物之间具有的联系的观察。如观察金属的特点、观察白天与黑夜的特征、观察植物各部分的结构等。定量观察指借助测量工具并用数字描述观察结果的观察。如观测气温、观测植物茎的粗细与高度等。

观察活动的过程一般包括：明确观察的目的与要求，进行观察和记录，分析观察所得的信息，形成对事物的认识。

案例

"观察蜗牛的外形特征"活动过程

学生在校园里发现了蜗牛。教师让他们将蜗牛带回教室观察，并用画图的方式记录蜗牛的外形特征。

在学生分组观察蜗牛并在活动记录单上画下了蜗牛的外形特征后，教师组织学生交流观察结果。在交流的过程中，教师让学生发现观察记录的差异，由此激发学生再次观察的

① 中华人民共和国教育部．义务教育科学课程标准：2022 年版．（2022－04－20）[2025－03－01]．http://www.moe.gov.cn/srcsite/A26/s8001/202204/t20220420_619921.html.

需求。然后，教师组织学生进行第二次观察记录，提醒学生借助放大镜，用手轻轻碰触蜗牛仔细观察，并对观察记录进行修改完善。当第二次观察完毕后，教师再次组织学生交流观察结果。

在学生对所观察的蜗牛的外形特征有了比较清晰的认识后，教师又让学生观看 PPT《各种各样的蜗牛》，要求学生寻找它们的共同特征。最后，教师让学生借助图画，用语言描述蜗牛的外形特征。

【评析】

本活动是一个短期的、定性的观察活动。教师首先让学生明确了观察目的（蜗牛长得怎样）和观察要求（用画图的方式记录观察结果），然后组织学生采用直接观察和间接观察的方法，进行了三次观察两次记录。第一次观察，运用感官直接观察并记录观察结果；第二次观察，借助工具，运用多种感官观察并修改完善观察记录；第三次观察，观察不同种类的蜗牛，寻找它们的共同特征。在每次观察后，教师都组织学生交流观察结果，引导学生在修改、完善、分析所得信息的基础上，逐步形成对蜗牛的一般外形特征的认识。

（二）实验活动的类型及过程

实验活动是指学生根据研究目的，借助一定的器材，有意识地改变某种变量，控制其他变量，探寻改变变量与结果之间因果关系的一种探究活动。它是小学生探究和认识自然的一种重要的活动方式，是最结构化的探究活动形式。实验活动的类型有很多，按不同的标准，可将它们分为：定性实验、定量实验，直接实验、间接实验，等等。

定性实验是判定研究对象具有哪些性质，或者鉴别某种因素是否存在，以及某些因素之间是否存在某种关系的一种实验方法。如探究水的三态变化、探究哪些物体能导电、探究声音产生的原因等。

定量实验是用来测定某个研究对象的性质、组成及其他影响因素的数量值的一种实验方法。如探究物体在水中受到的浮力大小、探究杠杆平衡的条件等。

直接实验是指实验手段直接作用于研究对象的实验。如探究水的三态变化、探究哪些物体能导电、探究声音产生的原因、探究物体在水中受到的浮力大小、探究杠杆平衡的条件等。

间接实验即模拟实验，是人们根据研究对象（原型）的本质特征，人为地建立或选择一种与之相似的模型，并在模型上进行实验研究，然后将实验结果类推到原型中去，以揭示研究对象的本质和规律的一种研究方法。如探究自然界的水循环、探究四季形成的原因等。

实验活动的过程一般包括：明确实验目的；做出假设，设计实验方案；进行实验，做好记录；分析实验结果，得出结论。

案例

“探究电磁铁的磁力大小与哪些因素有关”活动过程

学生在展示自制电磁铁时发现不同的电磁铁磁力大小不同，并产生“电磁铁的磁力大小与哪些因素有关”的问题。

通过比较这些自制的电磁铁，学生认为线圈匝数、电流强度可能会影响电磁铁磁力的大小，线圈匝数越多电磁铁磁力越大，电流强度越大电磁铁磁力越大。于是，教师要求各小组选择一个因素，设计实验方案验证假设。

经过讨论，同学们确立了实验方案。研究“线圈匝数是否影响电磁铁的磁力大小”的小组的实验方案是：分别将线圈匝数为 50 圈和 10 圈的连接了 1 节电池的电磁铁靠近大头针，观察并记录电磁铁吸引大头针的数量。如果电磁铁吸引大头针的数量发生变化（也就是电磁铁的磁力大小发生变化），就说明线圈匝数是影响电磁铁磁力大小的因素；如果电磁铁吸引大头针的数量没有发生变化（也就是电磁铁的磁力大小没有发生变化），就说明线圈匝数不是影响电磁铁磁力大小的因素。研究“电流强度是否影响电磁铁的磁力大小”的小组的实验方案是：分别将连接 3 节电池和 1 节电池的线圈匝数相同的电磁铁靠近大头针，观察并记录电磁铁吸引大头针的数量。如果电磁铁吸引大头针的数量发生变化，就说明电流强度是影响电磁铁磁力大小的因素；如果电磁铁吸引大头针的数量没有发生变化，就说明电流强度不是影响电磁铁磁力大小的因素。

学生根据实验方案分组开展实验，并在表格中记录实验数据。

实验后，学生交流实验结果。教师将各组的实验数据分类汇总在表格中，引导学生分别比较线圈匝数不同的电磁铁和电流强度不同的电磁铁吸引大头针的数量。由此，学生得出了“线圈匝数、电流强度是影响电磁铁磁力大小的因素。线圈匝数越多、电流强度越大，电磁铁磁力越大”的结论。

【评析】

上述实验是定性实验，旨在探究影响电磁铁磁力大小的因素。同时，它也是直接实验，学生通过改变电磁铁线圈匝数或电池节数，控制其他因素，验证了“线圈匝数越多，电磁铁磁力越大；电流强度越大，电磁铁磁力越大”的假设，揭示了电磁铁磁力大小与线圈匝数、电流强度的关系。

首先，在学生制作简易电磁铁的基础上，教师为学生提供展示自制电磁铁的机会，使学生发现不同的电磁铁磁力大小不同，由此产生“电磁铁的磁力大小与哪些因素有关”的问题，从而明确实验目的。其次，教师组织学生比较自制的电磁铁，促使学生发现这些电磁铁的线圈匝数、电流强度的不同，帮助学生形成假设。再次，教师组织学生分组设计并讨论实验方案。具体的实验方案和说明，使学生既明确了实验的操作要点和观察点，又进一步明确了实验目的。在此基础上，学生分组实施实验方案并记录实验数据。最后，通过分类汇总并比较分析线圈匝数不同的电磁铁吸引大头针的数量、电流强度不同的电磁铁吸引大头针的数量，使学生得出“线圈匝数、电流强度是影响电磁铁磁力大小的因素。线圈匝数越多、电流强度越大，电磁铁磁力越大”的实验结论。

（三）调查活动的类型及过程

调查活动是指学生有目的、有计划地收集研究对象的客观资料，进行整理分析，从中概括出结论的一种探究活动。它是学生扩大知识面、接触社会的重要活动方式，是学生自主探究程度较高、课内学习与课外学习有机联系的一种活动方式。小学科学调查活动的类型主要有收集资料活动和实地调查活动。

收集资料活动指学生为解决某一问题，通过翻阅书籍、查阅档案、搜索网络信息、观看视频资料等方式收集他人研究或记录的资料，进行整理分析，并得出结论的一种调查方法。如调查水污染的危害及其原因，调查自己从出生起不同年龄的身高情况。基本过程一般包括：明确调查目的，收集资料，整理分析资料，形成对事物的认识。

案例

“我在成长”活动过程

课前，教师采用书信的形式，动员学生通过查阅出生证、成长记录卡、中小学生体格检查表等资料，调查自己不同年龄的身高、体重，并做好记录。课堂上，教师组织学生交流收集的数据，并绘制个人和全班学生身高、体重变化统计图。通过分析统计图得出结论：从出生到 10 岁（学生现在的年龄），人的身高、体重在不断增长；从出生到 1 岁，身高、体重增长速度最快；出生时，身高一般在 50 厘米左右，体重一般在 3 千克左右。

附：教师给学生及其家长的信*

亲爱的小朋友，尊敬的家长：

一转眼，小朋友们已经从呱呱落地、不懂事的婴儿茁壮成长为会学习、有梦想的小学生了。小朋友们还记得小时候的事情吗？有没有注意到自己在从小到大的成长过程中发生的很多变化？在这个单元的学习中，我们将一起回顾小朋友们的成长历程，有意识地选择健康的成长方式。让我们和爸爸妈妈共同收集一些成长变化的资料吧！

班级____________　　　　姓名____________

我的身高变化　　　　单位：厘米

1 周岁	2 周岁	3 周岁	4 周岁	5 周岁
6 周岁	7 周岁	8 周岁	9 周岁	10 周岁

我的体重变化　　　　单位：千克

1 周岁	2 周岁	3 周岁	4 周岁	5 周岁
6 周岁	7 周岁	8 周岁	9 周岁	10 周岁

你还能收集到哪些成长变化的资料：

年龄	我学会的本领	年龄	我学会的本领

自然老师

【评析】

在上述案例中，教师通过给学生及其家长的一封信，使学生明确了本次调查的目的是探究人在成长过程中的身高、体重变化规律。教师还为学生准备了记录单，便于学生记录收集到的资料信息。这些是学生利用课余时间，在课前完成的。在课堂教学时，教师组织学生将收集到的自己在不同年龄的身高、体重数据制成统计图，引导学生通过分析形象直观的统计图得出结论，从而形成对人从出生到10岁的身高、体重变化规律的初步认识。

* 由上海市曹光彪小学骆琳老师提供。

实地调查活动是指学生为解决某一问题，亲自到研究对象的现场通过实地考察、访谈、查阅资料等方法，多渠道获取信息，进行整理分析，并得出结论的一种调查方法。如调查可回收材料、校园植物种类等。这类调查活动因为比纯粹地收集他人的研究资料更为复杂，所以需要制订详细的调查计划，使调查有序地进行。基本过程一般包括：（1）明确调查目的；（2）制订调查计划；（3）实施调查计划并收集信息；（4）整理、分析信息；（5）形成对事物的认识。

案例

“调查可回收利用的垃圾”活动过程

对于“哪些垃圾可以回收、哪种材料回收价格最高”的问题，学生有不同的观点。那么，怎样才能知道哪种观点是正确的呢？学生提出可去附近的废品回收站调查，询问废品回收工人。于是，教师组织学生讨论并制订了调查计划。调查计划包括：调查日期、地点、方法、对象、内容和注意事项。

课后，学生利用课余时间去废品回收站进行实地调查，收集回收材料的种类和价格等信息。

在此基础上，教师组织学生交流调查所获得的信息，引导学生对所收集的信息进行检核、分类、比较等，并得出塑料、玻璃、金属、纸等材料可以被回收，金属的回收价格最高等结论。

【评析】

首先，教师通过组织学生讨论“哪些垃圾可以回收、哪种材料回收价格最高”的问题，使学生产生实地调查的想法，并明确调查目的。其次，教师引导学生讨论和制订调查计划，为调查的有效开展奠定基础。学生利用课余时间实施计划，去实地收集记录回收材料的种类和价格等信息。最后，教师利用上课时间，组织学生交流、检核、整理、分析信息，并得出结论。

（四）设计与制作活动的类型及过程

设计与制作活动是指学生为满足需求或解决实际问题，利用身边的材料设计方案，并使用工具制作科技小作品的一种探究活动。它既是有效提高小学生动手能力和创造能力的一种活动方式，也是让学生理解科学与技术相互促进关系的一种活动方式。设计与制作活动的类型主要有应用性设计与制作活动、探索性设计与制作活动、创造性设计与制作活动。

应用性设计与制作活动是指学生为满足需求或解决问题，运用探究获得的科学知识，利用身边的材料设计方案，并使用工具制作科技小作品的一种探究活动。如运用凸透镜、凹透镜特点制作“水透镜”，运用磁铁能指南北方向的特性制作指南针等。

探索性设计与制作活动是指学生为满足需求或解决问题，模仿某一物品的外形和结构，利用身边的材料，使用工具制作科技小作品，并在测试和改进作品的过程中获得对科学知识理解的一种探究活动。如，制作“降落伞”，探究影响降落伞留空时间的因素；制作电磁铁，探究影响电磁铁磁力大小的因素；等等。

创造性设计与制作活动是指学生为满足需求或解决问题，在没有仿造对象的前提下，利用身边的材料设计方案，并使用工具制作科技小作品的一种探究活动。如再利用废弃塑料瓶、制作新型的纸浆模型等。

设计与制作活动的过程一般包括：产生需求、设计方案、动手制作、调试改进。

案例

“制作‘降落伞’”活动过程

在观看了色彩与形状各异的降落伞的图片和视频后，学生想制作一个属于自己的“降落伞”。于是，教师引导学生讨论：制作“降落伞”需要哪些器材？如何制作？教师还为学生提供了不同长度的棉线、正方形的餐巾纸或塑料薄膜、透明胶、回形针、剪刀等物料。

很快，学生就完成了“降落伞”的制作，并测试了其性能。为了使降落伞下降时能保持平衡，学生需要对伞绳长短、伞绳与伞面连接的位置等加以调整。

在学生展示了自制的“降落伞”后，教师让学生解释为什么伞面没有充分打开的降落伞的下降速度很快，使学生理解空气对降落伞慢慢落地的作用。最后，教师通过“为什么有的降落伞留空时间长，有的降落伞留空时间短”的问题，激发学生进一步探究“降落伞下降的快慢与哪些因素有关”的兴趣。

【评析】

上述活动是探索性设计与制作活动。教师让学生观看色彩与形状各异的降落伞的图片和视频，以激发学生制作降落伞的需求。然后，教师引导学生设计制作方案，主要包括选择制作材料、选用制作工具、确定制作步骤。在学生按步骤完成降落伞的制作后，教师为学生提供调试与改进降落伞的机会，让学生自己根据测试的结果，对伞绳长短、伞绳与伞面连接位置等加以调整。在展示环节，教师通过提问引导学生解释现象，使学生理解空气对降落伞慢慢落地的作用，并激发其继续探究、再次制作的兴趣。

二、课堂活动的设计要点

由于一节课的教学目标是通过具体的课堂活动来达成的，因此教学目标可以由课堂活动目标组成。针对一节课的教学目标设计课堂活动是教师优化教材、创造性使用教材的一项基本技能。教师可以从活动的目标、内容、形式、器材、过程等基本要素和学生核心素养培育的角度设计活动。

（一）制定适切的活动目标

制定活动目标就是预设通过活动的实施而达成的目标。活动目标对活动设计具有统领性的作用，它决定并制约活动的内容、形式、器材、过程等设计。因此，制定适切的活动目标对活动设计而言至关重要。在制定活动目标时要注意：

1. 制定具有多重教育价值的活动目标

培养小学生科学素养是小学科学课程的基本价值追求。小学生的科学素养包括：必要的科学知识与技能，科学的思维方式，对科学的理解，科学的态度与价值观，以及运用科学知识、方法解决问题的意识，等等。因此，设计课堂活动的目标要着眼于学生的全面和可持续发展，从科学学科核心素养的“科学观念”“科学思维”“探究实践”“态度责任”等维度全方位思考，尽可能使教学活动具有丰富的教育内涵。

课堂活动的目标可以是知识的习得与技能的训练，可以是探究过程与方法的掌握，可以是对科学精神的理解以及情感态度价值观的提升，可以是科学兴趣与学习习惯的养成，可以是科学思维能力、动手操作能力、交流表达能力等的提高，可以是对科学、技术、工程、社会、环境的相互关系的理解，还可以是对科学本质的认识和对科学历史的了解，等等。当然，这些目标不可能在一个活动中达成，而要在长期的、有目的的、有计划的、多种层面的课堂活动中逐步实现。

须指出的是，只要有学生参与的活动就一定会有情感态度价值观的培养目标。教师可以从课堂活动的知识目标出发，初步制定各个维度的活动目标，再设计相应的活动。然后，教师预估学生在经历这一活动的过程中可能遇到的困难，寻找提升学生情感态度价值观的机会，从而对活动目标加以调整和完善。

2. 制定符合学生实际的活动目标

课堂活动是一个在师生互动、生生互动的环境中，由学习者主动进行的过程，学生本人的因素对能否达到预设目标是至关重要的。因此，符合学生实际的活动目标才是可行的、有意义的活动目标。

教师要尊重学生的认知规律，分析学生的“最近发展区”。在制定活动目标时，既要分析学生的已有经验、知识基础、能力水平、科学态度等，又要预计学生在教师引导和学生间互动下可能发展的水平，以确定难易程度适当、对学生既具有挑战又是他们通过努力能够达成的目标。

为了便于目标的落实和检测，教师可以制定过程性的具体的活动目标，即在怎样的活动过程中达到怎样程度的学习结果（见“‘空气有压力’活动目标设计”案例）。由于活动目标是学生在活动过程中达成的，因此，教师在根据目标设计活动过程时，还应根据活动过程的细节对目标进行调整或丰富，以充分发挥活动的教育价值，保证活动目标的可行性。活动目标的叙写一般以学生为主体。

案例

“空气有压力”（教学对象为三年级学生）活动目标设计

（1）通过“拍木片无法抬起报纸”的实验，能发现事物间的联系，形成空气有压力的假设，产生探究空气压力的需求。

（2）通过“拉不出的活塞”“不掉落的塑料片”“不漏水的小孔”的实验，说明空气有压力，能整合多个实验现象得出结论，有科学结论需要反复验证的意识。

（3）通过使用压力传感器检测空气压力，进一步证明空气有压力，体会技术有助于科学探究。

【评析】

上述活动目标是多维度的过程性目标。科学知识目标为：说明空气有压力。科学探究目标为：能发现事物间的联系，形成空气有压力的假设；能整合多个实验现象得出结论；使用压力传感器检测空气压力，进一步证明空气有压力。科学精神与科学态度目标为：产生探究空气压力的需求；有科学结论需要反复验证的意识；体会技术有助于科学探究。这些目标是在一系列实验过程中逐步达成的。

对于三年级的学生而言，上述活动目标既具有挑战性，也是可实现的。三年级学生虽然对空气的简单性质已有一定的了解，但对空气的压力感知较少，并经常将空气压力误认为物体的“吸力”。通过先前的学习经历，学生已经初步具备了一定的动手操作能力，但分析抽象事物的能力还很有限。此外，学生的实证意识已初步形成，但他们对“科学结论需要反复验证、不能以偏概全”的意识还不强烈，对技术能促进科学探究的感悟还不深刻。因此，学生既有探究空气有压力的实验操作能力和用事实得出结论的意识等学习基础，又在科学知识、分析思维、科学态度与价值观等方面存在提升的空间。在具体的活动过程中和在教师的引导下，学生是能够达成上述目标的。

（二）选择适当的活动内容和形式

活动内容和形式是活动目标达成的重要载体。尽管教材中已经提供了具体的活动内容和形式，但在实际教学时，教师还应根据学生的实际情况作出调整和优化。

1. 选择贴近学生生活的活动内容

认知科学研究表明，认知需要建立在一定的知识和经验积累的基础之上。学生在明确意识到学习任务与自身或日常生活的相关意义的前提下，才有可能主动学习。贴近学生生活的活动内容，不仅能使抽象的知识具体化、生活化，有助于学生的理解，而且容易使学生产生共鸣，有利于调动学生学习的积极性。

教师要从学生的生活出发，选择学生熟悉的、已经积累了一定经验的或与其生活实际密切相关的内容设计活动。例如，在探究水蒸发的快慢与哪些因素有关时，教师可以设计"怎样使抹布干得快"的活动，使学生可以根据生活经验提出假设，自行设计并实施方案加以验证，从而得出结论。又如，在探究空气的压力时，教师可以设计与学生的生活经验存在强烈反差的活动——"不掉落的塑料片"（倒扣水杯，水和塑料片不会落下），使学生产生认知冲突，进而形成探究的内驱力，并对"空气有压力"形成深刻的认知。

教师还要善于观察生活，在生活中寻找能反映抽象概念的具体事例或现象，并将其转化为学生能够操作的活动或能够探究的问题，设计适合学生开展的探究活动。例如，为了让学生理解水蒸气遇冷会变成液态的水，教师既可以将在室温条件下冰冻饮料罐表面会出现水珠的生活现象转化为探究活动——"冰冻饮料罐表面的变化"，让学生经历预想—观察—解释—设计与实施方案验证等过程，也可以设计解释墙上、杯盖上、浴室镜子上出现水珠的活动，帮助学生联系生活，理解概念。

2. 选择恰当、丰富的活动形式

小学科学是一门综合性课程，课程内容涉及物质科学、生命科学、地球与宇宙科学、技术与工程四大领域，每一知识领域都有其基本的研究方法。教师应针对具体内容选择与之相匹配的活动形式，使学生能够亲身参与科学实践活动，并在此过程中深入理解科学概念，逐步掌握一些基本的科学研究方法，形成科学的思维方式和科学的价值观。

探究活动的形式是多样的。基于寻求实证的不同方式，探究活动可分为观察活动、实验活动、调查活动等。虽然小学科学以探究式学习为核心，但探究并非唯一的学习方式。教师要设计多样的活动形式，如设计与制作、科学游戏、科普剧的创作与表演、科学辩论等，引导学生经历多种学习过程，以促进学生的全面发展。

因此，教师在设计活动时，既要针对内容选择恰当的活动形式，又要避免活动形式的单一性，为学生提供丰富的学习经历。表 4-1 列举了一些与学习内容相匹配的活动形式。

表 4-1　与学习内容相匹配的活动形式

学习内容	活动形式
鱼的形态特征	观察
生物的种类	分类
声音的传播	实验
昼夜交替	模拟

续表

学习内容	活动形式
校园植物	调查
自制弹性玩具	设计与制作
气象台怎样预报天气	科学阅读
辨认植物的花	科学游戏
化学反应的好处与危害	科学辩论

（三）选择适合学生的活动器材

活动器材是保障活动目标有效达成的物质基础。教师可以从以下角度考虑活动器材的选择：

1. 选择安全、便于操作与获取的活动器材

教师在选择活动器材时必须将安全放在首要位置，做到防患于未然，以确保学习环境的安全。如，尽可能用塑料容器代替玻璃容器，以免破碎后划伤学生；在考虑测量温度时，尽可能用酒精温度计代替水银温度计，以免破碎后对学生造成伤害。

选择便于小学生操作、能够反复使用的材料，以降低操作难度，提高探究效率。如，在制作电磁铁的活动中，如果选择用铁钉做电磁铁的铁芯，那么断电后会有剩磁，就不能说明电磁铁断电后失去磁性的特点。漆包线比较细，如果用它来绕线圈，不仅费时，而且拆开后容易缠成一团，不便于反复使用，这样给学生改进电磁铁、探究电磁铁磁性强弱与线圈匝数的关系带来困难。如果用钢制螺杆代替铁钉，用单股网线代替漆包线，那么既降低了学生制作电磁铁的难度，大大缩短了自制电磁铁和探究电磁铁磁性强弱与线圈匝数关系的时间，又解决了剩磁的问题。

选择身边的材料，以便学生课后自主开展探究活动。如，在减轻噪声的活动中，如果教师提供实验室里的声音传感器让学生收集音量数据，那么学生会因课后很难得到这个器材而无法继续探究。如果教师在课堂上选用手机中的声音测试软件来收集音量数据，那么学生回家后也能用此设备继续探究。

2. 选择典型的结构性活动材料

所谓结构性活动材料是指材料之间、材料与教学内容和教学目标之间具有紧密的联系的活动材料。学生通过教师的帮助和自身的能力，在用这些材料研究的基础上获得发现、体验、探究的乐趣。提供结构性活动材料，有利于缩短学生发现的时间，降低发现的难度，有助于学生形成科学概念。

教师要精心选择典型的能够反映事物特征或变化、体现科学概念的材料。如，为了让学生认识绿色开花植物的结构，教师可以选择 9 月份的凤仙花和石榴等一些能在同一时间观察到根、茎、叶、花、果实、种子，且各部分特征明显的植物，供学生观察、分析和归纳。又如，为了让学生认识植物叶的多样性，教师可以选择一些颜色、形状、大小、叶面、叶缘、叶脉、气味等不同的植物的叶，供学生观察，让学生通过操作获得多种发现，进而充分感知叶的多样性。

（四）安排合理的活动过程

活动过程是对活动如何展开的具体安排。合理的活动过程，有助于学生理解，从而有效达成活动目标。

1. 设计符合学生认知发展规律的活动过程

设计从具体到抽象、从简单到复杂的活动顺序。小学生正处于具体形象思维向抽象逻辑思维发展的阶段，他们的思维在很大程度上必须依赖具体的形象，因此活动过程的安排应该从具体的现象入手。

如，在探究水蒸发的快慢与哪些因素有关的活动中，教师先组织学生讨论加快湿抹布变干的一些办法，组织学生开展对比实验加以验证，总结归纳使湿抹布干得快的三个因素：温度高、风力大、与空气接触的面积大。然后，在讨论抹布中的水到哪里去了的基础上，引出蒸发的概念，在总结使抹布干得快的因素的基础上，推出影响水蒸发快慢的因素。最后，让学生解释在生活中让水蒸发变快的实例和解决怎样保持水果的水分等相关问题。这样，从学生的生活入手，引导他们由具体现象抽象出科学概念和规律，再运用学到的知识解释生活中一些常见的现象，进一步理解科学知识，体会科学的魅力。

2. 设计遵循知识内在逻辑的活动过程

教师在设计活动过程时，首先要对活动涉及的知识进行解构，厘清其中所包含的各种概念及其相互之间的关系。然后，根据知识间的逻辑关系，安排活动的先后顺序。

如，在设计探究磁铁两极的活动过程时，可将整个探究活动分解为两个小活动：先探究磁铁各部分磁性的强弱，知道磁铁磁性最强的部分称为“磁极”；然后探究磁铁的指向性，知道磁极命名为“南极”“北极”。设计遵循知识内在逻辑的活动过程，不仅有利于学生更好地理解知识，而且能帮助学生逐步学会基于事实的推理思维。

（五）关注科学精神和高阶思维发展

除了上述课堂活动设计的基本要点外，为有效落实课程目标，全面培养学生的科学素养，活动设计还应关注以下要点：

1. 关注科学精神培育

科学精神是科学素养的重要组成部分，是科学素养的灵魂。科学精神对人的认识与实践活动起着主导作用，具有科学精神指导下的价值取向将决定人的态度、思维方式和行为，并最终影响科学知识的获得。科学精神是“中国学生发展核心素养”之一，是学生在接受科学教育后应具备的一种适应终身发展和社会发展需要的必备品格。

科学精神培育必须从小开始。科学精神培养不能靠空洞的说教，而需要在实践活动中逐渐形成，是一种渐进过程，需要日积月累。因此，培养科学精神不是学生长大以后的任务，而是在小学阶段就应该重视并加以落实的。在小学学科教育中可以培养的科学精神主要有求真、探究、实证、怀疑、坚持、合作、创新等。

探究活动有助于科学精神的培育。寻求问题的解答和对现象的解释，有助于培育学生的探究精神；设计探究方案、建立模型有助于培育学生的创新精神；反复、长期的观察，有助于培育学生的坚持精神；客观、准确的记录，有助于培育学生的求真精神；收集数据，进行分析，把证据应用于论争和解释，有助于培育学生的实证精神；交流讨论，有助于培育学生重新审视自己和他人的观点、敢于质疑批判的怀疑精神，以及尊重他人想法、与同伴积极沟通的合作精神。

在设计活动时，教师可以先根据具体的教学内容和活动，思考学生可能的行为表现，并与科学精神内涵、课程标准中的科学态度目标进行比对，针对差距制定相应的培养目标。然后，设计相应的体验环节，将科学精神教学融入活动过程，并关注学生在此过程中的行为及其变化。在活动结束之际，引导学生反思过程，让学生在反思中感受、感知、感悟。

案例

“点亮小电珠”活动过程实录

活动目标：

（1）通过多次尝试，知道点亮小电珠的多种连接方法，能在比较中发现连接要点，体会失败对于成功的意义。

（2）通过观察小电珠的内部结构和观看动画演示，知道只有用导线连接小电珠和电池形成通路，小电珠才会亮；具有勇于探究的科学态度。

活动过程：

（1）尝试并记录小电珠的连接方法。

教师强调：无论小电珠亮与不亮，都要把连接方法记录下来。因为，对于发现，每一次尝试都很重要。

学生的连接方法都没能点亮小电珠。

（2）研讨：交流小电珠的连接方法，寻找其他可能的连接方法。

（3）再次尝试并记录小电珠的连接方法。

（4）研讨：交流使小电珠发亮的不同连接方法，比较发现使小电珠发亮的连接要点，解释为什么这样连接小电珠会亮。

（5）观察：观察小电珠的外表，观察打开的小电珠的内部结构。

（6）解释与修正：思考为什么这样连接小电珠会亮，修正小电珠不亮的连接图。

（7）反思：现在你能用几种办法使小电珠发亮？第一次尝试时你成功了吗？后来是怎么成功的？一开始你们有没有想出多种连接方法，后来是怎么知道的？通过观察小电珠的外部，我们无法解释为什么必须连接小电珠的金属侧面和底部小电珠才会亮。后来是怎么解决的？

【评析】

由于学生不了解小电珠的内部结构，因此他们最初的尝试连接往往难以使小电珠发亮。教师可以此为契机，培养学生正确面对失败的坚持精神和反复尝试的探究精神。

在第一次尝试后，面对没有一个学生能点亮小电珠的现状，教师不是急于告知学生正确的连接方法，而是组织学生交流展示不成功的连接方法，引导学生观察比较各种已经尝试的连接方法，寻找没有尝试的可能的连接方法，然后进行再次尝试。

在学生找到了点亮小电珠的连接要点但无法解释时，教师先让学生从外部观察小电珠，让推测能力强的学生尝试解释必须连接小电珠的金属侧面和底部的原因，启发其他学生的思维，然后打开小电珠，让学生观察小电珠的内部结构，使每位学生对此都有清晰的认识。

在学生经历了上述探究过程后，教师组织学生回顾反思，使学生从比较不亮的连接记录中找出没有尝试的连接方法，再尝试直至成功。在此过程中，学生可以感知失败的经历对于发现的重要性，真正体验"失败是成功之母"的含义；从多次尝试获得多种连接方法的过程中感知，多次尝试、用不同方法尝试对于成功的意义；从观察小电珠内部结构获得问题解决的过程中感知，不仅要观察物体的外部，还要探究物体内部的秘密，这样能够更好地解决问题。

需要指出的是，活动过程的设计同样要考虑活动的教育价值。如果先组织学生认识小电珠的内部结构，再组织学生探究点亮小电珠的连接方法，学生就很难真切体验这种从失败到成功的过程，也就失去了一次培育正确面对失败的坚持精神、反复尝试的探究精神的机会。

2. 关注高阶思维发展

布卢姆把教育目标分为三个领域——认知领域、动作技能领域、情感领域；将认知领域划分为六个层次——知识、领会、应用、分析、综合、评价，并直接关注思维层次。安德森等对布卢姆的认知领域划分进行了完善，将认知领域由低到高分为记忆、理解、应用、分析、评价、创造六个层次。记忆、理解、应用，属于低阶思维层次；分析、评价、创造，属于高阶思维层次。

分析、评价、创造等高阶思维是探究活动的基本特征。提出假设、寻求各种解决问题的方案、建构模型，需要运用创造思维；辨别有价值的信息、控制变量、分析数据、考虑各种可能的解释，需要运用分析思维；对选择的方案进行讨论、核查数据，对所做的解释和获得的结论加以检验，需要运用评价思维。可以说，没有高阶思维的介入，就不可能有真正意义上的探究的发生。

一个人的思维方式和思维习惯是在长期的思维活动过程中逐渐积累并形成的。经常开展分析、评价、创造等高阶思维活动，不仅能不断积累相关的思维活动经验，潜移默化地理解并逐步形成相关的思维方式和习惯，还能提升思维的深刻性、灵活性、批判性、独创性等品质，逐步认识探究的本质和学科的思想方法，提高学科思维的能力。教师在设计活动时，可以采用以下三种策略，促进学生的高阶思维发展：

(1) 鼓励学生设计多种方案，多途径收集证据。教师可以利用学生的差异，组织学生开展头脑风暴，设想各种方案，互相启发、互相完善。教师可以提供多种器材，启发学生设计不同的方案。教师要营造民主、自由、安全的氛围，耐心倾听、延迟评判，尊重不同的经验，鼓励不同的见解，重视创意。教师要允许学生实施自己的方案，而不是只实施与教材或教师想法一致的方案或步调一致地开展活动，由此培养学生的创新意识和创新思维能力。

（2）重视分析解释，将证据转化为实证。教师要为学生提供基于证据的实证分析和运用实证支持或反驳原有观点或解释的机会，促使学生逐步形成科学思维的方式和习惯。注意以下三个问题：一是切忌为实验而实验、为观察而观察；二是不能只看表面现象，而忽视深入分析；三是不能将调查研究的目的仅设定为知识的获得。教师要引导学生对收集到的信息进行深入的、多角度的分析。对于现象，可以引导学生通过比较、分类、归纳等方法得出结论；对于数据，可以引导学生采用图表，如对比表、排序图、柱形统计图、折线统计图等，分析数据找出规律。教师要引导学生运用这些由实证分析得出的结论，支持或反驳原有的观点，解释现象，由此发展学生的分析思维能力。

（3）引导评价质疑，自行修正完善。首先，教师要让学生经历真实的探究过程，允许学生"犯错"。然后，为学生提供评价的机会并营造质疑的氛围，在活动的交流和讨论环节，要求学生认真倾听，仔细核查，引导学生发现错误，找出"漏洞"，指出支持不足的证据，或提出另外的解释，由此发展学生的评价思维能力。

案例

"运动前后的心跳变化"活动过程实录

"人在运动后心跳次数会增加，休息一段时间后心跳次数会恢复"。学生为证实此观点，分别对自己在平静时、运动刚停止时、休息3分钟时每分钟的心跳次数进行测量和记录，并据此确定上述观点是对的。

为了让学生用数据进一步支持这一观点，教师在黑板上贴了一张很大的统计图，请一些学生边交流自己测得的数据，边用蓝、红、绿三种颜色的圆形磁铁在图中表示数据，其他学生在下面检查数据表示是否正确。在大家的努力下，黑板上形成了一张表示8位学生运动前后心跳变化的统计图。

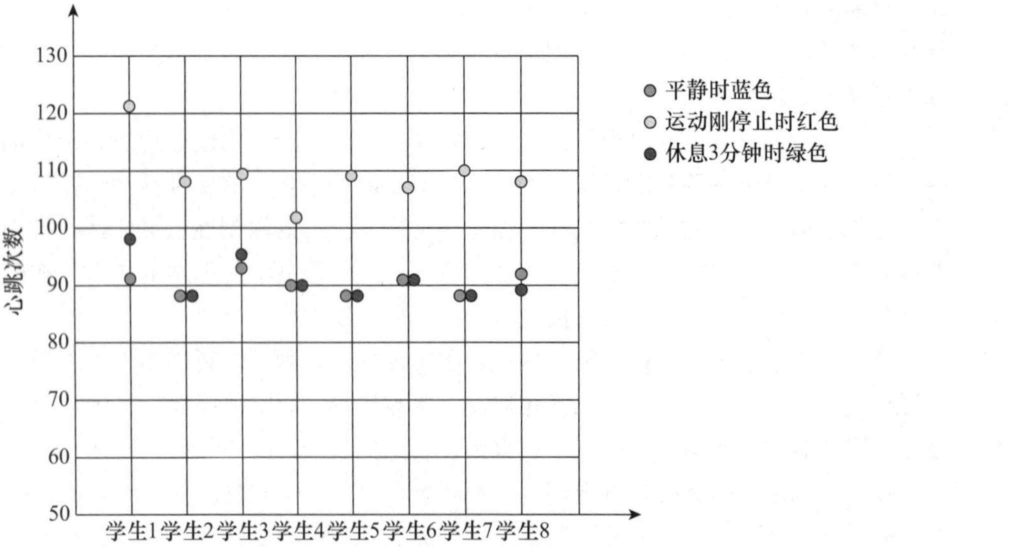

教师："这些圆点告诉我们什么？"

小波："运动后心跳会加快，休息一段时间后心跳会变慢。"

教师："你是怎么知道的？"

小波："红色的点都在最上面，绿色的点都在红色的下面。"

小明："大部分同学休息 3 分钟后心跳次数会恢复到平静时的心跳次数，但有 3 个同学的心跳次数只是接近平静时的心跳次数。"

教师："请说明判断的依据。"

小明跑到统计图前指着圆点说："有 2 个绿色的圆点在蓝色的圆点上面，有一个则在蓝色的圆点下面。"

教师："再休息一段时间，这三位同学的心跳次数将会怎样？"

小玲："1 号、3 号同学的心跳次数会更接近平静时的心跳次数，但 8 号同学的心跳次数不可能再增加了，可能是测量或记录出现了问题。"

教师："还有什么可能的解释？会不会是测量平静时的心跳时他并没有平静呢？"

8 号同学："在测量时我还是平静的。"

教师："下课后再测一次吧。"

教师："能不能对相同颜色的圆点也进行比较，看看还有什么发现？"

小明："蓝色的点都在 90 周围，我认为平静时人的心跳次数是每分钟 90 次左右。"

教师："是我们同学的心跳次数！"

小明："对，应该是平静时这些同学的心跳次数是每分钟 90 次左右。"

小怡："运动刚停止时大家的心跳次数是不相同的。1 号同学运动后的心跳次数在 120 次以上，而 4 号同学的心跳次数只有 100 多一点，两个人的运动强度可能不一样。也许 1 号同学在做青蛙跳，而 4 号同学在……在打太极拳。"

小怡的推测引来一阵笑声。

教师："1 号、4 号同学，小怡的推测对吗？"

1 号："基本正确，但我做的是高抬腿跳，而 4 号同学做的是摆臂。"

教师："看来，对于同一数据我们可以做出多种合乎逻辑的解释，但解释毕竟不等于事实，解释还须进一步求证。"

【评析】

在上述案例中，教师有序引导，帮助学生发现规律并解释现象，以发展学生的分析思维。教师采用绘制统计图的方式，让学生将数据组织起来，为学生发现数据间的关系做好准备。为证明自己的观点，学生首先关注的是不同个体运动后和休息后的心跳次数变化。教师顺势引导学生先观察比较不同个体在 3 种状态下的数据，再比较分析同一状态下不同个体的数据。这样，既帮助学生找到数据背后更多的规律，形成论据以支持自己的观点，又培养学生有条理的思维能力。

在此过程中，学生的评价思维也得到了发展。在 8 位学生交流测得的数据和用三种颜色的圆形磁铁表示数据时，教师要求其他学生认真核查数据在图中表示得是否正确，为之后的分析做好准备。

同时，教师还注重培养学生求真的科学精神。教师引导学生对8号同学休息3分钟后，以及1号、3号同学运动后的心跳次数的数据做出多种可能的解释，并当场向学生本人求证，用事实使学生明白：对于同一数据我们可以做出多种合乎逻辑的解释，但解释毕竟不等于事实，解释还须进一步求证，以培养学生大胆假设、小心求证的科学态度。

第二节　活动任务单的设计

为了能客观地评价学生的学习表现，小王设计了与活动记录单相匹配的活动评价单。评价表由评价内容和评价结果两栏构成。评价主体是学生，既可以是学生自评，也可以是学生互评。

将学生的活动记录情况作为评价的证据，这样的设计不仅能使评价比较客观，而且有利于促进学生在活动中有更好的学习表现。但评价单中缺少评价量规，学生很难操作，客观公正的评价也就难以落实，基于标准评价的意识更难以形成。

活动任务单是学习单的主要类型，包括活动记录单和活动评价单。活动记录单是学生记录完整的或部分的活动过程的工具。活动评价单是评价学生在活动中的行为表现、学习成果等的工具。活动任务单对于教学具有十分重要的作用。

一、活动任务单的作用

（一）活动记录单的作用

1. 促使亲历活动过程

教师为学生提供活动记录单，要求学生记录产生的问题和想法、实践操作的过程、收集到的证据、探究的结论等，既能促使学生进一步明确活动目的、活动器材、操作步骤、操作要求、主要观察点等，又能促进学生认真参与活动的每一个环节，及时记录收集到的信息和自己的想法与发现，为之后的研讨、分析、得出结论做好准备。

2. 便于交流促进思考

将学生的活动记录放置于实物投影仪上呈现给所有学生，方便学生的交流以及对过程与信息的检核。设计得好的记录单，有助于学生比较、推理、发现信息之间的关系和规律，使收集到的信息变得有用。如，用表格有序记录自己在不同年龄的身高数据，容易使学生发现自己身高变化的规律；用分类的方式记录物体是否容易导电，有助于学生发现材料与导电的关系。

3. 培养实证意识和书面表达能力

基于记录单上收集到的证据得出结论的做法，有助于培养学生的实证意识，使学生认识到如实记录的重要性，并逐步形成对科学本质的认识。同时，要求学生在表格、图示等规定的格式内，有序地记录，用精练的文字记录收集到的信息和探究的过程，清晰地表达自己的思考和发现，有助于锻炼并提高学生的书面表达能力。

4. 便于回顾反思

活动记录单是学生探究活动过程和结果的档案。记录预想、活动过程和结论：一是有助于学生将自己原先的想法与活动后的结论进行对比，找出两者间的差异，以修正或完善原先的概念，建立科学概念并用准确的言语来表达科学概念；二是有助于学生对活动过程所采用的方法、经历的曲折进行回顾反思，进一步理解并提高探究技能，形成科学的态度与价值观。如，在学生通过多次观察记录，对昆虫的外形特征有了正确的认识后，教师可以组织学生反思有没有修改记录，以及为何修改，使学生认识到反复观察、仔细观察能使我们的认识更全面、更准确。

5. 作为评价教学的依据

活动记录单能比较客观地反映学生学习的情况，既可以作为教师评价学生学习和评价自己教学的依据，也可以作为学生相互之间或学生自我评价的依据。如从字迹是否端正、簿本是否整洁、收集信息的准确性等，可以推断学生记录时态度是否认真，观察是否仔细；从学生由数据得出的结论，可以推断学生的分析思维水平、对概念掌握的程度；从学生对活动记录单的填写情况，可以推断教学设计的合理性和教师指导的有效性。

（二）活动评价单的作用

1. 促进学生更好地表现

活动评价单能使学生进一步明确活动要求，促使学生有更好的学习表现。评价内容能使学生进一步明确活动目标和要求。如，在设计与制作蜡烛的活动中，如果评价内容为创新能力，就能使学生明确要设计和制作与众不同的蜡烛。评价量规列出制作程度或表现所对应的等第，如上述评价内容的量规包括三项指标——有形状改变、有颜色改变、有其他改变，做到其中 1 项得 1 星，做到其中 2 项得 2 星，做到其中 3 项得 3 星。这不仅有助于学生理解创新的内涵，而且具有一定的导向作用，促使学生向着最好的等第努力，并且使学生知道怎样才能做得更好。

2. 提高学生的评价能力

活动评价单的基本要素有评价内容、评价量规、评价结果。评价的主体既可以是教师，也可以是学生。经常让学生针对评价内容收集证据，对照评价量规填写评价结果，有助于学生建立基于证据的评价意识，进而对事物进行客观公正的评价。

3. 有助于教师分层指导

活动评价是对教学目标达成的一种检测手段。评价单中评价的内容一般是教学目标中的内容，是教学的重点和难点内容，当然也可以是学习习惯培养的内容。因此，活动评

2. 不同记录方式的记录单

(1) 表格式记录单。

表格式记录单是用表格的形式记录活动中的过程性信息的记录单。它的优点在于：可以避免冗长的文字叙述，简洁明了，便于阅读；提供一个有序的框架，便于比较事物的异同和了解各项目之间的相互关系。下面给出一些表格式记录单的示例。

● 单项记录表

如图 4－1 所示，单项记录表是仅包括一种事项的比较或仅有一种分类的记录表。

人和黑猩猩的相同之处	人和黑猩猩的不同之处
吃东西	人会制造东西
生孩子	人会说话

图 4－1　单项记录表示例

● 双项记录表

如表 4－2 所示，双项记录表是包括两种事项的比较或有两种分类的记录表。

表 4－2　双项记录表示例（我的身高、体重变化记录表）

年龄（岁）	0	1	2	3	4	5	6	7	8	9	10
身高（厘米）											
体重（千克）											

● 复合记录表

如图 4－2 所示，复合记录表是包括两种事项以上的比较或两种以上分类的记录表。

蚕的一生经历了几个阶段？各个阶段的形态和行为有什么不同？

蚕的一生

	外形特征	行　动	食　物	时间（天）
卵				
蚕				
蛹				
蚕蛾				
共计多少天				

图 4－2　复合记录表示例

案例

“探究影响电磁铁磁性强弱的因素”活动记录单设计

实验名称：探究影响电磁铁磁性强弱的因素

实验记录表：

实验次数	电流强度	线圈匝数		吸住的大头针数量
1	电池（　　）节	（　　）圈		（　　）枚
2	电池（　　）节	（　　）圈		（　　）枚
3	电池（　　）节	（　　）圈		（　　）枚

【评析】

本记录单为部分过程、复合记录表式记录单，要求学生记录实验方案和实验结果。实验记录表明示了实验的器材：电磁铁、电池、线圈、大头针。此外，它给出了一些设计实验方案的引导：可以探究电流强度、线圈匝数或其他因素；通过观察电磁铁吸住大头针的数量推断影响电磁铁磁性强弱的因素；做 3 次实验。虽然它只要求学生填写数量，但实质上锻炼的是学生设计对比实验的能力。在学生填写表格后，教师可以借助表格帮助学生理解如何控制变量。如，如果要探究电流强度是否影响电磁铁的磁性，那么改变电流强度，其他因素不变；如果要探究线圈匝数是否影响电磁铁的磁性，那么改变线圈匝数，其他因素不变。简而言之就是，要探究什么因素，就改变这个因素。教师有意留出空格，为学生自主探究提供机会，能力强的学生可以增加铁芯粗细等其他因素，设计更为复杂的实验。

（2）填空式记录单。

填空式记录单是用文字的形式在规定的范围内记录活动中的过程性信息的记录单。如，在项目后面留出空格、下划线等，让学生填入与项目相符合的内容。它的优点在于符合日常的口头表达习惯，是常用的一种记录方式。

案例

“我们吃植物的哪些部分”的调查活动记录单设计

在下划线上填写“我们吃植物的哪些部分”的调查结果。

根可以吃的植物有：________________________________

茎可以吃的植物有：________________________________

叶可以吃的植物有：________________________________

花可以吃的植物有：________________________________

果实可以吃的植物有：______________________________

种子可以吃的植物有：______________________________

【评析】

本记录单是记录部分活动过程的填空式记录单。它引导学生从植物的根、茎、叶、花、果实、种子6个部分展开调查，要求学生用填空的方式在下划线上记录调查结果，帮助学生整理调查收集的信息，有条理地认识我们吃植物的哪些部分，并在此基础上逐步形成人与植物关系的认识。

（3）图示式记录单。

图示式记录单是指用图的形式记录活动中的过程性信息的记录单。它的优点在于：（1）可以避免冗长的文字叙述；（2）直观形象，使人一目了然；（3）有助于比较异同、分析关系、发现规律。下面给出一些图示式记录单的示例。

● 维恩图

维恩图是一种比较事物异同的有用工具。它由两个或两个以上部分重叠的圈组成。每个圈代表一个特定的概念或观点。概念之间的共同点或相似点被写在两个圈的重叠区域内，不同点被写在相应圈中重叠区域以外的部分，如图4-3所示。

把大树和小草的相同和不同之处记录在下面的维恩图中。

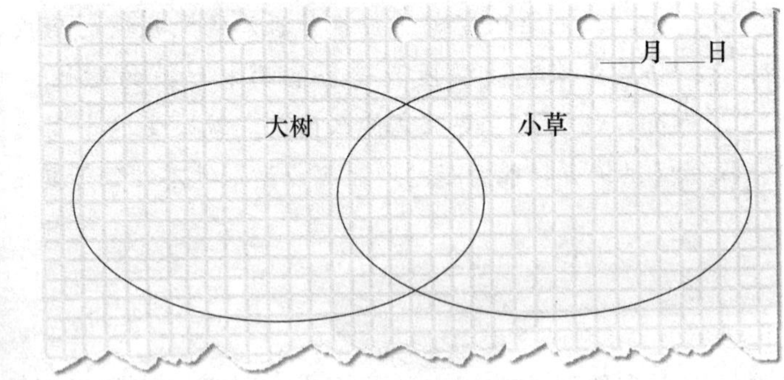

图4-3 维恩图示例

● 网状图（气泡图）

概念图是对一些概念较多的主题进行整理的有用工具。网状图类似于概念图，它虽然没有表示概念之间关系的连接词，但能呈现与中心词有关的观点或内容，如图4-4所示。用网状图表示概念和与之相关的概念，符合低年级小学生的表达水平。

知识卡片

概念图

概念图一般是由概念、两个概念间的连线和写在连线上的连接词构成的，连接词通常用来描述两个概念间的关系。概念图在对一些概念较多的主题进行梳理时十分有用，它能使学生清晰地看到各个概念之间的联系，帮助学生建立科学的概念和分析模型。

选择一个活动做一做，观察身体的哪些部位参与了这个活动。
试着用气泡图做观察记录。

图 4－4　网状图示例

● 流程图

流程图是一种表示一个过程的各个阶段，或一个程序的各个步骤的有效工具，如图 4－5 所示。

在方框里填出声音在人耳里传播的途径。

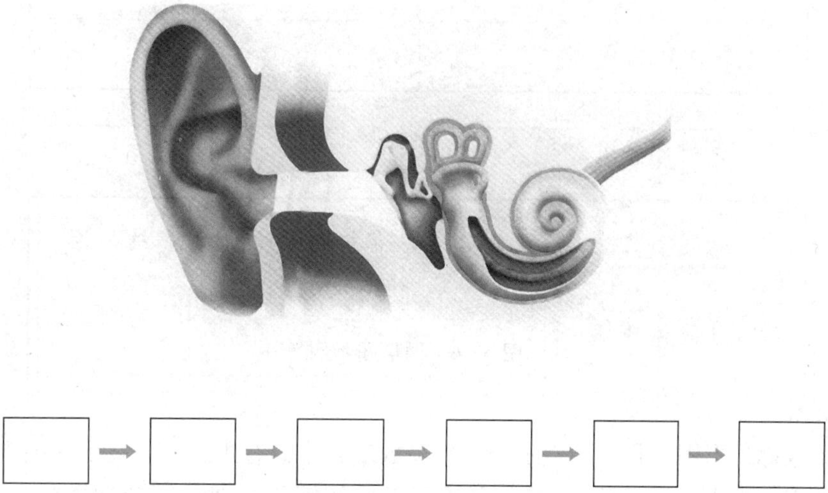

图 4－5　流程图示例

● 循环图

循环图是一种表示一系列循环发生的事件的有用工具。循环就是没有终点，当最后一个事件结束时，第一个事件又重新开始了。循环图也能表示事件的新一轮开始，如图 4－6 所示。

把蚕的一生和蝴蝶的一生的几个阶段写在空白处。

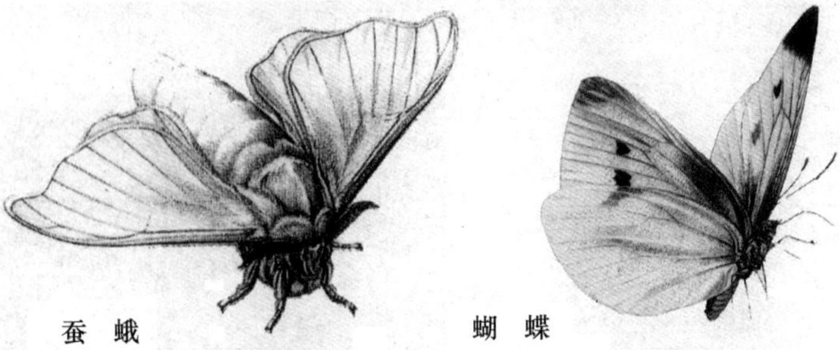

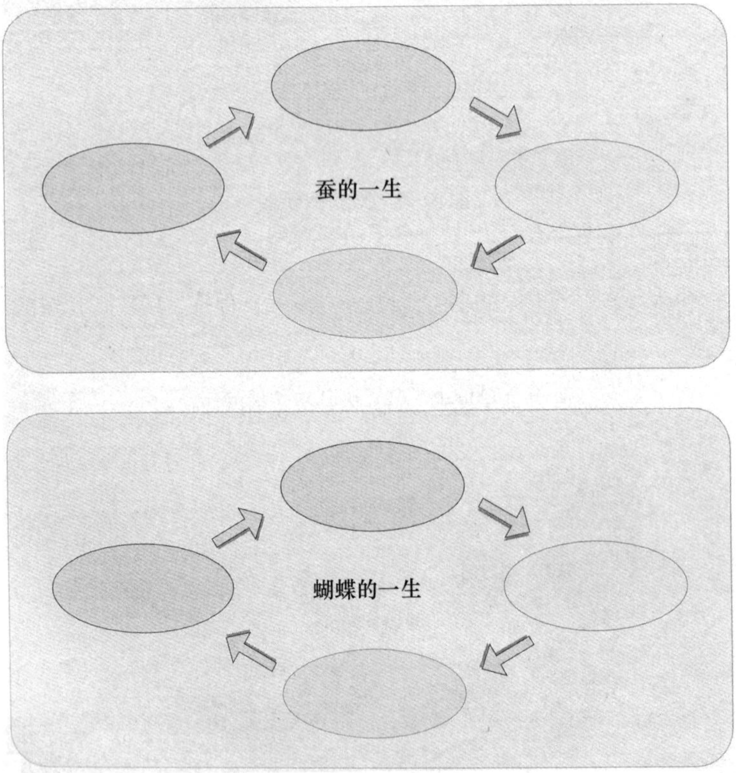

图 4－6 循环图示例

● 柱状图

柱状图也称条形图，是一种表示统计事项数量大小的有用工具。在坐标图上用直条的长短直观地表示数量大小的柱形图，主要用于比较性质相似的间断性资料，如图 4－7 所示。

● 折线图

折线图是一种显示两个变量之间的函数关系，或描述因变量随着自变量的变化而变化的情形的有用工具。在坐标图上用线条的变化直观地表示自变量与因变量的关系总趋向的折线图，主要用于比较连续性数据，如图 4－8 所示。

画一张能够记录一个月的“日期-气温”柱状图，
专门用来记录每天的气温。

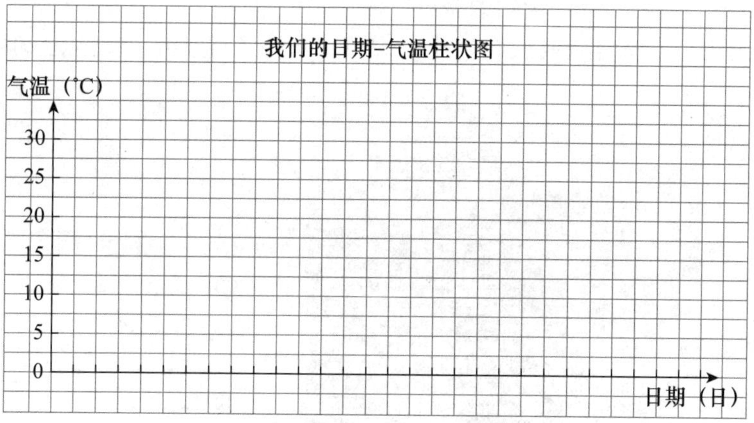

图 4-7　柱状图示例

绘制自己从入学到现在的身高、体重折线图。

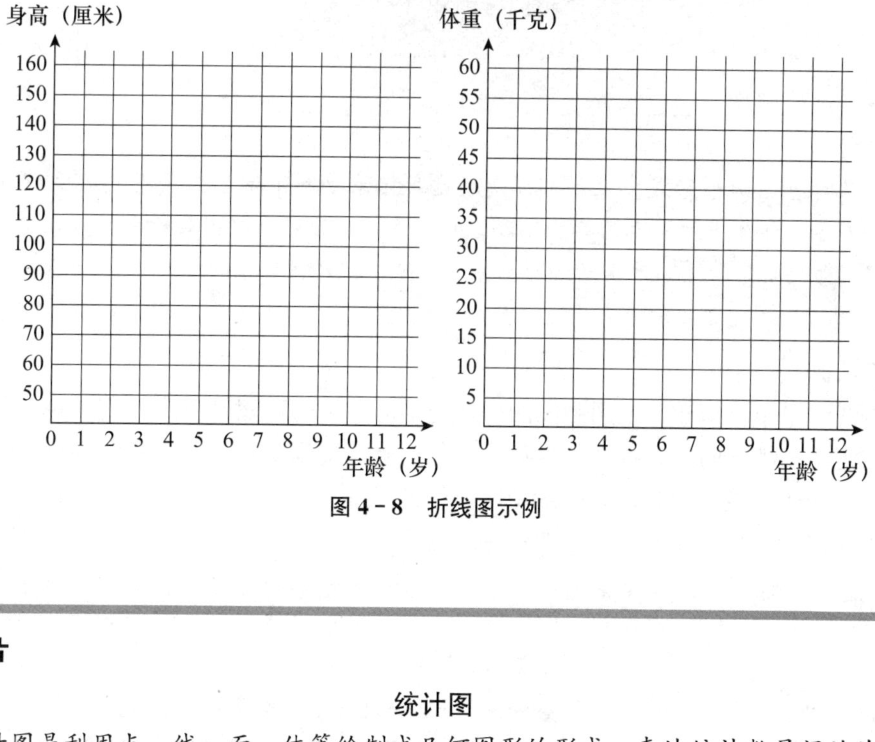

图 4-8　折线图示例

知识卡片

统计图

统计图是利用点、线、面、体等绘制成几何图形的形式，表达统计数量间的关系及其变动情况的工具。它的作用是把统计资料直观形象地表现出来，使人一目了然，有助于对统计资料进行比较分析。在小学科学活动记录中，常用的统计图按形状可分为柱形图、折线图等。折线图能用来显示某一变量（因变量）是如何随着另一变量（自变量）变化而变化的，但前提是变量是连续性数据。

案例

“食物的旅行”活动记录单设计

根据下图写出各编号对应的人体消化器官的名称，并将其按食物经过的先后顺序排列（填编号）。

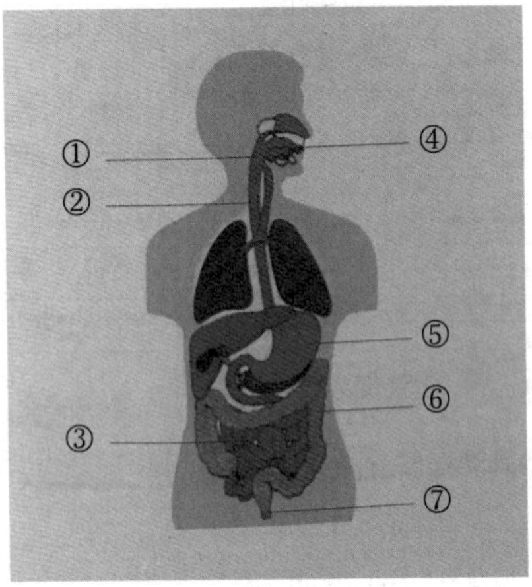

① ____________
② ____________
③ ____________
④ ____________
⑤ ____________
⑥ ____________
⑦ ____________

食物经过的顺序：_____→_____→_____→_____→_____→_____→_____

【评析】

本记录单包括两种形式。上半部分是填空式记录单，下半部分属于图示式记录单中的流程图。它要求学生先看图填写各消化器官的名称，然后用流程图表示食物在人体内的“旅行”过程，由此帮助学生联系生活经验形象直观地认识人体的消化器官和食物的消化过程。

（4）绘画式记录单。

绘画式记录单是指让学生用画图的形式记录活动中的过程性信息的记录单。如，用画图的形式记录动植物的形态特征、事物的变化、操作过程及其结果等。它的优点在于避免冗长的文字叙述，生动形象、展现细节。绘画式记录单能促使学生反复仔细地观察事物，或帮助学生清晰、具体地描述自己的想法。

案例

“简单电路”活动记录单

画出小灯泡与导线、电池的连接方法，并尝试连一连。如果小灯泡亮了，就添上光芒。

【评析】

本绘画式记录单的设计，试图帮助学生提取已有经验，让学生用图画的形式反映他们对如何点亮小灯泡的认识。然后，它要求学生按照自己设想的连接方法连一连，并再次用图画的形式表示实验结果。教师希望通过展示不同的连接方法，引导学生分析、归纳，得出点亮小灯泡的连接方法。

（二）活动评价单的类型

活动评价单的形式也是多样的。按评价主体，可以分为教师评价单、学生评价单、家长评价单等。其中，学生评价单又可以分为学生自我评价单、学生相互评价单。按评价对象，可以分为行为表现评价单、作品分析评价单等。按评价内容，可以分为单维度评价单、多维度评价单等。下面以不同评价对象的评价单为主，对活动评价单做简要介绍。

1. 行为表现评价单

行为表现评价单是评价学生在活动中表现的工具，有助于评价者根据事先设置的标准对学生的知识、技能、能力、态度等水平做出评价，有助于从学生的表现间接推断他们的能力、态度等水平，检测无法直接测量的过程与方法、科学精神与科学态度目标的达成情况。

案例

“调查人的身高变化规律”活动评价单设计

根据评价量规，在“评价结果”栏中圈出相应的星数，在括号中填写总星数并勾选相应的等第。

评价内容	评价量规			评价结果
	★	★★	★★★	
课前调查	完成课前调查 有数据记录	收集的真实数据	能将收集的真实数据汇总到小组的统计图中	★★★
分析信息	记录 1 种数据间的关系	记录 2 种数据间的关系	整合并记录 0～10 岁孩子的身高变化的规律	★★★
我一共获得了（ ）★ 6★优秀（ ） 4～5★良好（ ） 2～3★合格（ ） 0～1★须努力（ ）				

【评析】

本活动评价单是多维度行为表现的自我评价单。教师要求学生对照评价量规，从课前调查和课中分析两个角度对自己的科学态度和科学思维进行评价。通过收集、汇总数据的情况，教师可以推断出学生认真实施方案和尊重事实的科学态度水平。通过发现、整合 0～10 岁孩子的身高变化规律，教师可以推出学生科学思维的发展水平。

2. 作品分析评价单

作品分析评价单是评价学生完成的探究报告、科技小报、模型标本等作品的工具，有助于评价者根据事先设置的标准对学生的知识、技能、能力、态度等的水平做出评价。作品分析评价单有助于教师根据学生的作品间接推断他们的能力、态度等的水平。如，依据学生制作的陆地模型，评价其对一些常见的地表形态的认识水平；依据学生制作的风向标，判断其对风向标的结构与功能的认识水平和剪切、折叠、黏合的技能水平。

案例

“制作纸浆模型”活动评价单设计

制作纸浆模型，根据评价量规，将获得的星数填在评价结果的自评栏中。

<table>
<tr><td colspan="2" rowspan="2">评价内容</td><td colspan="3">评价量规</td><td colspan="2">评价结果</td></tr>
<tr><td>★</td><td>★★</td><td>★★★</td><td>自评</td><td>师评</td></tr>
<tr><td rowspan="3">纸浆模型</td><td>表面平整</td><td rowspan="3">做到 1 项</td><td rowspan="3">做到 2 项</td><td rowspan="3">做到 3 项</td><td rowspan="3"></td><td rowspan="3"></td></tr>
<tr><td>与设计图相符</td></tr>
<tr><td>晾干后上色</td></tr>
</table>

【评析】

本评价单是单维度作品分析的学生自我评价单和教师评价单。通过纸浆模型是否表面平整、是否与设计图相符，评价学生操作技能和按图制作的能力。纸浆模型在晾干后才能上色，为促进学生课后继续制作、完善纸浆模型，教师设置了“上色”这一评价内容。本评价单的评价主体既包括学生，又包括教师。在学生自评的基础上，教师再进行评价，目的是培养学生参照量规客观评价的意识。

三、活动任务单的设计要点

教师应根据教学目标和学生实际设计合理、多样的活动记录与评价的任务单。设计时要注意以下要点：

（一）基于教学目标设计记录内容与评价内容

教学目标是一切教学活动的出发点和归宿。课堂活动的设计要指向教学目标的达成，活动记录的设计也不例外。针对科学知识目标，教师可以让学生记录收集的证据，引导学生基于实证得出结论、获得知识；针对科学探究目标，教师可以让学生记录完整的探究过程或主要探究环节，引导学生在此过程中加深对科学探究的认识，并提高探究技能、发展科学思维能力；针对科学精神与科学态度目标，教师可以让学生记录容易发生差错或难以获得的信息，引导学生在对活动记录反思的过程中获得感悟，从而提升科学精神与科学态度。如，设计观察“蚕的一生”的活动记录单（见图 4－2），让学生通过记录蚕在各个阶段的外形特征、行动、食物以及各个阶段所需的时间，了解蚕在各个阶段的外形特征和生活习性，感悟持之以恒和如实记录的意义。

活动评价是对教学目标或活动目标达成度的判断，因此，活动评价内容的设计也必须服从教学目标或活动目标。比如，如果“理解月食的成因”不是教学目标，那么评价学生是否理解月食的成因就不宜作为活动评价的目标和内容。由于学习习惯的培养需要持续一段时间，因此如果教师能将其列入每节课的教学目标并予以评价，就能取得一定的成效。

由于活动记录内容和活动评价内容的设计都须基于教学目标，因此活动记录内容和活动评价内容具有较好的一致性。教师可以将学生的活动记录作为评价活动设计、教学目标达成和学生水平的证据，对教师的教和学生的学进行评价。活动任务单中的记录内容与评价内容既可以一一对应，也可以部分对应，但不能没有交集。

（二）基于记录内容设计记录单形式

内容决定形式，形式既服务于内容，又会影响内容。教师要根据记录的内容和学生的年龄特点设计有助于思考、表达、交流的活动记录单形式。如，设计表格形式的记录单，能促进学生使用逻辑和推理的方式做出判断和解决问题，以培养他们理性思维的习惯和技能。设计填空或绘画形式的记录单，符合小学生的日常表达习惯，方便他们的表达。

教师要允许学生采用多样的、合适的记录形式进行个性化表达。如，用数字记录磁铁吸住回形针的数量，用文字记录塑料的特点，用符号记录物体在水中的沉浮情况、磁极间的相互作用，用照片记录植物的生长变化，用视频记录金鱼的运动，等等。教师还要鼓励学生根据自己的能力与爱好，对同一事物采用多样的记录形式，使表达更为清晰。如，当记录小蝌蚪的形态变化时，可采用图文结合的方式进行记录，会使用照相机的学生则可以采用照片与文字说明相结合的形式进行记录。表 4－3 列举了适合不同探究环节的记录形式，以供参考。

表 4－3　适合不同探究环节的记录形式列举

探究环节	记录单形式	记录的形式
问题	填空	文字
假设	填空	文字
实验方案	填空、流程图、绘画	文字、流程图、图画等
收集证据	表格、填空	文字、数字、符号、照片、绘画、视频等
分析证据	表格、网状图、维恩图、柱状图、折线图	数字、表格、网状图、维恩图、柱状图、折线图等
结论	填空、流程图、循环图	文字、流程图、循环图等

（三）制定指向特定任务的评价量规

评价量规是一种真实性评价工具，是对学生的表现、作品进行等级评定的标准。与教学目标一致的具体的评价量规，有助于教师进一步明确教学目标，有助于教师客观、公正地评价每一个学生，并使质性评价变得轻松、言之有物，有助于针对学生的情况进行个别化教学。通俗易懂且简洁明了的评价量规，便于学生理解，有助于学生明确自己的发展目标和努力方向，进而有更好的学习表现；有助于学生在教学活动中进行自评或互评，进而更正确地认识自己和同伴。

教师可以从分析教学目标的内涵入手设计评价量规。如，要评价学生认识沙和黏土不同特点的水平，教师可以先分析教学目标，明确要求学生掌握沙和黏土在颜色、形状、硬度、渗水性、黏性等方面的不同。由此，教师可以将掌握这些不同特点的多少作为区分学生认识沙和黏土不同特点的水平的标准，并在此基础上确定等级和量规。

教师要依据教学目标，结合学生的学习基础，设计评价量规。如要评价学生选择合适感官观察的能力，教师可以根据目标要求的认识沙和黏土的颜色、形状、硬度、渗水性、黏性等不同，结合学生已经学过的观察技能，确定其水平等级，形成评价量规（见表 4－4）。

表 4－4 “比较沙和黏土的不同”活动评价表

评价内容		评价量规			评价结果
		★	★★	★★★	
观察能力	● 选择合适感官 ● 观察多个特点	1 个感官 1 个特点	2 个感官 2 个特点	3 个感官 3 个特点	（ ）★
	说出沙和黏土的不同特点	1 个	2 个	3 个及以上	（ ）★

（四）要求明确，表达精炼，布局合理

要求明确是指活动任务单要明确活动记录的内容和填写的形式。如“大树和小草”活动记录单（见图 4－3），明确了将大树和小草的相同与不同记录在维恩图里；“我们是怎样听到声音的”活动记录单（见图 4－5），要求在方框里填出声音在人耳里传播的途径。如果有规定的填写形式，任务单也应明示，如前面提到的“简单电路”活动记录单，要求用画图的形式表达小灯泡与导线、电池的连接方法和小灯泡是否亮了；“调查人的身高变化规律”活动评价单，要求在评价结果栏中圈出相应的星数，在括号中勾选相应的等第。

表达精炼是指用简洁的语言交代活动的任务、记录的内容、填写的形式。表达精练的活动任务单便于学生的阅读和理解，有助于学生根据要求进行记录和评价，同时也为学生的自主探究和自评互评留出更多的时间。

布局合理是指记录空间的大小要适当，当有多个内容要记录时，记录顺序的安排要合理。如，前面提到的“溶解快慢与哪些因素有关”活动记录单，要求记录问题、猜测、实验设计、实验数据、实验结论等多种内容，记录单按探究的一般过程编排先后顺序，并预估记录内容，留出足够的空间给学生表达；“调查人的身高变化规律”活动评价单，评价内容、评价量规、评价结果从左向右，先后有序，引导学生先针对评价内容收集评价证据，然后参照评价量规给出评价结果。

案例

“探秘‘黑盒’”活动任务单的设计

为了帮助学生理解人类是通过收集各种间接证据探究地球内部构造的，培养学生良好

的倾听习惯和敢于质疑的态度，夏老师准备组织学生开展探秘“黑盒”的活动。他将活动目标制订为：

（1）通过探秘“黑盒”内的物品，能用多种方法收集证据，能分析间接证据进行合理推断；感悟多种证据使推理结果更具说服力，体会技术对科学研究的促进作用。

（2）通过交流，能认真倾听同学的发言并进行质疑。

夏老师还设计了以下活动任务单，希望以此促进目标的达成：

探秘“黑盒”活动任务单

不打开盒子，选择器材，探秘“黑盒”内的物品。用简洁的文字将探秘方法、收集的证据和推测的结果填写在相应的空格里。参照评价量规，对自己在交流时的倾听表现进行评价并填写评价结果。

<table>
<tr><td colspan="7">探秘“黑盒”活动记录单</td></tr>
<tr><td>“黑盒”</td><td colspan="3">探秘方法</td><td colspan="2">间接证据</td><td>“黑盒”内的物品</td></tr>
<tr><td>1</td><td colspan="3"></td><td colspan="2"></td><td></td></tr>
<tr><td>2</td><td colspan="3"></td><td colspan="2"></td><td></td></tr>
<tr><td rowspan="5">探秘
“黑盒”
活动
评价单</td><td rowspan="2">评价
内容</td><td colspan="4">评价量规</td><td rowspan="2">评价结果</td></tr>
<tr><td>★</td><td>★★</td><td>★★★</td><td>★★★★</td></tr>
<tr><td>收集
证据
能力</td><td>收集“黑盒”
1～2 个证据</td><td>收集“黑盒”
3～4 个证据</td><td>收集“黑盒”
5～6 个证据</td><td>收集“黑盒”
7～8 个证据</td><td></td></tr>
<tr><td>推理
能力</td><td>做出推测</td><td>1 个“黑盒”
推测正确</td><td>1 个“黑盒”
推测正确且
另一个有推测</td><td>2 个“黑盒”
推测正确</td><td></td></tr>
<tr><td>倾听
习惯</td><td>不摆弄器材</td><td>看发言的同学</td><td>听清交流的
内容</td><td>对交流做出
评判</td><td></td></tr>
</table>

【评析】

本活动任务单任务交代清晰，要求明确，表达精练。任务有 3 项：（1）选择器材，探秘“黑盒”里装的是什么；（2）用文字将探秘方法、收集的证据和推测的结果填写在相应的空格里；（3）对自己在交流时的倾听表现进行评价并填写评价结果。相应的要求是：（1）不打开盒子；（2）用简洁的文字表达；（3）参照评价量规。其中，收集证据能力和推理能力由教师评价。

活动记录单和活动评价单合二为一，结构清晰，主要内容上下对应，布局合理。任务单的上半部分是活动记录单，下半部分是活动评价单。记录内容、评价内容与活动目标有很好的一致性，详见下表。上半部分表格与下半部分表格第 1 列与最后 1 列对齐呈现，有整体感，视觉效果较好。

“探秘‘黑盒’”活动目标与记录和评价的对应

活动目标	记录内容	评价内容
通过探秘“黑盒”内的物品，能用多种方法收集证据，能分析间接证据进行合理推断；感悟多种证据使推理结果更具说服力，体会技术对科学研究的促进作用	探秘方法、间接证据、“黑盒”内的物品	● 收集证据能力 ● 推理能力
通过交流，能认真倾听同学的发言并进行质疑		倾听习惯

复合记录表提供了一个有序的框架，引导学生理性思维。记录表从左向右依次是“探秘方法”“间接证据”“‘黑盒’内的物品”，暗示学生先设想方法，再收集证据，最后基于证据进行推理，以培养学生的推理能力和证据意识。每一项对应 4 个空格，鼓励学生大胆尝试设想多种方法、收集更多证据，并在综合分析这些证据的基础上进行推理，以发展学生的创造思维和分析思维，使学生认识到多种证据能使推理结果更具说服力。

明确的评价量规便于操作，有助于个别化教学，促进教学改进。评价量规对怎样做才是“认真倾听”做了很好的诠释，将抽象的词语转化成具体的行为表现——不摆弄器材，看发言的同学，听清交流的内容，对交流做出评判，便于学生理解，使客观评价成为可能。逐步提升的 4 个等级，为学生提供了很好的导向，促使学生为了获得更好的等级而不断努力。4 个等级也为学生列出了不同的目标，使他们能够向着自己最近的目标逐级努力，最终达到目标。4 个等级的具体表现能使教师和学生在评价后知道哪些做到了、哪些还没有做到，有利于明确今后努力的方向并加以改进。

第三节　提问的设计

小董老师将要带领学生开展“制作昆虫干制标本”的活动。他先组织学生观看制作昆虫干制标本的演示视频，然后提出问题：如何制作昆虫干制标本？制作时需要注意什么？制作昆虫干制标本需要哪些材料？结果是，学生能讲出主要制作步骤，但操作要点讲述不全、不到位。这有些超出小董老师的预设，他一时不知该如何引导学生了。

小董老师能针对活动内容提出核心问题，但有些问题不够具体，问题顺序不当，导致学生问答不到位。可将上述问题及其顺序调整为：制作昆虫干制标本需要哪些材料？制作昆虫干制标本有哪些主要步骤？对于每一步骤，制作时需要注意什么？通过这些问题，引导学生先明确制作材料，再理解利用这些材料制作的具体步骤，最后针对每一步骤设想操作要点。这样，既能启发学生思维，又能培养学生有条理的、全方位的思维习惯。

一、提问的作用

课堂提问是教师常用的教学方法之一，对于激发学生学习动机、了解学生情况、启发学生思维、集中学生注意力等具有重要的作用。

（一）激发学生学习动机

问题是探究的核心。探究始于学习者注意到的一些令他们感兴趣、觉得惊奇或者有疑问的现象而随之产生的问题，解决问题的热情是推动探究的内驱力。研究认知科学的学者们认为，人具有解决问题的动机，尽管外部的奖赏和惩罚会对行为产生明显的影响，但人们还是比较关注内在的缘由。课堂提问能激发学生的探究内驱力和学习需求，如，为什么我们看到的月相会发生变化？鸡蛋为什么握不碎？把一个瓶子装满水拧紧瓶盖后，用针在瓶身扎洞，为什么水流不出来？……好的提问是推动探究的一项技术，如，如果鸡蛋能承受很大的压力，那么小鸡为什么能从鸡蛋里出来呢？如果上浮的物体受到了水的浮力，那么下沉的物体有没有受到水的浮力呢？

（二）了解学生情况

教师还可以通过提问了解学生的已有经验和知识基础，从而开展有针对性的教学和指导。如，当学生知道了水有压力后，教师可以通过“水的压力大小与哪些因素有关？说说这样思考的理由”的问题，探查学生的科学前概念。根据学生的回答，分析学生已经知道什么、存在哪些错误的概念，以及造成这些错误认识的原因，进而开展针对性教学。教师也可以通过让学生提问，了解学生感兴趣的问题，进而有效规划教学。如，在饲养蚕的长周期探究活动或单元学习前，教师可以让学生提出关于蚕的感兴趣的问题，然后引导他们对大家所提出的问题进行归类梳理，基于这些问题解决的逻辑关系制定长周期探究活动方案或进行单元教学设计。

（三）启发学生思维

高品质的提问可以支持学生的探究。当学生遇到困难时，教师可以通过提问提供思维支架，启发学生思考，帮助学生突破困境。如，学生在刚开始设计对比实验方案时往往会忽视变量的控制，常常将线圈匝数少、电池数量少（实质上是电流强度小）的电磁铁与线圈匝数多、电池数量多的电磁铁进行比较，来探究影响电磁铁磁性强弱的因素。此时，教师可以引导学生用“电流强度”代替“电池节数”，并追问：如果线圈匝数多、电流强度大的电磁铁比线圈匝数少、电流强度小的电磁铁磁性强，那么电磁铁的磁性强是线圈匝数多造成的还是电流强度大造成的？由此，教师可促使学生自行发现漏洞，从而关注实验的“公平”、变量的控制。

（四）集中学生注意力

提问能激发学生的好奇心，引发学生思考，教师可以借助提问集中学生注意力，进而明确学习任务。例如，请大家观看一段视频，看看视频拍的是什么自然现象，由此引发学生的好奇心并集中他们的注意力，同时也为观看视频后的研讨做好准备。又如，在玩磁性玩具时，让学生留意他们是怎么玩的、有什么发现，由此集中学生的注意力并明确任务。小组活动后，教师在组织交流前常常会问“看看哪些小组的同学已经停手准备交流了”，由此将学生的注意力集中在教师身上，为教师组织集体交流做好准备。

二、提问的类型

提问能启发学生思维，在很大程度上影响学生的认知过程。按照布卢姆、安德森提出的记忆、理解、应用、分析、评价、创造六个思维层次，可以将提问分为六种类型。

（一）记忆型提问

记忆型提问主要帮助学生回忆已经学过的内容，这些内容既可以是事实性知识、概念性知识，也可以是程序性知识或元认知知识，如事实、概念、定律、科学方法、自己的不足等。与之相关的认知过程是识别、回忆，它涉及从长时记忆中提取相关的知识。例如，“是谁第一个发现细胞的？”“磁铁能够吸住什么？”“通过上节课的学习，谁能说说光是怎样传播的？”“我们可以用哪些感官进行观察？”……

知识卡片

程序性知识和元认知知识

程序性知识指做某事的方法，探究的方法，以及使用技能、算法、技术和方法的准则。

元认知知识指关于一般认知的知识以及关于自我认知的意识和知识。

（二）理解型提问

理解型提问主要帮助学生从实物、实验、语言、文字、图片、图表、视频等形式呈现的教学信息中建构意义，与之相关的认知过程是解释、举例、分类、总结、比较、说明等。例如，“能用今天学到的知识解释……现象吗？”“谁能举出物体在水中的沉浮与物体的大小无关的实例？”“按食性可以将这些动物分为几类？怎么分？”“通过阅读材料，谁能归纳各个消化器官的作用？它们的相同点与不同点是什么？”“根据电路的连接要点，小电珠不亮的原因是什么？”……

（三）应用型提问

应用型提问主要帮助学生在给定的情境中执行或使用程序。应用与程序性知识有着紧密的联系，与之相关的认知过程是执行、实施等。例如，“要知道这些材料是否导电，我们可以用什么方法研究？”“能根据流程图组装……吗？”……

（四）分析型提问

分析型提问主要帮助学生将材料分解为它的组成部分，确定部分之间的相互关系，各部分与总体结构之间的关系，与之相关的认知过程是区别、组织、归因等。例如，“通过实验说说物体的稳定性与哪些因素有关?”“根据康乃馨茎的横切面和纵切面的观察结果，推测康乃馨茎的输水通道的位置和排列方式是怎样的?”“动物繁殖和哺育后代的方式对延续物种有什么作用?”……

（五）评价型提问

评价型提问主要帮助学生基于准则或标准做出判断，与之相关的认知过程是检查、评论等。比如，“从证据到解释的推理过程是否明显存在某些偏见或缺陷？这个解释是否足以回答提出的提问?”“你认为哪个同学制作的降落伞好（并说明理由）？哪里需要改进?为什么?”……

（六）创造型提问

创造型提问主要帮助学生将要素组成内在一致的整体或功能性整体，将要素重新组成新的模型或结构，与之相关的认知过程是产生、计划、生成等。例如，“你认为影响摩擦力的因素有哪些？在怎样的情况下摩擦力大？怎样验证这些因素确实会影响摩擦力的大小?”“怎样才能制成水凸透镜和水凹透镜?”……

三、提问设计的要点

教师要基于教学目标，结合学生的年龄特点和认知发展规律，关注学生的主体性和思维能力发展，精心设计课堂提问。

（一）基于教学目标设计核心问题

教学目标是课堂教学的出发点和归宿。课堂教学活动须围绕教学目标展开，提问同样如此，要为达成教学目标服务。一节课的教学目标是多维度的，包括知识与技能、过程与方法、情感态度与价值观等，教师可以以知识为载体达成多维度的目标。提问设计同样可以针对知识目标设计核心问题，引导学生聚焦本课核心问题开展活动，帮助学生明确学习重点。在学生解决核心问题的过程中，教师再提出一些引导性、启发性问题，支持学生深入探究，帮助学生解决学习难点。核心问题的设计还有利于教师厘清教学思路，明确教学活动，突出教学重点，把握教学节奏。

如，“水的浮力”一课的教学目标是：（1）通过手压水中的泡沫板，说出在水中浮的物体受到水向上的浮力，能仔细观察、细致描述。（2）通过实验，说出在水中沉的物体也受到水的浮力，能设计实验并分析数据得出结论，感悟实验可以证实也可以证伪。（3）通过实验，说出物体受到的浮力大小与物体浸入水中部分的多少有关，能基于数据分析发现问题，体会实验数据不仅可以总结规律，还能发现新的问题。教师可以基于目标（1）和（2）设计问题：物体在水中是否都受到水的浮力？基于目标（3）设计问题：浮力的大小与什么有关？通过这组核心问题，突出本课的教学重点：水的浮力。明确本节课的两个教学活动及活动顺序：活动一，探究物体在水中是否都受到水的浮力；活动二，探究浮力的大小与什么有关。

（二）基于学习过程设计多种思维类型的问题

虽然上述不同类型的提问在思维的层次上有所不同，但每种思维类型的提问在教学中都有一席之地。记忆型提问有助于知识的提取；理解型提问、应用型提问有助于知识的理解、应用、迁移；分析型提问、评价型提问、创造型提问属于高阶思维类提问，有助于学生完成较为复杂的任务，开展深度学习，进而形成分析问题、解决问题的能力，以及发展批判性思维和创造性思维。

教师要根据学生的学习过程，灵活设计相应的思维类型的问题。如，在学生自制水凸透镜和水凹透镜前，提出“什么是凸透镜？什么是凹透镜？”这种记忆型问题，促使学生回忆已经学过的内容——凸透镜、凹透镜的镜面特点和成像特点，为学生自制水凸透镜、水凹透镜和评价作品做好准备。在学生聚焦问题后，教师可以提出创造型问题引导学生做出假设，并设计方案加以验证。比如：“你认为影响水蒸发快慢的因素有哪些？在怎样的情况下水蒸发得快？怎样验证这个观点是否正确？还有其他的方案吗？”在学生交流探究方案时，教师可以提出评价型问题，帮助学生寻找漏洞完善方案，如：“你认为这个方案能解决……问题吗？”在学生收集信息或数据后，教师可以提出分析型问题，引导学生通过分析得出结论或发现新的问题，如：“这个现象说明什么？这些数据之间有什么关联？这些数据支持哪些解释？不支持哪些解释？”……在应用与反思环节，教师可以提出理解型问题引导学生应用知识解释生活中的现象，对学习过程进行回顾总结，如：“能用今天学到的知识解释……现象吗？通过今天的学习你有哪些收获？”……

（三）关注思维发展设计开放性问题和辅助性问题

开放性问题是没有唯一答案的问题，是一些不能轻易地仅用一个简单的“是”“不是”或者其他一个简单的词或数字来回答的问题。这类问题给学生提供了较大的思维空间，有助于激发学生多角度思考，有助于培养学生思维的广阔性和灵活性。如：“怎样证明我们的观点是正确的？你有什么发现？你有哪些收获？”……但由于此类问题指向性不强，小学生思考问题不够全面，因此教师要设计相关的辅助性问题，为回答问题有困难的学生提供思维的支架。

如，在学生测量了平静时、运动刚停止时、休息 3 分钟时的心跳次数并形成了小组统计图后（见本章第一节案例“‘运动前后的心跳变化’活动过程实录”），教师可以提出“仔细观察统计图，你有什么发现”这一开放性问题。学生一般会针对之前的预测回答：运动后心跳次数会增加，休息一段时间心跳会恢复到平静时的次数。如果学生没有其他发现，那么教师可以提出辅助性问题：仔细观察红色圆点你有什么发现？仔细观察绿色圆点你还有什么发现？仔细观察蓝色圆点你又能有什么发现？由此，教师可以培养学生全面观察、深入分析的能力和习惯，促使学生发现更多的规律，体验探究的乐趣。相反，如果教师提出封闭性的问题，如“仔细观察统计图，是不是运动后心跳次数会增加，休息一段时间心跳会恢复到平静时的次数”，那么，学生只能回答“是”。这样，本节课的知识目标也许达成了，但学生的思维能力和思维习惯等没有得到充分培养。

（四）基于学生实际设计简洁明了的问题

小学生的理解能力和语言表达能力有限，过长的问题或表述过于复杂的问题不利于他们对问题的理解。因此，教师的问题表述要尽可能简洁明了，句式不宜复杂，句子不宜过长，对低年级的学生不宜一次提出一串问题，以免他们前听后忘，不知所云。此外，学生是学习的主体，教师要为学生提供充分的动手实践和深入研讨的时间。因此，教师要合理分配课堂教学时间，精心组织语言，确保问题的每个字都有作用，尽可能把有限的课堂教学时间让给学生。

第四节　板书的设计

陈老师将要带领学生学习遗传与变异和生物新技术的内容。在研读课程标准相关内容要求和教材教参后，他制定了三个活动的知识目标：

（1）说出遗传表现为生物继承亲代特征，变异表现为生物的子代与亲代、同代不同个体之间的差异。

（2）说出生物的遗传与变异可由基因控制。

（3）列举对遗传与变异的研究后创造的生物新技术，如杂交、克隆、转基因技术等。

陈老师还将这三个目标转化为板书：

（1）遗传表现为生物继承亲代特征，变异表现为生物的子代与亲代、同代不同个体之间的差异。

（2）生物的遗传与变异可由基因控制。

（3）对遗传与变异的研究后创造的生物新技术，如杂交、克隆、转基因技术等。

根据知识目标设计教学板书，是体现目标、教学、评价一致性的有效做法。将知识目标逐条呈现，条理清晰。但是，如何借助板书帮助学生建构知识之间的联系，形成能够长时记忆和应用迁移的有结构的知识，值得大家探究和实践。

一、板书的作用

板书是教师运用文字、符号、图画等方式，呈现教学内容和学生认知过程的课堂教学行为。板书是课堂教学不可或缺的组成部分，具有重要作用。

（一）突出教学重点

将重要的教学内容及其之间的联系有结构地呈现在黑板上，便于学生把握要点，有效达成教学目标。如，用概念图的方式板书某知识与其他知识间的联系，有助于学生深入理解知识，形成良好的认知结构（见案例“‘其他种类的生物’板书设计”）。用探究的过程或方法与科学知识相结合的方式板书教学内容，有助于学生理解科学探究的本质，逐步形成实证的科学精神（见案例“‘声音的产生’板书设计”）。

案例

“其他种类的生物”板书设计

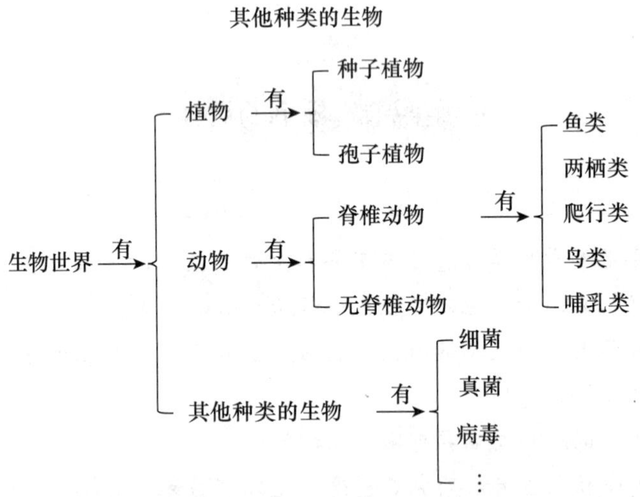

【评析】

“其他种类的生物”是“生物世界”单元中关于生物分类的最后一课。为帮助学生梳理众多概念，理解概念之间的联系，形成良好的认知图式，教师借助板书组织学生先后两次绘制概念图。第一次在课的导入部分，教师组织学生建构动植物分类的概念图，激活学生对生物世界分类的已有经验，为学生在已有知识基础上建构新知做好准备。第二次在课的总结部分，教师再次组织学生建构概念图，引导学生将新学的知识概念纳入原来的概念图，促使学生建立知识之间的联系，以逐渐完善对生物分类的认识。

（二）启发学生思维

好的板书能呈现学生的思维过程并促进学生思维的发展。教师可以利用板书呈现学生在探究过程中的阶段性成果，如提出的问题、做出的假设、设计的方案、收集的证据、得到的结论等，以此集中学生的注意力，引导学生对其他同学的观点、做法等进行分析、评价，让学生在独立思考和思维交锋的过程中相互启发、深度学习，逐步形成正确的认识，提升思维能力。

案例

“声音的产生”板书设计

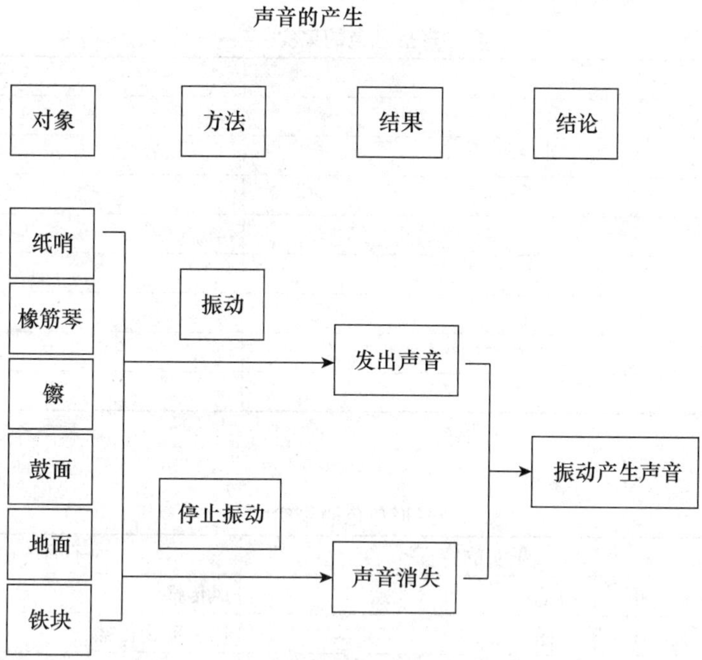

【评析】

教师可以借助上述板书，引导学生比较、分析、推理。通过板书“纸哨、橡筋琴、镲、鼓面、地面、铁块”这些物体名称，引导学生比较这些物体振动时的现象，归纳出“振动产生声音”的实验结果，比较这些物体停止振动时的现象，归纳出“停止振动声音消失”的实验结果。在此基础上，引导学生对这两个实验结果进行分析，得出“振动产生声音”的结论。

教师还可以结合“振动产生声音”的板书，启发学生设想进一步验证“振动产生声音”的方案，由此激发学生的创造思维，促使学生设想出让正在发声的物体停止振动、观察是否还有声音的实验方案，以培养学生重新审视收集证据的过程和方案的评价思维能力，以及设想多种方案的创造思维能力。

（三）引导回顾总结

过程性板书有助于引导学生回顾学习过程，总结一节课的学习收获。教师如果能伴随着学习过程引导学生对每个活动或学习环节及时小结，那么在课结束之际就能借助板书引导学生回顾并反思整个过程，以便全面总结知识，提炼一些好的做法，形成科学态度与价值观，等等。

案例

“形形色色的果实”板书设计

板书1：

形形色色的果实

果实的名称		
蒲公英		
槭树		
椰子		
莲蓬		
葡萄		
苍耳		
凤仙花		
芝麻		

板书2：

形形色色的果实

果实的名称	果实的特征	种子的传播方式
蒲公英	轻、小、有绒毛	风传播
槭树	轻、小、有“翅”	风、动物传播
椰子	体积大、重、中空	水流传播、动物传播
莲蓬	体积大、疏松、轻	水流传播
葡萄	颜色鲜艳、气味芬芳、味道甜美、种子坚硬	动物传播
苍耳	有刺或倒钩	动物传播
凤仙花	果皮开裂后卷曲	动物传播、自身弹射
芝麻	果皮易开裂	动物传播、自身弹射

板书3：

形形色色的果实

果实的名称	果实的特征	种子的传播方式
蒲公英	轻、小、有绒毛	风传播
槭树	轻、小、有“翅”	风传播、动物传播
椰子	体积大、重、中空	水流传播
莲蓬	体积大、疏松、轻	水流传播
葡萄	颜色鲜艳、气味芬芳、味道甜美、种子坚硬	动物传播
苍耳	有刺或倒钩	动物传播
凤仙花	果皮开裂后卷曲	动物传播、自身弹射
芝麻	果皮易开裂	动物传播、自身弹射
总结	种子的传播方式与果实的特征有关	风传播、水流传播、动物传播、自身弹射

【评析】

教师伴随着教学过程采用粘贴的方式分步呈现板书。第一步：出示一些果实，让学生说出它们的名称，随着学生的交流呈现板书1。第二步：组织学生观察记录这些果实的特征，并根据果实的特征推测其传播方式，随着学生的交流呈现板书2。第三步：引导学生开展模拟活动验证自己的推测，根据学生交流修改板书。第四步：在此基础上组织学生观看视频进一步验证，确定或修正板书。第五步：引导学生观察板书，通过比较分析得出结论，呈现板书3。

分步呈现、修改、调整，逐步完善板书内容的设计，很好地展现了学生的探究过程和探究结果。在课结束之际，教师可以借助板书引导学生交流本课学习的收获。通过引导学生观察板书中的表格总结本课知识要点：种子的传播方式有风传播、水流传播、动物传播、自身弹射；种子的传播方式与果实的特征有关。教师通过提问"我们是怎样得出这些结论的"，引导学生回顾探究过程。虽然教师没有板书探究的过程，但分步呈现的板书、修正或调整的板书过程给学生留下的深刻印象，使他们能够在教师的帮助下归纳出探究的过程——基于特征推测—模拟验证—观看视频验证—分析归纳得出结论，并进一步认识到反复验证能使结论更令人信服。

二、板书的基本类型

板书可以分为正板书和副板书。正板书呈现教学的主要内容，是教学目标的体现。因此，知识与技能、过程与方法、情感态度与价值观都可以作为正板书的内容。副板书的内容是根据教学需要，为达成教学目标而呈现的辅助学生思考的内容。下面介绍正板书的一些基本类型。

（一）提纲式板书

提纲式板书是将一节课的内容要点按顺序，提纲挈领地呈现在黑板上。如"磁铁的两极"一课的板书，按知识的逻辑顺序呈现磁极、磁极命名和磁极间的作用三个内容要点（见图4-9）。提纲式板书既可以加序号，也可以省略序号。

磁铁的两极

（1）磁极：磁铁磁性最强的部分。

（2）磁极命名：磁铁自由转动静止后，指向南方的一端叫南极（S），指向北方的一端叫北极（N）。

（3）磁极间的作用：同极相斥，异极相吸。

图4-9　提纲式板书示例

（二）对比式板书

对比式板书是将内容要点分类，用对比的形式呈现在黑板上，以引导学生比较分析，发现问题或规律。如"磁铁能吸铁"一课的板书，将能被磁铁吸住的物体和不能被磁铁吸住的物体分类，横向呈现在黑板上（见图4-10），以引导学生比较，发现磁铁能吸铁的规律。

磁铁能吸铁

能被磁铁吸住的物体	不能被磁铁吸住的物体
铁尺	塑料尺
铁钉	铜钥匙
大头针	橡皮
铁罐	易拉罐
剪刀头	纸张
	铅笔芯

图 4－10　对比式板书示例

（三）表格式板书

表格式板书是将内容要点分类，用表格的形式呈现在黑板上，以引导学生比较事物的异同点，认识事物之间的联系。如“形形色色的果实”一课的板书，将果实的名称、果实的特征、种子的传播方式分类排列在三栏中（见图 4－11），由此引导学生通过比较以相同方式传播种子的果实的特征，发现果实的特征与其传播种子的方式有关。

形形色色的果实

果实的名称	果实的特征	种子的传播方式
蒲公英	轻、小、有绒毛	风传播
槭树	轻、小、有“翅”	风传播、动物传播
椰子	体积大、重、中空	水流传播
莲蓬	体积大、疏松、轻	水流传播
葡萄	颜色鲜艳、气味芬芳、味道甜美、种子坚硬	动物传播
苍耳	有刺或倒钩	动物传播
凤仙花	果皮开裂后卷曲	动物传播、自身弹射
芝麻	果皮易开裂	动物传播、自身弹射
总结	种子的传播方式与果实的特征有关	风传播、水流传播、动物传播、自身弹射

图 4－11　表格式板书示例

（四）图示式板书

图示式板书是将内容要点用线条、符号、维恩图、流程图、循环图、概念图等形式呈现在黑板上，生动形象，便于学生理解内容之间的关系。如“影响电磁铁磁性强弱的因素”一课的板书，用概念图的形式清晰直观地显示了概念之间的关系（见图 4－12），便于学生厘清思路。

（五）综合式板书

综合式板书是对一些基本类型板书的综合运用。用多样的形式呈现内容要点，使板书更为生动，呈现方式与内容更为匹配。如“播种牵牛花”一课的板书，采用提纲式板书与图示式板书（流程图）相结合的方式，条理清晰地呈现了两个教学要点——播种牵牛花的工具和播种牵牛花的过程，形象直观地呈现了播种牵牛花的具体步骤（见图 4－13）。

影响电磁铁磁性强弱的因素

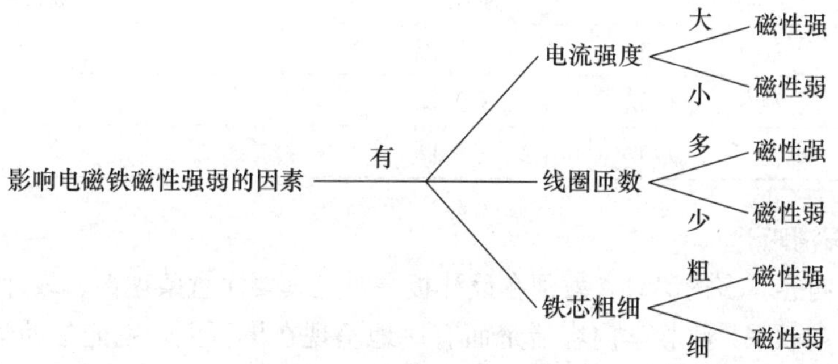

图 4-12　图示式板书示例

播种牵牛花

（1）播种牵牛花的工具：种子、花盆、土壤、铲子、水、喷壶、砂纸。

（2）播种牵牛花的过程：

磨破种皮　→　浸泡种子　→　种入土中　→　适量浇水

图 4-13　综合式板书示例

三、板书的设计要点

教师在设计板书时，首先要确保内容的科学性，表述须严谨，以免让学生形成错误的概念。此外，教师在设计板书时还要关注以下要点：

（一）重点突出

板书既需要呈现完整的教学内容，又是教学内容的浓缩。教师可以基于本课教学目标设计板书内容，以帮助学生更好地把握学习要点、突破学习难点。如果教学内容较多，那么教师可以增设副板书。

如，在“影响电磁铁磁性强弱的因素”的教学中，教师基于教学目标确定了三方面的板书内容：影响电磁铁磁性强弱的因素的知识，设计对比实验的方法，具有基于数据得出结论的意识。由于知识内容较多，因此教师将知识内容作为主板书（见图 4-12），将方法和态度内容作为副板书。副板书（见表 4-5）以实验记录表的形式呈现，随着方案设计，帮助学生理解如何识别与控制变量，增强实验效果；随着实验数据的填入、分析和结论的得出，促使学生具备基于数据得出结论的意识。而探究的步骤、实验操作的注意事项等不是这节课的重难点内容，不作为板书内容予以呈现。

表 4－5 “影响电磁铁磁性强弱的因素”的副板书

实验次数	电流强度	线圈匝数		吸住的大头针数量
1	电池（ ）节	（ ）圈		（ ）枚
2	电池（ ）节	（ ）圈		（ ）枚
3	电池（ ）节	（ ）圈		（ ）枚

（二）条理清晰

对于教学内容较多的课时，教师在设计板书时尤其要注意条理性。教师如果能分析内容之间的区别和联系，将教学内容清楚而有序地呈现在黑板上，就能帮助学生厘清思路，更好地理解教学内容。

如板书“影响电磁铁磁性强弱的因素”（见图 4－12），教师采用分类的方式呈现板书内容。纵向看，分别列出了影响电磁铁磁性强弱的因素，突出显示本课探究了三个影响电磁铁磁性强弱的因素（能力强的学生可以增加铁芯粗细或其他因素），以免学生遗漏。横向看，板书分条列出各因素及其与电磁铁磁性强弱的关系。由此帮助学生抓住要领，先表述有哪些因素，再具体阐述各因素是如何影响电磁铁磁性的。

（三）结构合理

相互联系的概念与没有联系的概念相比，更容易被记忆、提取和运用。将一节课中的各个教学要点联结起来组成有结构的板书，不仅能帮助学生深入理解知识，促进学习正迁移的发生，而且能使学生认识到这些科学概念不是一个个孤立、单独存在的，而是整体中的一部分。

如板书“影响电磁铁磁性强弱的因素”，教师用概念图的方式将本课知识内容联结起来。用“有”将“影响电磁铁磁性强弱的因素”与“电流强度”“线圈匝数”“铁芯粗细”联结起来，用“大”“小”将“电流强度”与“磁性强”“磁性弱”联结起来，用“多”“少”将“线圈匝数”与“磁性强”“磁性弱”联结起来，用“粗”“细”将“铁芯粗细”与“磁性强”“磁性弱”联结起来。这样，可以使它们之间的关系变得清晰易懂，有助于学生的长时记忆和在新的情境中对知识的灵活应用。

（四）简明扼要

简单明了的板书能使学生对学习要点一目了然。这样，既方便学生的阅读，有利于学生的理解和记忆，同时又能节省板书的时间，为学生的探究留下更多时间。教师在设计板书时，应尽可能使用精练的语言表述教学要点。

如板书“形形色色的果实”（见图 4－11），教师用大、小、轻、重、有绒毛、有“翅”、有刺或倒钩、中空、疏松、果皮易开裂、果皮开裂后卷曲、颜色鲜艳、气味芬芳、味道甜美、种子坚硬等关键词语描述了果实的一些特征，这种去粗取精的表述有利于学生去比较果实的一些特征，理解种子的传播方式，分析果实的特征与种子的传播方式的关系。

（五）逐步呈现

板书设计不仅要考虑呈现的教学内容，还要考虑呈现的时机，以发挥启发学生思维的作用。好的板书就是一个微型教案。教师要在设计板书时精心安排什么时机呈现什么内容，什么时机组织学生对呈现的板书进行分析、反思，什么时机调整或修改板书，以调动学生自主探究的兴趣。

如板书“影响电磁铁磁性强弱的因素”，教师根据学生的探究过程，将板书内容分为三列：(1) 探究的问题：影响电磁铁磁性强弱的因素。(2) 探究的因素：电流强度、线圈匝数、铁芯粗细。(3) 探究的结果：电流强度大磁性强，电流强度小磁性弱；线圈匝数多磁性强，线圈匝数少磁性弱；铁芯粗磁性强，铁芯细磁性弱。教师可以根据学生的探究过程逐步呈现板书。比如，在交流展示自制电磁铁时，学生提出问题“为什么有的电磁铁磁性强有的电磁铁磁性弱”“影响电磁铁磁性强弱的因素有哪些”时，出示“影响电磁铁磁性强弱的因素”，引导学生聚焦问题；在学生提出预想时，出示“电流强度”“线圈匝数”“铁芯粗细”并写上“?”，鼓励学生自主探究解决问题；在学生得出结论时，出示“电流强度大磁性强，电流强度小磁性弱”“线圈匝数多磁性强，线圈匝数少磁性弱”“铁芯粗磁性强，铁芯细磁性弱”，以帮助学生形成图式，强化认知。

(六) 美观端正

板书布局要合理，字体要端正。好的板书是一种美的享受。均衡布局的板书能给人以平衡和舒服的感受。通常，板书呈现在黑板的中间，重要的内容呈现在黑板的显著位置。正板书呈现在黑板的中间，副板书呈现在黑板的一侧或两侧。主题呈现在最上方，内容要点呈现在主题的下面。字体工整切忌潦草，大小以所有学生都能看清为宜。主题的字体稍大，以突出学习的主题。

思考与练习

1. 简述小学科学课堂活动的基本类型及一般过程。

2. 请对“风向和风向标”活动流程设计进行评析。

(1) 出示风向图，简单介绍风向是指风吹来的方向，可以用八个方位来描述风向。

(2) 提问：你能通过旗面的情况来辨别风向吗？可简单练习。

(3) 小结：风向可以用风向标来测量，风向标的箭头指向的是风吹来的方向。

(4) 出示自制风向标，介绍制作方法。

(5) 学生制作风向标并测量风向。

(6) 小组讨论：风向标的使用方法。

(7) 提问：我们如何将风向结果添加到当日的天气日历上？我们还可以用哪些方法来确定方位和测量风向？

3. 任选一课，制定教学目标，设计课堂活动、活动任务单、板书。

阅读导航

YELON S T. 教学原理．单文经，等译．上海：华东师范大学出版社，2003.

该书是以有效教学者所应用的 10 个基本而有效的原则编排而成的，旨在引导教学者的教学决策和行为，为他们的教学提供一个稳固的思考架构。重点阅读第十一章“一致性”，这一章提供给读者有关学生学习、迁移、教学设计的要点，以使各教学要素产生一致性，最后能使学生把所学应用于真实的生活，解决真实的问题。

第五章

结课与评价的设计

本章导读

结课与评价是小学科学教学设计的重要环节。结课与评价往往用时不多，却有画龙点睛、提纲挈领的功效。结课与导入互为关联，它是导入新课的延续和补充。导入时引起的话题和引入的内容在课堂教学行将结束时应该有一个完美的交代和解答。评价是为了促进与保证学生的发展，可融入教学过程对教学的效果进行监测。小学科学教学倡导建立多元化的评价体系，诊断性评价、形成性评价和终结性评价等都要立足于促进学生发展。本章将带领读者学习结课与评价的设计。

本章学习要求

- 掌握结课的实施原则。
- 能根据课堂实际恰当进行结课。
- 掌握小学科学课程评价的原则与类型。
- 能根据教学内容合理运用教学评价。

第一节　科学课堂结课环节的设计

有一位美国学者听了一节中国教师的课。下课时，他看到所有的问题都解决了，所有的学生都明白了，于是意味深长地说："中国的课堂学生是带着问号来，带着句号走的；而美国的课堂则是学生带着问号来，也是带着问号走的。"

我们过于关注学生的认知形成，而忽视了学生的情感体验；过于关注教学目标的达成，却忽视了学生的可持续发展。如何把课堂结束的“句号”变成“问号”，值得大家认真思考。

结课是在一节课的最后，教师组织学生以简洁的语言和活动，概括、总结核心观点，提问、拓展与所研究问题有关的内容的环节。好的结尾能够起到“高潮迭起”、前后呼应或者“又入佳境”的作用，它可以激发学生进一步思考和学习，成为连接课内与课外或者连接前后两节课的纽带。

在结课环节，教师通过重复强调、概括总结、实践活动等方式，使学生对所学的知识和技能进行及时、系统化的巩固和应用，使新知识被稳固地纳入学生的认知结构，还能及时反馈教与学的效果，让学生体验到掌握新知识的愉悦感。教师也可设置悬念，促使学生的思维活动深入展开，诱发学生继续学习的积极性。值得关注的是，结课技能不仅可应用于一堂课的结尾，也可应用于课堂上相对独立的教学阶段的结尾。

由于每节课的教学任务不同，因此结束的方式也就有所不同。课堂教学的结束通常有封闭型和开放型两种形式。封闭型的结束常用于一单元、一课等比较完整的知识教学之后，教师把比较系统的知识要点简明地交代给学生。教师通过精要的小结、完善的结尾进行画龙点睛，使学生所学的知识系统化，并使学生加深记忆、强化巩固。开放型的结束大多用于一单元、一课时的教学活动中间，或者是某一系统知识的教学中间，下一节课是这节课的继续和延伸。教师往往将提出问题、鼓励学生积极探索作为一节课的结束，其目的在于激发学生的求知欲望，调动学生学习的积极性，使学生运用联想和发散性思维扩大已有的知识结构，做到情理融合、知行合一，起到陶冶情操、发展智力、培养能力的作用。

一、结课的功能

（一）归纳知识，承前启后

教师通过结课，帮助学生系统地归纳、概括所学单元，或所学课时、活动的教学内容，使所学的知识纳入学生原有的认知结构，或形成新的认知结构。

小学科学课程的知识内容、探究过程技能序列自成体系，各知识、能力要素之间都是相互联系、相互制约的。因此，教师在教学过程中要注意通过统整、归纳相关联的学习内容，给学生总结出要点、重点，使新旧知识和探究过程技能与学生的认知结构建立联系，形成巩固的系统化的认知。

如教师在讲授“水的蒸发和沸腾”“水蒸气的凝结”“冰”几课时，每节课都应用图示帮助学生归纳知识，调整认知结构，在总结这一单元时，要归纳出“水的三态变化图”。

教师在讲完“水的蒸发和沸腾”后，给学生总结出水的气态变化，如图 5－1 所示。

图 5-1　水的气态变化

教师在讲完“水蒸气的凝结（一）”后，结合前节课内容又用图 5-2 来表示水的液态、气态变化。

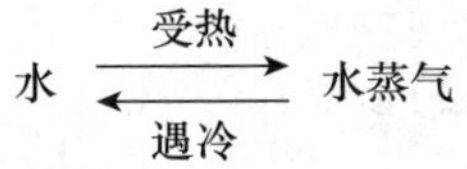

图 5-2　水的液态、气态变化

教师在讲完“水蒸气的凝结（二）”后，提出当冬季天气十分寒冷时水会结冰，所以水的三种状态如图 5-3 所示。其中，水蒸气与冰之间的空缺为下节课做了铺垫。

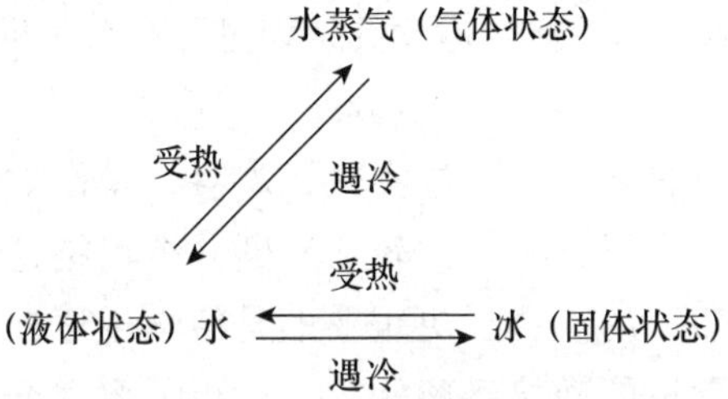

图 5-3　水的三种状态

教师在讲完“冰”之后，又讲了露、霜的形成，最后用图 5-4 归纳出水的三态变化。

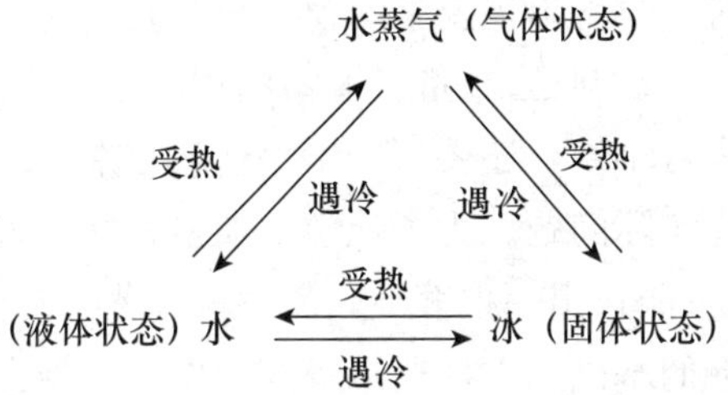

图 5-4　水的三态变化

教师的上述归纳使学生对水的三态变化由获得分散的知识到有了完整系统的认识。由于水的三态变化，自然界出现了云、雾、雨、露、霜等现象，学生进而对云、雾、雨、露、霜等的成因有了逐步了解。

总结时，教师要根据学生的心理特点，总结知识的规律、结构和主线，使课堂教学的效果有所提高。此外，教师在总结中要为新课创设教学情境，埋下伏笔，使前后内容衔接严密，过渡自然。

（二）反馈教学信息，增强记忆

在教学过程结束时，适当地安排学生的实践活动，既可使学生强化巩固所学的知识，又能使教师得到及时反馈，为改进下节课的教学提供依据。

学生的实践活动可以是练习、实验操作、回答问题、改错评价等。通过实践活动，不仅教师能及时了解学生学习中的困难和对知识的掌握程度，学生也能将新学的知识技能理解得更加清晰、准确，抓住重点，记忆更牢固。

如教师在教学“土电话”这一课时，结课过程中组织学生玩打电话的游戏，不仅使课堂气氛活跃，而且让学生在快乐的气氛中总结“打土电话”的正确方法：

（1）由于电话线不太长，同学说话的声音不能太大。

（2）电话线中间不能碰到任何障碍。

（3）电话线要拉紧（但不能太紧）。

（4）话筒和听筒的底部不能碰线绳。

这样，教师就帮助学生巩固了操作要领，完成了技能训练——既包括正确的操作动作、操作步骤，也包括分析问题以及验证所得出的结论。

（三）质疑问难，培养思维方法

结课有助于教师引导学生总结科学概念的认识过程和解决问题的方法，促进学生思维能力的发展。

自然科学是实践性很强的学科。通过实验、观察、操作，教师可以培养学生在对大量实际材料的感性认识中，进行分析、比较、判断并得出结论的能力。在教学中，教师不仅要培养学生掌握直接知识的能力，更重要的是使学生逐渐形成认识间接知识的正确思路。学生为了掌握人类大量的间接经验知识，就更需要学会通过分析、综合、比较等方法抽象、概括出理性认识进而得出正确的结论，以及学会对各种有关的概念进行划分。

例如在认识植物结构时，学生不仅要掌握根、茎、叶、花、果实、种子等概念，而且要掌握这些概念之间的关系。教师在讲完“植物的根”后，不仅要对贮藏根，直根的主根、侧根等各有什么特点进行小结，还要帮助学生理解在本课中怎样运用分析、比较、综合、概括等思维方法去研究实际问题。为了让学生加强思考，教师可给学生提出这样一个问题：“为什么一棵萝卜苗只能长出一根萝卜，而一棵红薯苗却能长出许多个红薯呢?”这样，可以让学生应用已掌握的基础知识，通过观察、思考，结合植物生长的实际情况，经过分析、推理得出正确的判断。

（四）巩固学习兴趣，渗透思想教育

学生上课时只有有了兴趣才乐意参加科学的研究和实践，才能成为学习的主体。所以，教师要从不同的方面去激发学生的学习兴趣。好的结课能使学生的学习兴趣得以保持下去，促使学生学习得更好；好的结课能渗透思想教育，使学生热爱科学、热爱学习、热爱祖国、热爱自然。

科学史实和最新科技发展成就都可以结合在结课过程中介绍，使学生对所学知识的认知历程与应用产生深刻认识，并升华知识。例如，“水的浮力”一课结束后，教师可以讲曹冲称象、怀丙捞铁牛的故事；教师可结合“养蚕”讲丝绸之路；在学习月球知识后，教师可以介绍我国航天事业最新进展；等等。

二、结课的一般程序

结课的一般程序为：提示进入总结阶段；概括要点，明确结论；回顾思路与方法；组织练习；布置作业。

（一）提示进入总结阶段

一节课上到最后阶段时，学生的精力容易分散，情绪容易消沉。这时要演好“压轴戏”，取得“丰收”，必须通过有效方法唤醒学生的有意注意力，调动学生的参与热情。

教师通过概括教学任务和对照教学主要内容的进展情况，提示学生学习已到达总结阶段，让学生做好主动参与总结的心理准备。

例如，动物的知识在整个科学教材中占有相当大的分量，教师在讲完每一部分知识时，要提醒学生复习。在课堂上复习时，师生可共同归纳，把这一部分的知识内容列成一个表，整理出来。只有教师根据教学任务，提前给学生提示，学生已经有了心理准备，在总结阶段学生才会顺利找出规律，达到总结的目的。

（二）概括要点，明确结论

教师要通过对知识的整理，指明教学内容的重点、难点，掌握识记和理解的关键点，明确主干知识和学习的主线，实现情感、态度、价值观的升华。

概括是在思考中把抽象出来的各种对象之间的共同本质属性结合、联系起来。教师在教学中，要带领学生进行分析归纳，最后概括要点、明确结论。

例如，在讲“哺乳动物”时，教师通过让学生观察猫、兔等动物，及时总结归纳出哺乳动物的特征。为了便于学生记忆，概括总结必须清楚明确。一位科学教师是这样总结归纳的：

哺乳动物的特征：

（1）身体分成五个部分（头、颈、躯干、四肢和尾）。

（2）身体表面有毛。

（3）胎生。

（4）哺乳，幼时吃母乳。

显然，在这样总结归纳后，学生们既能将哺乳动物与其他动物区分开，又能把握住哺乳动物与人的亲缘关系。这样，教师还为学生提供了进行其他动物类的学习的范式和思维方法。

（三）回顾思路与方法

教师要引导学生通过对知识形成过程的回顾，进一步明确理论逻辑是架构在生活逻辑的基础之上的，让学生掌握分析、对比、归纳、演绎等多种思维方法，培养自主学习、自主思考的能力。

例如，教师提示学生回顾，在分辨哺乳动物的身体分成几个部分时是如何探究的，引导学生认识到要想描述一个复杂的物体，必须仔细观察它，首先要把它分解成几个部分，然后按照一定的顺序对每一个部分仔细观察，分别描述各个部分的形状、颜色、大小等特征，并且今后在学习其他生物的结构知识时，也会用到这个方法。

（四）组织练习

采取文字练习、口头提问或其他有效形式，检验和反馈教与学的状况，巩固新知识。

在课堂教学结束时，教师不仅要总结归纳所学的知识，而且要将知识与其他学科、生活现象等联系起来，把知识向其他方向延伸，拓宽学生的知识面，引起学生更浓厚的研究兴趣，或把前后知识联系起来，使学生的知识系统化。教师应精心设计，注意引导学生在总结中拓宽、引申、运用、提高所学知识和技能，使学生学得更深、更广、更活，并培养学生的创造力。

例如，一位科学教师在讲授“怎样测定太阳高低”后，安排学生练习用物高、影长作图，然后用量角器测定太阳高度角。学生在老师指导下，在实际观测中能够总结出不论测量物高多少，只要准确地测出其影长，就可量出太阳的高度角。有一位学生在学习了这节课后，能够坚持一年做观测并进行记录，他在小论文中写道：“气候的变化和太阳高度角有关系，太阳高度角越大，天气就越热。夏季太阳高度角最大，冬季太阳高度角最小，太阳高度角从一月开始渐渐变大，到八九月又渐渐变小。通过一年的观测记录，也可以统计出一年中天气的阴晴天数来。”

（五）布置作业

教师通过有选择、适量地布置各种类型的作业，引导学生把所学知识运用到新的情境中去，在应用中解决新的问题，巩固、扩展知识，并进一步培养操作和运用新知的能力。作业既包括书面的，也包括口头的；既包括操作实验，也包括与实际操作相联系的书面报告；等等。

如“我们的身体”一课，可布置这样的作业：每个同学设法制作一个更好的、更独特的机器人。又如“浮和沉”一课，可以设置这样的作业：（1）把鸡蛋、苹果、番茄、橘子、梨等放入水中，观察它们是沉还是浮；（2）观察刚下锅的饺子和快要煮熟的饺子在水中是沉还是浮，并比较一下它们的大小是否相同。这样的作业既符合小学生的年龄特点，又切合生活实际，使学生通过观察、思考巩固浮和沉的概念，为中学学习物理知识打下基础。

三、常用的几种结课形式

结课的形式应多种多样，对不同年级的学生，要根据他们的心理、生理特点选择不同的结课形式。对低年级，一般采用“启发谈话、回顾复述”的结课形式，对高年级，一般采用“抽象概括、整理归纳”的结课形式；同时还可以安排一定的学生实践活动，如练习、口答和实验操作等。教师可通过思维训练和实践活动，启发学生的积极思维，培养学生的抽象能力、概括能力、口头与书面表达能力。

（一）系统概括

系统概括包括从问题的提出、解决问题的途径，到获得结论的过程中各主要步骤的意义和联系，以及新知识与相关知识的联系。系统概括注意强调重点、概括要点。教师可采用板书、列表、绘图和儿歌等手段增强效果。

例如在探究物体稳定性与哪些因素有关后，学生发现重心高低和支撑面积大小影响物体的稳定性，教师引导学生归纳，并用板书记录下来（见图 5-5)。

物体的稳定性

影响因素	稳定	不稳定
重心位置	低	高
支撑面积	大	小

图 5-5　“物体的稳定性”板书示例

在结课时，教师还经常使用图、表的形式将所学的知识归纳概括，使知识更加系统化、条理化，更清晰，更便于掌握（见本章水的三态变化相关内容）。

（二）分析比较

分析比较主要是对新概念与原有概念、并列的概念、相对的概念或近似易混淆的概念进行比较分析，找出各自的本质特征和不同点。

例如，在学习完“动物世界”的一个单元后，教师带领学生分析比较了昆虫、爬行动物、鸟、哺乳动物的身体结构的相同点和不同点，从而使学生对动物的分类有了更深的认识。

（三）转化升华

科学课教学活动结束时，教师可引导学生通过对本课内容的体会，加深对知识的理解，提升科学方法运用能力和思维水平，领悟科学精神。

例如，“播种”一课结课时，教师先带领学生提炼本课研究的内容，在学生归纳出牵牛花种子的外部特征、播种的方法之后，再引导学生思考研究的方法：运用了哪些方法；从提出问题、设计方案到收获新问题，研究的过程有什么规律可循；等等。经常这样结课，学生可以更清楚地了解探究的过程和规律，从而为自主探究打下基础。

（四）学生活动

在结课过程中，教师可以从结论出发，组织并指导学生做实验验证结论，或者通过做练习复习巩固知识和探究新问题。具体方式有：课堂练习、实验、知识竞赛、小组讨论、观察制作、活动、游戏等。

科学是一门实验学科，是以实验为基础的。因此，在授课时，教师要特别注意引导学生通过对教师的演示实验和自己动手做的实验的观察、分析、归纳、总结来获取知识。

例如，在进行“植物怎样‘喝水’”的教学时，教师可设计几个实验让学生做。教师可先做实验，上课时让学生观察实验结果，证实植物是用根来“喝水”的结论。然后，鼓励学生自己做实验，启发学生自己设计实验，进一步研究根吸收的水分和盐类如何运输，并要求学生下节课汇报自己的实验过程和结论。教师可板书提示学生关注的要点：

问题：植物怎样“喝水”？
假设：植物是用根来“喝水”的。
验证：（可以绘图表示方法）
结论：植物通过根吸收水分。

进一步的研究：

问题：植物从根吸收的水分和盐类是怎样运送到身体各部位去的？

假设：植物也有像人的消化道一样的管道。

实验：

结论：

学生在教师的指导下做实验，验证结论。由于亲身实践、参与教学、参与总结，学生所学的知识得以巩固。

四、结课技能的应用原则与要点

结课中常见的问题主要是时机把握、结课形式选择。有的教师讲授新知识直到下课铃响才草草结课，将板书内容复述一遍或以布置课后作业代替结课环节；有的结课过程没有要点提示和编织知识链环节，不能使学生有效建构新的知识结构。

教师在进行结课时应遵循以下原则：

（一）及时性

心理学研究表明，记忆是一个不断巩固的过程。由瞬时记忆到短时记忆再到长时记忆，有一个转化过程，实现这个转化最基本的手段是及时总结，周期性复习、巩固。因此，在讲授新知识接近尾声时，应及时总结和复习巩固。尤其是当讲那些逻辑性很强的规律性知识时，更应及时归纳总结。

（二）概括性

在结束一节课、一单元或一个活动内容时，教师的总结要高度概括、简明扼要，观点要鲜明，结论要精练，方法要得当，要贯彻精而准的原则。经过精心加工而得出的系统、有效的知识网络，能帮助学生把零散孤立的知识“串联”和“并联”起来，从而了解概念、规律的来龙去脉。

（三）激励性

强化巩固知识，进一步使学生加深对所学知识的重点、难点、关键点的理解。通过总结，使学生体会到获得知识、成功地解决问题的愉悦感，并鼓励学生产生继续探索的兴趣。

（四）布置作业要明确

在布置作业时，教师应使每个学生都能准确记下来，对于能力较弱的学生，必要时可以检查他们记得是否完全、准确，督促他们按时完成作业。教师还可以概括学生情况，为掌握得较好的学生布置更多可选择的研究内容，对学生普遍感觉困难或有共同性错误的问题，教师应做必要的提示。

（五）周密计划

课堂结束的教学活动，教师一定要精心设计，有周密的计划和明确的目的。实践安排要恰当，切忌拖堂。

参照以上原则，对结课环节的评价可参照表5-1。

表5-1　结课评价表

评价指标	分值区间	评分
(1) 能围绕教学目标进行结课	0～20	
(2) 结课内容概括、表达清楚	0～20	
(3) 有利于巩固所学知识、培养学习兴趣	0～20	
(4) 作业明确适当	0～20	
(5) 时间掌握得好，不拖堂	0～20	
总计	0～100	

第二节　评价方案设计

在一堂科学课中，教师先在黑板上画出表格，向学生说明这节课会按小组评星级，看哪个小组得到的星级高。然后，教师在上课的过程中重点在实验探究环节、小组讨论环节结束时对学生的表现给予评价，并在小组的番号后画上相应的星号。得到星号的学生兴高采烈，没有得到星号的学生也马上坐端正，整堂课进展有序。当课结束时，教师根据不同组得星号的情况，对各小组的学习情况进行总体的评价、激励和总结。

这节课争“星”的评价应当说取得了一定的效果，但也有不足：教师虽然设置了评价等第，但没有对评星的依据（评价量规）进行具体说明，在教学过程中，教师选择在几个学习环节结束时加以评判，而没有在学生活动过程中根据小组突出表现及时评判，这就使得对学生积极的正面引导和反馈调节还不够，没有充分发挥评价的作用。

科学课程的评价是科学教学过程中的重要环节，在科学课程实施过程中发挥着导向、区别鉴定、督促激励、问题诊断、目标调节和经验交流作用，其主要目的是了解学生实际的学习和发展状况，以利于改进教学、促进学习，最终提高每个学生的核心素养。科学课程的评价内容、评价方法、评价时机、评价主体等，都与其他学科课程有很大区别。不同类型的活动评价也有很大差异。评价既有对学生学习的评价，也有对教师教学的评价，我们在此主要探讨对学生学习的评价。

一、科学课程评价新理念

教师的评价理念决定着教师对待学生的态度情感，决定着教师对待学生的言行举止，决定着教师对学生的考察方式等，可以说，教师有什么样的评价理念，就会培养出具有什么素质的学生。

（一）科学课程的评价宗旨

培养和提高学生的核心素养是科学课程评价的宗旨。在传统的科学教学活动中，科学学习的评价主要集中在基础知识的掌握上，评价注重近期的、显性的效果，衡量指标是刚性的，评价方法单一，强调定量分析，大多以笔试题、客观题为主。在课程改革背景下，科学课程标准提出了全新的、带有明确指向性的评价理念——以促进学生核心素养的形成发展为宗旨，既要关注学习结果，又要关注学习过程以及情感、态度的变化。因此，教师要实现评价目标多元化、评价手段多样化、形成性评价和终结性评价并举、定性评价和定量评价相结合，创设一种激励性评价机制。学生的科学学科核心素养有丰富的内涵，包括科学观念、科学思维、探究实践、态度责任等。核心素养的形成是一个长期的过程，因此，我们要将培养和提高学生的核心素养的评价宗旨落实到每一节课和每一项探究活动中，评价要关注学生的每一个细节和每一点变化，让每一项评价都成为核心素养培养过程中点点滴滴的累积。

（二）科学课程的评价核心

以学生为主体的科学探究活动是科学课程的评价核心。在科学课程的评价中，学生的探究活动应作为课堂教学评价的重要维度，学生的探究状态应成为评价的聚焦点。要把对学生探究活动的评价作为杠杆，改变传统教学中只重视科学知识的习得而忽视学生学会探究的状况，切实关注学生探究能力的提升。

我们可以根据学生在探究过程中的一些外显行为特征，评价课堂教学中学生群体的探究学习水平：

（1）学生在探究中的参与状态。评价学生是否能全体参与探究的全过程，评价学生是否全身心投入探究全过程，即参与探究的广度和深度。

（2）学生在探究中的交往状态。评价学生之间在探究过程中是否能友好地合作，评价整个课堂的探究气氛是否民主、和谐、愉悦、主动，评价课堂上是否有多边的、丰富多彩的信息联系与信息反馈。

（3）学生在探究中的生成状态。评价学生能否在自主、合作、探索中不断提升自己的认识，能否生成预设内容；评价学生在探究中有没有独特的表现，能否生成非预设内容、提出深层次的问题或得出不同寻常的答案，给人意外的惊喜。

（4）学生在探究中的思维状态。评价学生在探究中的思维是否敏捷、是否有条理，看学生是否善于用自己的语言解释说明所学知识；评价学生思维的批判性，看学生是否善于质疑，提出有价值的问题；评价学生思维的独特性、创造性，看学生在探究中是否能标新立异，是否有自己的思想或创意；等等。

（5）学生在探究中的情绪状态。通过捕捉学生细微的表情变化去分析判断学生的情绪，看学生在探究中是否有适度的紧张感和愉悦感，是否能自我控制与调节探究情感。例如，是否能从激烈的争论中一下子转入专注地聆听，是否能从上一次成功探究的喜悦中立即转入新的、更具挑战性的探究活动。

(6) 学生探究活动的持续状态。评价学生是否能全神贯注、有始有终，是否能各尽所能，并学有所得，感到满足和踏实，是否对后续的探究更有信心，感到轻松。

二、评价的原则与内容

（一）评价原则

构建新的评价体系是新一轮课程改革提出的新的要求，对素质教育实践活动起着指导与调控作用。促进全体学生生动活泼、主动地发展，是新的教学评价体系构建的出发点与归宿。为实现这一目标，必须确立评价的原则。

(1) 发展性原则。评价的关键是要促进全体学生的全面发展。教师不仅仅要关注学生是否完成知识、技能等基础性目标，更要关注学生的发展性目标的形成，即关注学习的过程与方法，是否形成正确的学习态度，是否获得积极的情感体验，培养正确的价值观。

(2) 多元化原则。多元化包括：评价主体多元化，包括专家、教师、学生、家长等共同参与评价；评价手段多元化，包括运用课堂即时评价、表现性评价、教师课后反思、学生座谈、家长调查、信息化平台等多种手段进行评价；评价内容多元化，包括对科学探究、情感态度和价值观、科学知识几方面进行多维评价。

(3) 个性化原则。小学科学课程要找准自己的立足点。小学科学课程，是一门以培养科学学科核心素养为目标的基础性课程。科学课程的教学评价，其主要目的是了解学生实际的学习和发展情况，以利于改进教学、促进学习，最终实现课程目标，即提高每个学生的科学学科核心素养。

(4) 过程性原则。要体现促进学生学习经验发展的过程，它不是就某一事件评定某一结果，而是要体现个体发展的连续性。为了真正发挥评价的教学作用，把学生个体成长与进步放在重要位置，教师要持续地对学生的科学观念、科学思维、探究实践、态度责任几方面的发展进行多维评价，对评价资料进行细心收集、整理与分析，应注重评价学生学习的反馈与激励作用。

（二）评价内容

《课程标准（2022）》指出，教学评价应以课程目标和学业质量标准为依据，构建素养导向的综合评价体系。课程标准建议以评价促进学生核心素养发展，从科学观念、科学思维、探究实践、态度责任等方面进行全面评价。

(1) 科学观念。通过科学课程的学习，知道与周围常见事物有关的浅显的科学知识，并能应用于日常生活，逐渐养成科学行为习惯和生活习惯是科学课的目标之一。重点应评价小学生对物质科学、生命科学、地球与宇宙科学、技术与工程诸方面最基本的概念和技能的理解过程和应用情况；对所学的内容的掌握程度；能否在理解的基础上运用所学知识于新情境中；能否综合应用知识，灵活、合理选择方法解决有关问题。尤其是评价学习过程中表现出来的对科学知识的把握与应用，而不是检查学生最终记住了多少信息。有关科学观念的主要评价内容如表 5-2 所示。

表 5-2 科学观念主要评价内容

知识领域	主要评价内容
物质科学	是否能用多种方法准确地认识各种物体的特征与物质的变化；是否能用科学的语言描述不同材料的性质和用途；是否能从“不可逆变化”的角度认识物质与环境的关系，并树立保护环境的意识
	是否能从定性的角度描述物体的位置与运动；是否能认识生活中一些常见的力，并了解力的基本特点
	是否能区分日常生活中常见的能量表现形式；是否能科学地认识能量与人类的关系，从而形成科学的行为习惯，保护自己和他人的安全
生命科学	是否能从多角度、多渠道来认识周围常见的动植物
	是否能从多样的生物中总结归纳出生命的共同特征
	是否能找出生物的特征与生存环境之间的必然联系，从现象看本质
	是否能科学地认识人的生理机能和成长规律；是否能找出影响人类健康的各种因素，从饮食、家居环境、生活习惯等方面评价家庭生活质量，进一步形成良好的生活习惯和健康意识
地球与宇宙科学	是否能了解地球的概貌，了解地球物质对人类和其他生物生存的意义
	是否能认识地球的动态变化：昼夜、天气、四季和地表的变化
	是否能选择用自己擅长的学习方式去认识天体：太阳、地球、太阳系、银河系等
技术与工程	是否能认识身边的技术与工程领域的产品，会使用手机、洗衣机等常见科技产品，比较和辨别天然材料和人造材料的特征，了解生活周围的工程建筑及国家重大工程项目等
	是否能识别和使用常见的技术工具，如简单工具、测量仪器、简单机械等
	是否能研究简单的技术原理，进行简单的科技作品的制作和工程设计
	是否了解必要的科技历史

（2）科学思维。对科学思维进行评价主要评价模型建构、推理认证、创新思维等。评价模型建构主要看能否以经验事实为基础，对客观事物进行抽象和概括，进而建构模型；是否能运用模型分析，解释现象和数据，描述系统的结构、关系及变化过程。评价推理认证，则要看是否能基于证据与逻辑，运用分析与综合、比较与分类、归纳与演绎等思维方法，建立证据与解释之间的关系并提出合理见解。评价创新思维是看能否从不同角度分析、思考问题，提出新颖而有价值的观点和解决问题的方法。

培养学生的科学思维就是掌握多种思维方法，并能在科学领域灵活运用，大胆质疑，敢于提出创见，具有初步的创新思维能力。

（3）探究实践。对科学探究的评价必须对科学探究活动中的过程技能做出评价。探究既是科学学习的目标，又是科学学习的方式。科学活动的本质在于探究，教育的宗旨在于形成人的良好素养，科学教育只有引导学生通过科学探究来发展科学学科核心素养，才能实现科学本质与教育宗旨的内在统一。

通常认为科学探究应该包括一些在真实世界中的动手实践活动，即“问题解决”、“调查”或“研究”。为了做出评价，首先要明确评价的内容。探究活动要求学生在活动中既要动手又要动脑。为了评价学生这两方面的表现，必须进行“行为”评价。这样的评价可能包括许多组成部分。教师应该针对学生在探究活动中的动手表现进行评价，如测量、观察、实验设计、问题解决等。学生在思维和推理技能方面所达到的水平也应该成为评价的内容，即学生是否得到了某些结论；是否选择了恰当的方法，如推断与预测；能否解释数据；能否有效地控制变量；等等。

总之，要鼓励小学生进行探究活动，理解探究过程，获得探究的乐趣，逐步提高他们的科学学科核心素养，而不要强调小学生科学探究的结果或水平。

（4）态度责任。考查学生进行科学学习和探究所形成的科学态度和社会责任感。科学态度和社会责任感既是科学学习的动力因素，影响着学生对科学学习的投入、过程与效果，又是科学教育的目标。培养小学生的态度责任，不能像传授知识一样直接“教”给学生，而是要创设机会，通过参与活动，日积月累，让学生感受、体验并内化。

科学态度评价内容主要有科学学习兴趣是否浓厚，学习动机是否强烈；是否积极主动地参与学习活动，如是否积极举手发言、是否积极回答问题等；能否尊重事实、尊重证据；能否大胆想象、勇于创新；是否乐于合作与交流，乐于采纳别人的意见及表达自己的意见，乐于改进自己的学习或研究；对科学是否有坚定信念，以及对科学技术作用的认识正确与否。

评价学生社会责任，则看他们在了解科学、技术、社会与环境相互关系的过程中，形成的热爱自然、珍爱生命、保护环境的意识和社会责任感等。主要考查能否崇尚科学的人文精神，关心科学、技术、社会与环境的关系及热点问题，如环境问题、能源问题、人口问题等；能否从自我做起，热心参与有关活动，发展对自然和社会的关怀和责任感；等等。

三、评价的类型与方法

（一）评价类型

教学评价的类型，按照不同的分类标准有不同的分法。比如，按评价时机，可以分为诊断性评价、形成性评价和终结性评价；按评价性质，可以分为定性评价和定量评价。以下重点从评价时机的分类角度进行分析：

（1）诊断性评价。诊断性评价也称教学前评价或前置评价，即准备性评价，是在教学活动前进行的准备性和预测性评价，是对评价对象的现状和存在状态做出鉴定。科学课堂教学要选择适合每个学生特点和需要的有效教学策略，必须了解学生及其知识储备，了解学生对学科的态度和愿望。诊断性评价一般是在某项活动开始之前，为使计划更有效地实施而进行的评价。通过诊断性评价，教师可以辨认出哪些学生已经掌握了过去所学的全部教材内容，哪些学生还没掌握以及他们已掌握到了什么程度，从而设计出适合不同学生的教学计划。

以美国小学教学中普遍使用的“KWL”教学法为例。“K”是“knowledge”（知识），指的是学生的前概念，在一个新的单元学习前，教师往往会组织学生开展讨论，要求学生说说自己对单元内容已有的了解。教师不会对学生的发言做评论，即使是错误的看法也不做纠正，只是汇集大家的看法。通过这样的过程，教师对学生的学前知识摸底，进行了一次诊断性评价。根据诊断结果，教师可以设计一些能够发挥学生长处、弥补学生不足的活动方式。其后第二步“W”是“want to know”，即了解学生的学习动机以便有的放矢地组织教学。最后一步“L”（what we have learned），则是学生在单元学习结束时用学到的知识回答自己在单元学习开始时提出的问题。由此可见，在教学前进行诊断性评价是十分必要的。

（2）形成性评价。形成性评价又称过程性评价，是在学习过程中进行的，指用于帮助学生学习而整合于教学活动中的评价。要使学生的学习达到理解水平，需要从他们已经具有的想法和能力出发。为了促进这样的学习，教师要保证提供的学习活动对发展概念和能力有适当的挑战性。教师需要知道学生在发展过程中已经进展到了哪里，并且知道怎样使学生往前发展。在这个过程中，重要的是帮助学生认识到活动的目标，以及如何判断他们相对于目标已经进展的程度，促进学生自主学习。为达到形成性评价的目的，教师往往要频繁地进行评价，每当一种新技能或新概念的教学初步完成时，就应进行形成性评价。

形成性评价的形式有很多，其中一种重要形式是结合教学活动展开的表现性评价。结合教学活动展开的表现性评价，实际上就是在学生经历一项学习任务的同时，收集学生在学习过程中的投入程度、学习方式、效果和存在的问题，以了解学生的进步情况，诊断存在的问题，明确前进的方向。表现性评价既可以由教师来评价，也可以让学生自评和互评；既可以使用描述为主的评价方式，也可以记等级。这种形式的形成性评价在第四章第二节“活动任务单的设计”中有详细的阐述，这里不再赘述。

形成性评价的另一形式是学生成长记录。学生成长记录不但对学生当前有促进作用，让学生自己保存还会成为伴随其一生的财富。成长记录的类型通常有以下几种：

第一，“展示型”成长记录。内容主要是由学生自己选择出来的好作品，学生定期向同伴、家长和教师展示并说明选择的理由，听取别人对作品的意见。这样不断选择和积累的结果可以使学生得到一系列随时间展开的作品。

第二，“理想型”成长记录。请学生选择自己最好的作品，如果发现有新的、更好的作品就把旧的替换下来，如果觉得换得不妥，那么可以换回旧的作品，以此促进学生通过自我对比反思自己的进步。最后保留在成长记录里的只有最好的作品。

第三，“日记型”成长记录。让学生把自己在生活中所见到的、自认为有趣有用的科学知识、方法技巧、现象事物、问题疑难等，以只言片语的方式写下来，然后定期回顾，看自己学到些什么，不懂的问题弄懂了没有，能不能解释或说明有趣的现象和事物，等等。

第四，“文件型”成长记录。以教师为主要记录者，随时记录教师在课堂内外与学生互动交流的印象、学生作业和测验的成绩、趣闻逸事等。

表现性评价方式本身的非程序性和不固定性，使得这种评价方式更加灵活，更有利于学生的学习和进步，更有利于发挥教师的创造性和主观能动性。

（3）终结性评价。终结性评价一般是在教学活动告一段落时为把握最终的活动成果而进行的评价。这种评价的目的就是评定一段时间以来学生的学习情况。例如，学期末或学年末科学学科的考核、考试，目的是验明学生的学习是否达到了科学教学目标的要求。终结性评价注重的是教与学的结果，借此对学生所取得的成绩做出全面鉴定。

终结性评价也可以多样化，常用的有纸笔测试，还可以采用表现性测试等方式。

在编制纸笔测试时，可以根据试题要求学生的知识容量、思维操作水平，答案的内部一致性、收敛性及整体性，将学生的水平概括为前结构水平、单点结构水平、多点结构水平、关联结构水平和抽象扩展结构水平五种类型，这五种类型反映了学习的重要的进阶。

- 前结构水平：没有形成对问题的理解，回答问题逻辑混乱，或同义反复。
- 单点结构水平：在回答问题时，只能联系单一事件，找到一个线索就立即跳到结论。
- 多点结构水平：在回答问题时，能联系多个孤立事件，但未形成相关问题的知识网络。
- 关联结构水平：在回答问题时，能够联想多个事件，并能将多个事件联系起来。
- 抽象扩展结构水平：在回答问题时，能够进行抽象概括，结论具有开放性，使问题本身的意义得到拓展。

知识卡片

SOLO 分类理论

近几十年来，SOLO（structure of the observed learning outcome）分类理论得到了广泛应用。SOLO 意为可观察的学习成果结构，是在皮亚杰的认知发展阶段理论的基础上建立起来的。SOLO 分类理论的倡导者比格斯认为，人对新知识的学习过程与儿童的成长过程相似，首先是由少到多的量的积累，然后发展到质的跃迁，从低级的阶段进入高级的阶段。在不同的阶段，思维操作的模式有着质的差异。这种思维方式的差异，从质的方面反映了学习所达到的水平，也即终结性评价所希望评价的学习质量水平。SOLO 分类理论将学生的水平概括为前结构水平、单点结构水平、多点结构水平、关联结构水平和抽象扩展结构水平五种类型。

联系小学生发展的实际情况，一份纸笔测试试卷的大部分题目应该是单点或多点结构水平的，也即简单的知识再现、识别和描述。低年级的试卷不应出现关联结构水平的要求，即使是高年级的试题，也不应超出简单的关联结构水平。

例如：“水在达到一定温度时开始沸腾，则该温度被称为什么?”这是一道单点结构水平的试题。

再如：“黄豆种子的构造包括______、______、______、______等部分；胚芽发育生长后变成______；胚根发育生长后变成______。”这是一道多点结构水平的试题。

又如：“A、B、C 三地某日气温分别是 12℃、−4℃和−13℃，降水量分别为 200mL、0mL 和 150mL，这一天哪个地方下雪了?”这是一道简单关联结构水平的试题。

终结性评价还可以进行表现性测试。终结性评价中的表现性测试与前面所提到的结合学习活动进行的表现性评价有类似之处，区别在于终结性评价中的表现性测试一般会设计一个尽量接近真实的情境，任务明确，并且预设了具体的评价标准，对学生完成任务的过程表现或结果进行评价。

诊断性评价、形成性评价和终结性评价都是相对某一个教学阶段、某一种教学活动的评价。对整个教学过程来说，终结性评价也可以被看作下一教学阶段的诊断性评价和形成性评价，而诊断性评价和形成性评价也可以被看作即时的或前一阶段的终结性评价。教学设计方案中涉及的评价主要是诊断性评价和形成性评价。

（二）评价方法

在课程评价中，一旦评价内容确立，实施评价时的首要任务就是科学地收集课程学习中的系统信息。传统的科学教学评价关注学生对科学事实的学习效果评价，以运用书面测试评价，如纸笔测试为主。而当今小学科学课程对学生学习活动的评价则以运用真实性评价法为主、纸笔测试为辅，且测试的内容和方法均有所变化。

1. 真实性评价法

真实性评价法的特点是重理解和应用科学概念及科学过程技能，包括创造能力和思维能力的展示以及各种能力的综合应用，既重结果，也重过程。评价的依据是学生的成果，例如观察记录、小制作、实验结果等，或可观察到的行为表现，如操作过程、完成课程的方案设计等。

真实性评价法包括表现性评价法、量表评价法、档案袋评估法、学生作业法、谈话法以及问卷法等。

（1）表现性评价法。在小学科学探究中实施表现性评价法，可以创设某一情境，设计真实性任务，通过观察、记录和分析学生在活动中的表现，对学生的参与意识、合作精神、实验操作技能、探究能力、分析问题的思路、知识的理解和认知水平，以及表达交流能力等进行全方位评价，其评价的依据通常是学生的具体行为表现，包括仪器操作、动手制作等外显的动作。

实施表现性评价法的一般过程是：确定评价目的；设计合适的真实任务与工作单；制定可操作的评价量规（标准）；收集评价资料，形成评价结果。

与纸笔测试相比，表现性评价法有其独特的优势。它体现了现代学习理论，能测量用其他方法无法测量的复杂的学习结果，能够促进学生的真实的进步。对于小学科学课程而言，如前面所提到的结合课堂教学活动展开的表现性评价，将具体、可操作的评价量规与探究活动中的任务有机结合，学生完成表现性任务的过程就是学习的过程，这样的评价过程能自然地贯穿在课堂教学中，不仅能在课堂教学中起到暗示和引领作用，而且能提升学生全方位的学习水平，具有很好的可操作性。但是在终结性评价时，表现性评价法需要另外设计真实性任务，考查学生在完成任务时的表现，比较耗时、费力，组织实施也不像纸笔测试那样可以大范围进行，因而它在一些科学竞赛中运用较多，在日常科学课程评价中普遍运用较为困难。

（2）量表评价法。这种方法就是预先设定比较详细的评分标准，这些评分标准是用简单的语言描述出不同的水平（分数）及学生应表现出来的最低理解水平和操作技能。

量表评价的要求是：量表标准必须与教学目标一致，并在评估前与学生交代清楚；每一个水平（分数）的标准必须至少包括 2 个标志；在正式评估前要做尝试性评估，用尝试性评估结果来修正所定标准；量表必须从好到差列出不同水平（一般 3～5 个水平）的最低标准。例如：

主题：厨房用品中的成分
材料：盐、糖、面粉、胡椒粉及必需的材料与设备
评分标准：
4 分：能分辨出 4 种物质——盐、糖、面粉、胡椒粉
能清楚地描述出每种物质的分辨过程
能提供有说服力的证据来支持所得到的鉴定结果
能用文字（或图表）讲明 4 种物质的主要特征
3 分：能分辨出 4 种物质——盐、糖、面粉、胡椒粉
能清楚地描述出大部分物质的分辨过程
能提供大部分证据来支持所得到的鉴定结果
能讲清各种物质的某些特征
2 分：能分辨出至少 3 种物质
能部分地描述出这 3 种物质的分辨过程
能提供一些证据来支持所得到的鉴定结果
能正确地讲出一部分物质的特征
1 分：能分辨出 1～2 种物质
能至少做到以下一项：
- 部分描述出分辨过程
- 提供某些证据
- 正确讲出某些物质的特征

0 分：不能分辨出任何物质
不能讲明分辨过程
讲不出证据
讲不出物质的特征

（3）档案袋评估法。这种方法就是根据一定的主题及种类将有关资料汇集起来，然后教师根据学生档案袋中的信息做一个整合性的评估，如果这些资料以计算机文件的形式被储存起来就称为电子档案袋。前文提到的几种形式的成长记录都属于学生档案袋。档案袋评估往往是对学生一学期或一学年结束后的学习成果的一种总结性和汇报性评估。学生档案袋的主要功能是可以体现学生在整个学习阶段中不断成长进步的过程，因此学生在建档时要注意标明资料的日期，以便教师加以比较。建档的资料包括学生科技活动过程中的一些逸事记录、科学笔记、自我评估、小发明、小创造等方面的资料。学生应该承担起收集资料、整理资料的主要工作。教师应尽量帮助学生，例如提供资料并协助学生有的放矢地选择

资料，帮助学生按一定逻辑分类、归类、整理等等。表5-3是一张学生档案袋评估表。

表5-3　学生档案袋评估表

学生姓名＿＿＿＿＿＿　　　　　　　　　　日期＿＿＿＿＿＿

内容	有没有目录	是	须改进
	内容编排是不是有条理	是	须改进
	有没有一个引言	是	须改进
	所有材料是否都被贴上标签，并被合理归类	是	须改进
	有没有一个总结	是	须改进
	引言和总结部分是否写得很简洁、文字通顺	是	须改进
	整个档案是否整洁、美观	是	须改进
选材	选材是否全面	是	须改进
	教师要求的材料是否全包括	是	须改进
	所选材料是否都与主题有关	是	须改进
	所选材料是否是该学生自己独立完成（或与同班同学一起完成）的	是	须改进
	有没有自我评估	是	须改进
	班级同学有没有给予很好的评价	是	须改进

（4）学生作业法。这种方法就是评估学生的一件或多件作业样本，包括科学日记、小发明、小制作、实验报告或探究性论文等。这是一种很好的辅助性评估手段，较能看出学生科学学科核心素养的整体发展水平。

（5）谈话法。这种方法就是评价者通过与评价对象进行单独的标准化谈话，按预先周密制订的计划进行一问一答式的个别谈话。一般来说，谈话法在以下一些特定情况下较多地被采用：首先是对一些表现特殊的学生（兴趣广泛或者兴趣过少的学生、较为内向的学生，以及平时有学习障碍的学生等）进行评估时；其次是需要客观、精确地描述学生的进步情况或者对该学生发展的可能性做出具有可信度的预测时；最后是教师需要相关信息以调整课程实施策略（包括内容选择、组织形式、活动模式等），从而确保课程目标得以实现时。

（6）问卷法。问卷法通常适用于大面积的对情感态度的调查及诊断性评价，问卷设计要保证较高的信度和效度。

评价主体除了教师外，还要包括学生。要让学生直接参与评价，让参加学习活动的学生在自我评价活动中获得更深入的学习和自我认识的发展。学生评价包括学生自评和学生互评。在学生自评和互评中，教师都要帮助学生明确学习目标，了解评价指标。从评价的行为模式来看，学生互评的技术策略有以下几种：转换，包括指标转换和角色转换。指标转换是把活动的要求转换成容易掌握的简明要诀；角色转换是指在活动中随时交换角色，然后从不同的角色定位、不同的角度互相评价。推荐，包括推荐优秀作品和优秀个人。在推荐过程中说出作品或个人的优点和长处，指出其值得大家学习的部分，并做重点的展示、扼要的介绍和恰当的点评。欣赏，在推荐的基础上，针对个别优秀的活动成果，可以在小组中甚至在更大的集体里让大家欣赏。建议，相互间对活动的方式提出改进建议，通过献计献策，使活动更趋完美、有趣、富有成效。

2. 书面测试评价

小学科学课程中的书面测试评价往往用于单元评价或期中、期末考试等终结性评价。好的试题设计应能调动学生运用科学的思维和方法去观察、分析现象，解决日常生活和学习中的问题，并能全面考查学生的核心素养发展水平。

编制试题首先要确定测试目标，明确测试内容、考查目的和各种量化指标（如试卷难度系数，测试及格率、优秀率、平均分等）；接着制作双向细目表，以评价内容和学习水平为维度，对测试内容（包括知识、能力）、题量、题型、完成时间、学习水平及所占比例等做出具体计划（见表 5－4）；然后对照双向细目表拟出试题，同时写出答案，以便发现问题并及时纠正；其后按题型顺序排列，每类题按先易后难顺序排列，组配成卷；接下来预测难度，试答试题；最后制定参考答案和评分细则。

表 5－4　双向细目表示例

题型	题量	分数 （每小题）	难度			测试内容覆盖面		
			低	中	高	单元 1	单元 2	单元 n
选择题								
填空题								
排序题								
简答题								
实验题								
合计								

书面测试不仅可以对学科知识进行评价，也可以对文字表达、分析、理解能力，逻辑推理与论证能力，解决问题的能力，以及情感态度与价值观等方面加以测评。为此，教师要尽可能减少了解程度的试题，适当增加理解、简单分析、简单应用等方面的内容，命题要凸显评价诊断、激励、改进与发展的功能，促进学生改进学习方式，提升学习能力。

案例

书面测试题示例

小王同学为了研究“电磁铁的磁力与线圈圈数的关系”，开展了探究活动，他提出的假设是：____。

检验的因素（变量）是：______________________________。

小王同学准备了电池、铁钉、导线、大头针若干，在活动中他注意保持铁芯、__________________________等因素不变，分别缠绕线圈 20 圈和 40 圈，测试了两组数据，如下：

组别	第1组	第2组
线圈圈数	20	40
吸引大头针数	15	30

根据实验结果，可以初步得出的结论是：____。

小王同学的实验设计存在实验组偏少的问题，还可以增加的实验组是：____。

【评析】

这是一道通过模拟的实验情景，考查学生探究能力的题目。题目考查学生关于用控制变量的方法进行实验的知识，要求填写的几个回答是相互呼应的，属于多点结构水平的测试。题目的结论部分要求学生知道有关电磁铁磁性的知识，并以这些知识为基点做出判断，这是简单的关联结构水平的测试。题目最后要求学生反思探究过程是否合理，并加以纠正，这可以同时考查学生的科学观念和科学思维，即是否掌握了相关知识，并能对探究方案进行质疑、批判和修正。

思考与练习

1. 观察优秀教师的教学视频中的结课片段，找出视频中教师在结课时用到的讲解、提问、演示、板书等技能，并说明它们在结课中的作用。

2. 以下是一份表现性评价方案，请加以评析，方案中如有缺失部分请根据已有内容尝试补充。

活动名称："漂浮的毽子"

材料准备：用化纤绳子扎成的"小毽子"、毛皮、丝绸、泡沫板等。

任务：设法使化纤"小毽子"漂浮在泡沫板上方，并随泡沫板的移动而移动。

（1）设想用什么方法可以实现上面的要求，并写下来。

（2）检查是否能够实现自己的设想。

（3）如果设想没有实现，那么怎么办？请写下新的想法。

（4）继续实验直至实现设想，并解释原因。

阅读导航

徐竞标．小学科学教学技能．上海：华东师范大学出版社，2011.

该书从师范生实际能力水平出发，立足于在课堂上进行教学技能训练，实用性强。每章内容包含"观点演绎场"、"教学案例园"、"分析反思亭"、"知识导航塔"和"任务接受所"五个模块。与本章内容配合的重点阅读内容是第十四章"小学科学课堂结课技能"中的"结课技能的心理学基础"。

第六章

课程资源的组织和利用

本章导读

课程资源是教学活动的重要支撑，本章将带领读者了解新课程改革背景下的课程资源理念，了解小学科学课程资源的主要类型和开发原则，明确各类主要资源的内容及其具体开发、选择和使用的要点，帮助读者进一步认识各种课程资源，学会合理开发利用课程资源，更好地为教学设计和实施提供支持。

本章学习要求

- 能说出新课程改革背景下的课程资源理念。
- 能解释小学科学课程资源的开发原则。
- 能说出小学科学课程资源的主要类型。
- 能说出小学科学各类常见资源及其使用方法。
- 能在教学设计过程中合理选择和使用多种资源。

第一节　小学科学课程资源的开发

小张在教学“形形色色的叶”一课时，为了使课堂教学更加丰富生动，从网上找了好多各种各样的叶子的图片，课上他一幅一幅地给学生展示各种精美的叶子的图片，一开始，学生都睁大眼睛、充满好奇地盯着看，可到后来，有些学生不再盯着屏幕，而是开始东张西望，有的则低头摆弄自己桌上的小物件……当小张布置任务，让学生对各种各样的叶子进行分类时，很多学生一脸茫然，不知所措，这让小张感到很挫败，同时也产生了疑惑：到底我该怎么办？是图片还不够生动吗？还是让学生自己采集身边的叶子更好？应该怎样选择合理的教学材料呢？

小张能想到利用网络媒体资料丰富教学资源，激发学生兴趣，这样的做法很好。但是，他忽视了学生的心理和不同资源的功能特点。在选择教学资源时，既要丰富多样，又要考虑学生的认知特点，这样才能取得好的效果。

一、课程资源的分类

任何课程都是以一定的课程资源为基础和前提的，没有课程资源也就没有课程。课程资源既是知识、信息和经验的载体，也是课程实施的媒介。课程资源的概念有广义与狭义之分：广义的课程资源是指有利于实现课程目标的各种因素，我们可以把课程资源认为是课程设计、实施和评价等整个课程编制过程中可资利用的一切人力、物力以及自然资源的总和，包括教材以及学校、家庭和社会中有助于学生开展学习的各种资源。狭义的课程资源仅指教学内容的直接来源。

课程资源的形式多样、分布广泛，按照不同的属性，可以进行不同的分类。

（一）根据空间分布，课程资源可分为校内课程资源和校外课程资源

凡是学校范围内的课程资源就是校内课程资源，超出学校范围的课程资源则是校外课程资源。

除了教科书以外，师生各自不同的经历、生活经验以及学习方式、教学策略都是非常宝贵的直接的校内课程资源，校内各种专用教室和各种活动也是重要的校内课程资源。具体来说，校内课程资源包括：校内的各种场所和设施，如图书馆、实验室、专用教室、信息中心、实验实习农场和工厂等；校内人文资源，如教师群体特别是专家型教师，师生关系，班级组织，学生团体，校纪校风、校容校貌等人文环境，以及与教育教学密切相关的各种活动，如实验探究、座谈讨论、文艺演出、社团活动、体育比赛、典礼仪式等。校内课程资源是实现课程目标，促进学生全面发展的最基本、最便利的资源，课程资源的开发与利用首先要着眼于校内课程资源。没有校内课程资源的充分开发与利用，校外课程资源的开发与利用就成为奢谈。

校外课程资源包括学生家庭、社区乃至整个社会中各种可用于教育教学活动的设施和条件，以及丰富的自然资源。其中，社区的图书馆、科技馆、博物馆、纪念馆、气象站、地震台、水文站、工厂、农村、部队以及科研院所等都是宝贵的课程资源，学生家长与学生家庭的图书、报刊、电脑、学习工具等也是不可忽视的课程资源。丰富的自然资源既是我们生存和生活的基础，也是我们开发与利用的重要课程资源。校外课程资源可以弥补校内课程资源的不足，充分开发与利用校外课程资源能为我们转变教育教学方式、适应新课程提供有力的支持和保证。

（二）根据资源属性，课程资源可分为自然课程资源和社会课程资源

我国幅员辽阔，山川秀美，物产多样，可以开发与利用的自然课程资源极为丰富：生命科学领域的动植物如河流中的小鱼小虾、田野间的野花小草，生态领域的生物圈如池塘、森林，地球与宇宙科学领域的地形、地貌和地势，气象领域的天气、气候、季节，等等。认识自然，融入自然，与自然和谐共处，既是学生素质养成的重要内容，也是整个课程实施过程应体现的一个基本理念。

可以开发与利用的社会课程资源同样是丰富多样的。保存和展示人类文明成果的公共设施如图书馆、博物馆、展览馆等无疑是重要的课程资源；具有线条美的道路、具有造型美的雕塑、具有节奏美的音乐等均可成为陶冶学生情操的课程资源；人类的交往活动如政治活动、经济活动、司法活动、军事活动、外交活动、科技活动等也可以成为课程资源；影响人类社会生产生活的价值观念、宗教伦理、风俗习惯等与教育教学活动有着直接的关系，因而也是不可或缺的课程资源。

自然课程资源与社会课程资源有着明显的不同，前者的突出特点是“天然性”和“自发性”，后者则带有“人工性”和“自觉性”的特点。但是，它们都可以经过不同的开发转变为可以利用的课程资源，服务于教育教学活动。

（三）根据物理特性和呈现方式，课程资源可分为文字资源、实物资源、活动资源和信息化资源

文字的产生，纸张和印刷术的发明促进了人类文化的传播和教育教学活动的发展，以教科书为主的印刷品记录着人类的思想，蕴含着人类的智慧，保存着人类的文化，延续着人类的文明，直到今天依然是最重要的课程资源。

实物资源表现为多种形式：一类是自然物质，如动植物、矿石等；一类是人类在生产生活过程中创造出来的物质，如建筑、机械、服饰等；一类是为教育教学活动专门制作的物品，如笔墨纸砚、模型、标本、挂图、仪器等。实物资源具有直观、形象、具体的特点，是常用的课程资源。

活动资源内容广泛，包括教师的言语活动和体态语言、班级集体和学生社团的活动、各种集会和文艺演出、社会调查和实践活动，以及师生交往和学生之间的交往等。充分开发与利用活动资源，有利于打破单一的课堂教学模式，使学生在掌握知识的过程中，增进社会适应和社会交往，养成健全的人格。

以计算机网络为代表的信息化资源具有信息容量大、智能化、虚拟化、网络化和多媒体的特点，对于延伸感官、扩大教育教学规模和提高教育教学效果有着重要的作用，是其他课程资源所无法替代的。随着教育现代化进程的不断推进，信息化资源的开发与利用已势在必行，它将是最富有开发与利用前景的课程资源类型。

（四）根据资源性质，课程资源可分为物质资源和人力资源

物质资源主要指教材、媒体、器材、动植物、环境、场馆等各类物化的资源，其数量、形式、范围都非常广泛。人力资源包括教师、学生、家长、志愿者、相关专业人士（如有经验的农民、技工、科学工作者）等。

教师是最重要的课程资源。教师的素质决定了课程资源的识别范围、开发与利用的程度以及发挥效益的水平，教师自身还是课程实施的首要的基本条件资源。从这个意义上讲，教师是最为重要的课程资源。

（五）根据存在方式，课程资源可分为显性课程资源和隐性课程资源

显性课程资源是指看得见摸得着，可以直接运用于教育教学活动的课程资源，如教材、计算机网络、自然和社会资源中的实物、活动等。作为实实在在的物质存在，显性课程资源可以直接成为教育教学的便捷手段或内容，相对易于开发与利用。

隐性课程资源是指以潜在的方式对教育教学活动施加影响的课程资源，如学校和社会风气、家庭氛围、师生关系等。与显性课程资源不同，隐性课程资源的作用方式具有间接性和隐蔽性的特点。虽然它们不能构成教育教学的直接内容，但是它们对教育教学活动的质量起着持久的、潜移默化的影响。所以，隐性课程资源的开发与利用更需要付出艰辛的努力。

除了以上几种分类外，也有学者根据课程资源的功能特点，将其分为素材性课程资源与条件性课程资源。素材性课程资源是指直接作用于探究活动的资源；条件性课程资源是指虽然作用于活动，但并不是形成活动本身的直接来源，却又在很大程度上决定活动的实施范围和水平，在某些情况下既包含活动的条件又包含活动的素材的资源。校内课程资源包括素材性课程资源和条件性课程资源，校外课程资源也同样包括素材性课程资源和条件性课程资源。

对课程资源进行重新定位和认识，可以使我们在理论探讨和行动实践上的方向更加清晰明确。课程资源观的转变，将改变课程开发者和教师对课程性质的看法，使课程由狭变广、由静转动。课程不再只是学科的总和，而是学科、学生、生活、社会的有机整合。学生的生活及其个人知识、直接经验都将成为课程开发的基础和依据。课程资源由课堂延伸到课外，由学校延伸到社区和所在的地区，学生所处的社会环境和自然环境都开始成为学习探究的对象，成为学习的“课堂”。对于小学科学课程而言，课程资源就是那些能够真正进入小学科学课程并与小学科学教育教学活动联系起来的有利于科学课程目标实现的各种资源的总和。

二、新课程改革背景下的课程资源开发理念

（一）建立开放、动态、综合的课程资源开发理念

在新课程改革背景下，我们需要树立新的课程资源理念。课程资源的开发利用，既是新课程改革的重要内容之一，也是实现新课程改革目标的必要条件。改变传统的教学观念，丰富学习内容和学习形式，突出学生的学习主体地位，这些都需要课程资源的支撑。开发出优秀的课程资源，有利于培养学生自主、合作、探究的学习方式，转变学生被动的学习地位，有利于素质教育的实现。

首先，要树立开放的课程资源开发理念。课程资源不限于我们的教材，不限于我们的课堂、校园，不限于我们的老师，一切与我们的教学相关的、可以促进学生学习的内容、

条件、信息、设施都可以成为我们的课程资源，包括自然界的风、水、日出日落、四季变化，校外的公园、工厂、博物馆、实践基地，人们的交流、节日活动、生产劳动，其他班级学生的学习成果、教学案例，媒体中的新闻、事件、剧情……都可以成为课程资源。

其次，要树立动态的课程资源开发理念。课程资源不只是现有的课本，还包括录制好的视频、光盘、参考资料等。我们应该根据需要，有意收集各种课程资源，不断更新、丰富、扩充课程资源，如最新的宇宙探索情况，基因研究的新进展或物种的新发现，学校或社区新建的科普网站、资源库，等等。只有树立动态的资源意识，我们的课程资源才会越来越丰富，才会更好地反映时代发展。

最后，要树立综合的课程资源开发理念。正如前文所述，课程资源以多种形式广泛存在于我们的周围，不同内容、不同形式的资源，其功能价值、使用的便捷性、内涵的丰富性、开放性、难易度、对教学的支撑度、与教材的关联度等都是各不相同的，因此，在教学中我们需要综合运用这些不同的资源，充分发挥各种资源的优势，为学生学习提供有效的支持。例如，在进行有关宇宙探索工具内容的教学时，教师可以提供哈勃望远镜、我国的“天眼”射电望远镜、神舟十九号等的相关资料，丰富和更新课本的学习内容，帮助学生了解宇宙探索的最新发展，还可让学生收集整理我国近年来发射卫星的长征系列运载火箭的型号、特点、功能，以此来感受宇宙探索工具的发展；有条件的还可以组织学生实地参观天文台、发射基地等。

（二）重视生成性课程资源

有些资源是现成的，有些资源是动态变化的，有些资源是随机生成无法预设的。教学活动是师生共同作用的有机互动过程，有时会出现生成性课程资源。生成性课程资源不是教学前就安排好的，也不能够预先安排，而是在教学动态进行的过程中生成的，它虽然不是预先计划和设定的产物，但确实存在。例如，在课堂教学情境中通过积极的师生互动、生生互动，在共同思考与共同发展中产生的超出教师教案设计的新问题、新情况，或在学生自主探究中发现的新问题、新情况，这些在教学中出现的“节外生枝”的情况，往往就是很好的生成性课程资源。以下以课堂中的错误、意外为例，进行具体阐述。

什么是课堂中的错误？在这里是指师生在认知过程中的偏差或失误。错误伴随教学的始终，它有时发生在学生一方，有时发生在教师一方。错误中包含了认知个体大量的信息和已有的经验，它客观地反映了个体的心理特点。因此，错误更加接近个体（教师、学生）的认知水平。教学中的错误是一种重要的课程资源，教师要善于挖掘并运用各种形式的错误，这将会给课堂教学带来蓬勃生机与活力。例如教学“昆虫”一课时，在学生学习认识了昆虫的身体特征后，教师让学生用橡皮泥、细铁丝等制作昆虫的模型。虽然经过学习讨论，已经归纳出了昆虫的形态特征，但仍有学生在制作昆虫模型时出现了错误，有的昆虫长了 8 只脚，有的身体没有头、胸、腹之分，有的脚不是长在胸部而是头胸腹各有一对……这时，如果教师能留出几分钟时间，请学生展示、检查各自制作的模型，就会发现问题，通过找错、纠错，进一步明确昆虫的特征，就可以把学生出现的错误变成很好的教学资源。

同样，有时课堂中的意外，也能成为很好的生成性课程资源。在一次“磁铁的两极”的观摩教学活动中，一块条形磁铁不慎被摔在地上，断成了两截，师生都很惋惜。如果教师能把握住这次机会，镇静自若地捡起断裂的磁铁，问学生：磁铁断裂以后，它的磁极会有变化吗？中间新断开的地方有没有磁极？极性又如何？这样，一下就能激发学生新的探究兴趣，使这堂课收获更大，更令人难忘。这就是宝贵的生成性课程资源。

生成性课程资源具有动态性，是稍纵即逝的。所以，教师要具有重视生成性课程资源的意识，善于捕捉、把握和利用这些生成性课程资源，为教学服务。

（三）学生也是资源

学生是课堂的重要主体。每位学生所处的生活环境不同，他们对事物的认识不同，生活体验也不同，因而形成了各自不同的世界观、人生观和价值观。这些不同的认识和生活体验也是一种重要的课程资源，不仅可以丰富课堂教学，与教学内容发生良性互动，促进教学目标的达成，同时也可以得到检验、修正与丰富。例如，在学习“沉与浮”时，教师可以让学生交流对沉与浮的已有认识，说说为什么有的物体在水中会沉，有的物体在水中会浮，物体的沉浮与什么有关，促进学生思考、探究，激励他们去伪存真，获得科学发现。此外，学生个性化的思维方式和多样化的探索成果也是教学过程中的一种重要的课程资源。受多种因素影响，学生的思维方式不同，在课堂教学中，他们会提出不同的问题，设计出不同的探究方案，完成不同的探究成果，将这些转化为教学资源，可以更好地促进学生的主动学习。

（四）充分利用教材资源、活用教材资源

教材是教学内容的重要载体，是课程资源中最基本也是最重要的组成部分。我们的教材中有问题创设的情境，有活动过程的展示，有科学概念和知识，有丰富的图片和资料，这些都可以为学生的学习活动提供指引和支持。例如：教材中各种各样小动物的图片可以激发学生的学习兴趣，并由此引出“什么是昆虫”的探究问题。教材中蜜蜂、蝴蝶、蚊子、苍蝇等典型昆虫的图片可以帮助学生观察发现它们的整体外形特征，进而归纳出昆虫的共同特征：身体分为头、胸、腹三部分，有 1 对触角、1～2 对翅、3 对足。教材中关于蚂蚁的生活习性的图片文字资料，可以帮助学生进一步修正完善其关于昆虫的外形特征的概念，了解工蚁没有翅是因为它长期适应地下洞穴生活退化了，而雄蚁和蚁后在完成空中交配后，翅也会脱落，从而体会到动物的外形是与其生活习性息息相关的。配套练习可以让学生对昆虫类型进行辨析判断，巩固学生对昆虫特征的认识。

教材资源除了教材本身外，还包括配套的教学参考资料、活动手册、教学光盘等。在使用教材资源时，还要注意活用，如可以根据需要将教材内容替换为学生身边熟悉的事物，可以调整教材内容的学习顺序，也可以结合教材内容适当补充相关资料，等等。如在进行“溶解的多少与快慢”教学时，可以用生活情景替代教材上的图片导入，还可以借助教材的图片先组织学生讨论溶解的快慢问题，猜测影响溶解快慢的各种因素，然后利用实验进行验证。在设计实验方案时，可充分利用教材上的相关图示，引导学生针对不同因素，控制不同条件（如搅拌与不搅拌、颗粒大与小、水温高与低等），设计对比实验进行探究，以获得发现。

充分利用教材资源，不仅要呈现学科知识，而且应该考虑借助教材引导学生利用已有的知识与经验，主动地探索知识的发生与发展。同时，还要借助教材创造性地开展教学活动，及时体现社会、经济、科技的发展，尝试以多样、有趣、富有探索性的素材展示教育内容，培养学生的创新精神和实践能力、收集和处理信息的能力、获取新知识的能力、发现和解决问题的能力以及交流与合作的能力，发展学生对自然和社会的责任感。

三、小学科学课程资源的常见类型及开发原则

（一）小学科学课程资源常见类型

如前所述，小学科学课程资源非常丰富，按照不同的标准，可以有不同的分类。在实际教学中，我们所使用的课程资源主要有以下几个大类：

1. 教材、媒体资源

教材、媒体资源是我们教学中最基本的、应用最多的资源，主要包括：对应的教材、教学参考资料、配套的光盘、活动手册，相关的图片、视频、PPT 课件、书籍、资料，等等。

2. 实验材料资源

实验材料资源是小学科学教学的重要资源，是学生开展科学探究的重要支持，既包括专用仪器和器材，也包括身边的材料，主要有：各类常用的实验仪器，如酒精灯、放大镜、温度计、铁架台、试管、烧杯等；各类实验材料，如水、木片、各种式样的纸张、磁铁、木块、电池、导线、钩码等；身边的其他材料，如废弃的瓶子、生锈的铁片、破碎的瓦片、泥土、沙子等等。

3. 室外活动资源

室外活动资源主要指的是学生在教室外开展活动可以利用的各种资源，既有校内资源，也有校外资源。例如，校园里的花草树木，各种环境如花坛、小水池、树荫等，以及蝴蝶、蚯蚓、蟋蟀等各种小动物；学校周围的社区、山川、河流、田野、绿地、饲养基地、种植园、企业、博物馆、科普场馆；等等。可以说，周围的一切，都可以成为学生开展科学学习探究的资源。

（二）小学科学课程资源的开发原则

1. 实用性

科学课程资源的开发利用，首先应考虑实用性原则。同一类的资源往往有很多，如在学习“形形色色的叶”时，可以阅读教材或其他书籍、观看相应的视频观察，可以选择一些盆栽植物摆放在教室中观察，也可以组织学生到校园里直接观察，还可以带领学生去公园、绿地观察，甚至可以去专门的博物馆学习。但使用这些资源所需的时间、人力、财力等成本是不一样的。因此，在开发利用资源时，教师既要考虑丰富的资源形式，也要考虑简单实用，尽可能选择一些操作简便、效果显著、贴近学生的资源，以提高教学效率。

2. 开放性

有些教学内容的资源相对较少，教师要树立开放意识，拓宽视野，努力挖掘各种资源，为教学所用。开放性指的是资源类型的开放和空间的开放。不论课程资源为何种类型、何种形式，是在校内还是在校外，只要有利于学生开展探究活动，提高活动质量和成效，都要积极开发和利用。山川河流、城市乡村、奇花异草、书籍图片、工厂企业、场馆机构等，都是我们身边的资源，必须利用与开发有益于科学活动的一切可能的课程资源。例如，有的博物馆开设了模拟化石的挖掘活动，教师可以组织学生前往体验，直接在博物馆上课；教师还可据此准备材料，在校内开展类似活动，激发学生对化石的探究兴趣。

3. 贴切性

一切资源都是为学生的探究性学习服务的，科学课程资源的开发应注意贴近学生的年龄特点和认知水平，符合学生的思维特点、兴趣爱好。活动资源的内容载体、形式等，应贴近学生，以保障活动的顺利开展。课程资源的开发利用还要注意贴近学校、班级的实际条件和教学需求，不同地域、不同环境条件的学校对资源的需求和使用可能也会有所不同。

4. 整体性

在资源开发利用过程中，还应考虑整体性。一方面，要尽可能为学生提供丰富多样的资源，如图片、视频、模型、实物、真实环境考察、学者报告、操作体验等，丰富学生的学习经历和体验，更好地落实科学知识、科学探究、科学精神与科学态度等维度的整体目标；另一方面，也要对各种资源的开发利用做梳理，根据相应的主题、类型等进行分类，整体统筹安排，提高资源的利用效率，避免资源过于繁多混乱，造成资源浪费和利用率低下。

第二节　教材、媒体资源的选择与使用

在教授“食物链”一课时，为了使课堂教学更加丰富、生动，小王老师花了几天的时间从网上找来各种图片、视频，精心制作了多媒体课件，里面有森林、草原、海洋以及各种动植物图片，还有《动物世界》电视节目中各种动物捕食的视频……整节课播放课件的时间加起来约有28分钟，几乎覆盖了整节课。课上得很顺利，学生也被生动丰富的课件所吸引。但评课时，很多老师认为小王老师使用媒体资源过度，学生的自主活动体验很少。对此，小王老师觉得很委屈。到底如何使用媒体课件才是合理的呢？

其实，教学中，媒体资源确实是很重要的，也是最常用的资源之一。但我们应注意合理使用资源，包括资源的类型、容量等，避免媒体资源侵占学生自己的学习空间。同时，我们应充分利用好教材这一资源，这样才能取得好的效果。

一、教材资源的使用

教材是课程标准的具体呈现，是教学内容的重要载体，也是最基本的课程资源。它集中了众多专家、学者的专业智慧，是学科知识的精华、智慧的结晶。教材不是一般的文本读物，它是根据课程目标、学生身心发展规律和认知特点，专门研制和编写的文本，适合相应阶段的学生学习。这里的教材资源还包括教学参考、活动手册等配套资料。

如何使用教材资源？一方面，要致力于正确、准确而有深度地解读教材，防止误读和浅读。要深入分析、了解教材的编写意图，领会教材版面背后的含义。教材不仅呈现了学科知识，还有对应的情境图片、活动过程、记录表格等，要准确、深度挖掘教材的内涵，深入挖掘其知识技能、过程方法、情感态度等各维度的教育价值，充分地学习、领悟、吸收和内化教材的智慧，用足、用好教材，克服和防止浅化教材，避免只在教材表面做文章，导致认识只停留在记忆和简单的理解层面，教材的功能和价值则不能得到充分发挥。

另一方面，要注重对教材的二次开发利用。既要尊重教材，又要活用教材，避免教学内容的固定化。有的教师一切以教材的内容、观点和表述为标准，教材讲什么、怎么讲，就教什么、怎么教，不敢“越雷池半步”，思维固化，毫无个性化和批判性思想，最终成了陶行知先生所批判的“教死书、死教书”。教材的版面有限、信息量有限，可以适当补充相关内容，丰富学生的认知、活动经历和体验。此外，我们可以根据实际情况，对教材的内容组织顺序、实验方法和步骤、器材载体等做适当调整、替换。值得注意的是，我们既要鼓励对教材的个性化、批判性解读，又要防止和克服偏离教材主旨和主流价值观的随意解读，一切从实际出发，以学生发展、课程目标的实现为最终评判标准和选择依据。

在利用教材的同时，我们也要打开视野，适当参照其他版本的教材。虽然小学科学有全国统一的课程标准，但各地编制了不同风格的教材，这些教材各有所长，我们可以扬长避短，借鉴参考，为我所用。

二、媒体资源的种类

在日常教学中，除了教材外，我们常常会用到各种各样的媒体资源。随着现代科学技术的发展，我们教学使用的媒体资源也在不断丰富和变化，既有生动形象的图片、视频，也有传统的书本、挂图；既有真实的媒体资源也有虚拟的媒体资源；既有静态的媒体资源也有动态的媒体资源。不同的媒体资源具有不同的特性，其表现力、传播力、可控性、交互性等都是不一样的。这些媒体资源有些是现成的，有些需要搜集和进一步加工处理，有些则需要自制。媒体资源大体有以下几类：

（一）基本配套资源

主要是指学校和教师配备的各类相关的图书资料、图片、视频、光盘等，包含文字、图片、视频等各种形式，如《十万个为什么》《实验手册》《昆虫世界》等各类相关工具用书和科普图书，科学家的挂图，教材配套的幻灯片，《科学启蒙》《发现》《宇宙探秘》等系列光盘资源包，以及教师自己拍摄的照片、微视频等，这些大多是素材性资源。

（二）网络资源

主要是指借助于网络环境可以利用的各种信息资源的总和。网络资源非常丰富，内容形式多样，包括文字、图像、声音、动画等多种形式，它最大的优势是信息的传递速度快、范围广。信息在网络中的流动非常迅速，上传到网上的任何信息资源，都只需要短短数秒就能传递到世界各地的每一个角落。我们可以获取来自世界各地的、各领域的信息资源。随着网络的普及化，网络资源的传播范围将越来越广。与传统的媒介相比，网络信息传播具有交互性。人们可以自己主动到网上数据库查找所需的信息。这些大多也是素材性资源，往往需要进一步筛选和加工。

（三）个性化多媒体课件

多媒体课件除了各种途径提供的配套资源外，大多是由教师根据教学需要设计制作的，当前主要有利用 WPS、PowerPoint 等软件制作的课件。个性化多媒体课件不仅可以融合文字、图片、声音、视频等多种信息资料，还可以设置一定的交互。它的优势是量身定做，具有很强的针对性和实用性，但它需要花费较多的时间和精力。此外，还可以利用一些 AI 软件（如豆包、KIMI 等）来帮助进行课件的基础制作。

三、媒体资源的使用目的

在选择教学媒体前，首先应明确媒体资源的使用目的，也就是教学媒体在实现教学目标的任务中应发挥的功能。一般来说，教学媒体的主要功能有以下几种：

（1）呈现事实：利用媒体提供有关科学现象、物质形态、物质结构，或者资料、文献等，使学生获得真实的事实性材料，如《蝴蝶的一生》纪录片。

（2）创设情境：根据学习内容，利用媒体提供一些相关情节、景象，或真实的现象，或模拟的、相近的画面（如船下沉的模拟动画），以激发学生的兴趣。

（3）操作示范：借助媒体提供观察、测量、实验等操作的标准行为模式，学生将通过模仿和练习来进行技能学习，如酒精灯的使用。

（4）揭示原理：利用媒体提供某一典型事物的运行、成长、发展的完整过程，并借助语言的描述，帮助学生对典型事物的特性、成长和发展的原因和规律有所了解。它一般用在学生体验的基础上，帮助学生分析、提炼，以获得清晰、准确的认识，如模拟演示地震的形成、板块运动等。

（5）引导探究：通过媒体提供某些事物的典型现象或过程，利用文字或语言设置疑点和问题，作为学生分析、思考、探究、发现的对象；或提供一定的引导语、关键词，便于学生开展探究。

（6）练习巩固：在学习完相关知识后，利用媒体呈现一些练习，巩固、促进学生的理解，解释生活中的一些现象，等等。

在开发利用媒体资源时，应首先明确这些媒体资源的使用目的，这样才能选择和利用合适的教学媒体，提高使用效率，正确发挥媒体资源的功能和价值。

四、教学媒体的选择原则

在明确自己的使用目的后，我们就可以从内容、形式等多方面选择和使用不同的教学媒体了。为了更有效地使用教学媒体，在其选择过程中我们还要注意一些原则。

（一）目的性原则

目的性原则是指一定要根据课堂教学目标和教学内容选择教学媒体。我们应该依据媒体所要发挥的功能，即使用目的来进行选择。比如只是为了让学生观察比较，就应该考虑选用图片或实物投影；如果想要学生了解动态过程，那就应该采用动画视频演示等。如果是想要学生了解事物整体的外形、组成，可以展现整体图；如果是要学生了解具体结构，就应同时提供局部放大图。不管选用哪种教学媒体，都要服从于实现教学目标，绝不能随意决定。

（二）针对性原则

教学媒体要针对学生实际情况进行选择，要以能更好引起学生的兴趣和注意、最易为学生所接受为原则。比如，有两种同样展示一段动态过程的投影片，画面清晰度一样，只不过一种是单片、静片，另一种是复合片、动片，选哪一种好呢？考虑到学生的学习动机和兴趣以及接受难易情况，当然选后一种为好。此外，还要针对学生的年龄特点来选择。同样是投影片，针对低年级学生，可选择欢快、活泼、趣味性较强的内容；针对高年级学生，则要选择带有一定的说理性、比较透彻地分析事物的内容。

（三）多样性原则

多样性原则是指在条件许可的前提下，课堂教学应尽可能地多选一些媒体，如在同一节课中，既可提供部分实物或模型，也可提供图片、视频，因为运用多种媒体比只用一种媒体效果更好。例如，“各种各样的植物”“听觉和视觉”“地震和火山”等主题的教学都可以组合运用多种媒体。

从学习的生理机制上看，选择多种媒体有利于学生运用多种感官参与学习。心理学家通过研究人的记忆认为当多种感官参与记忆时，无论是记忆的速度还是记忆的质量都远远好于单一感官的记忆。就拿记忆保持来说，单用视觉，3 小时后记忆保持 70％；单用听觉，3 小时后记忆保持 60％；而视听并用，3 小时后记忆保持达到 90％，远远高于单用视觉或听觉。

从媒体本身来看，选择多种媒体有利于媒体优势互补，进行媒体组合教学。不同的媒体有不同的特性或特点，我们可以将多种多样的媒体进行优化组合，使之在教学过程中扬长避短、优势互补。从教学信息论上看，选择多种媒体，有利于加大教学信息容量和提高课堂效率。

（四）适度性原则

媒体的选择还应遵循适度性原则。媒体只是一种教学辅助手段，不能用媒体取代一切。我们既要注意多种教学媒体的优化组合，又要注意一堂课不可用得太多、太滥。过度使用教学媒体不仅浪费教学时间，还会使学生眼花缭乱，产生视觉疲劳。同时，过度使用教学媒体还会侵占学生自主学习、思考探究的时间和空间。

（五）简单实用原则

选择媒体，除了看使用效果外，还要看何种媒体准备方便、操作简单、对外界条件依赖小，用时少、成本（包括人力成本）低，要综合考虑各个方面，不能一味追求高、新、奇。在有条件的情况下，可以选用电教媒体，但并不是选用的媒体越高档越好。能用挂图、模型甚至简易板画说明问题的，就不需要投入很多精力制作幻灯片或拍摄视频；可以用实物投影的就不必制作多媒体课件。选择媒体应该考虑低成本、高效能。

第三节　活动器材的选择与使用

在教授一年级“哪里有空气”一课时，为了帮助学生发现许多物体中有空气，安排了学生把一些物品放在水中观察有无气泡的活动。教材中规定的活动材料包括吸管、海绵、粉笔、砖块、辣椒等。小王老师在教学时，因为有些材料手头暂时找不到，就找来了弯头吸管、橡皮、小木块、碎瓷片等来代替。结果在活动中，许多学生认为吸管里没有空气（因为没看到气泡），橡皮里也没有，木块中有的有、有的没有，有个别学生还不小心被瓷片划伤了手。小王老师既要给学生补充演示讲解吸管中也有空气（把吸管剪短些横着全部浸入水中），又要帮助受伤的学生包扎手指……手忙脚乱，学生也没有清晰认识到“许多物体中有空气”。整节课的效果大打折扣。

小张虽然能灵活应变、就地取材，利用身边材料带领学生开展探究活动，但在材料的选择和使用中，他首先是忽视了教材编写者选用这些材料（有气孔的、没有明显气孔的、内部空腔的不同类型代表）的意图，随意进行了替换，影响了学生认知的达成；其次，有些活动材料的选择与处理不够恰当，导致实验现象不显著；最后，在实验材料的安全性等方面也考虑不周。可见，活动材料的选择也有很多学问。

一、活动器材选择与使用的基本要求

当前我们的科学教学以活动为主，课上往往需要各种活动器具和材料。在选择和准备活动器材时，应注意以下几点要求：

（一）生活化

活动器材的选择要体现来自生活、密切联系生活实际的思想，即利用身边一些生活化的非标准的器材，如瓶子、塑料袋、气球等开展探究活动。针对低年级，可多采用生活化器材，不必过分追求科学性、严谨性，应注重学生的体验和兴趣培养。针对高年级，在采用生活化器材的同时，可适当采用一些专门的仪器，以提高学生的实验探究能力和科学

意识。

（二）科学性

首先，活动的器材要科学。例如，在测量温度时，温度计类型要选择正确，温度计要刻度准确，不应有较大误差；在量取少量液体时，应选用容量合适的量筒。其次，实验方法、材料的使用方法等应科学。例如，测力计使用前要调零；比较水的多少时要注意相同的瓶子不同的水位，或者不同的瓶子相同的水位。特别是在选用生活化器材时，应注意探究活动的科学性，虽然允许有一定误差但不能与基本的科学原理相背离，实验的现象要符合科学事实。

（三）显著性

所选的器材要实验效果显著、实验现象明显，有说服力。必要时，可预先进行实验、比较。器材的使用（包括演示实验）应充分考虑其演示性能，要让学生能看清、看懂，如在演示水的对流时可在水中加入少量高锰酸钾或红墨水。

（四）灵活性

实现同一目标的方法往往有多种，我们可依据教学目标灵活选用不同的实验器材、实验方法。如：在证明空气占据空间时，既可用挤压装有空气的塑料袋的方法，也可用分别向钻孔和没钻孔的瓶子内吹气的方法；在演示白天和黑夜的形成时，既可用地球仪也可用排球，或者请学生转动头部来模拟。我们对课本上提供的实验装置可以根据实际进行调整、替代，如用洋葱表皮代替黑藻来观察细胞，用黄油代替蜡烛来进行热传递实验，等等。活动器材既要丰富多样，又要呼应目标，具有典型性、代表性。

（五）安全性

所选的实验器材和实验方法应考虑安全问题，并注意加强安全指导。对一些存在安全隐患但又必须进行的实验应做好应急防范，如在使用蜡烛、酒精灯时准备好灭火器、湿抹布等。

二、活动器材选择与使用的操作要点

（一）规范使用实验仪器

首先，应合理选择不同规格的仪器。例如，在测量物体的温度时，必须根据实际情况选择不同的温度计。如，测量水在加热过程中的温度变化可选择酒精温度计，其量程为－20℃～110℃，分度值为1℃；而观测沙的温度变化则需要使用量程更大、最高温度达300℃的水银温度计。当使用测力计时，同样应根据被测物体的重量或用力的大小来选择合适规格的测力计。在低年级进行加热实验时，可选择用蜡烛加热，到3年级以后，可让学生学习使用酒精灯进行加热。在使用烧杯、试管时也应选择合适的规格，才能既便于操作，又易取得较好的实验效果。在使用这些仪器时，还应注意相应的操作规范。如，温度计的液泡要完全浸入被测液体，测力计在使用前要调零，等等。选择合适的仪器，规范地操作使用，是保障探究活动顺利有效开展的基础。

其次，教师的操作要规范。教师在实验操作时的一举一动对学生起着示范作用，对培养学生良好的习惯、规范的操作起着潜移默化的影响作用。有的教师用手抓砝码，用嘴吹酒精灯，用温度计当搅拌棒，这些“小事”都会对学生产生很坏的影响。

再次，提前测试实验仪器。有些实验往往有很多的不确定因素，教学前，教师必须预先进行实验操作和尝试，这样不但有利于发现仪器或实验设计的问题，也有利于总结操作要点和条件控制，从而更好地指导学生。

最后，实验的仪器应有一定的备用量，活动过程中如有损坏或故障可及时替换，保证活动的顺利进展。

（二）灵活选用身边材料

在开展探究活动时，有时我们不一定要使用实验室的专用仪器，可以用身边的材料来代替。利用学生身边的材料，有时更能激发学生的兴趣，拉近科学与日常生活的距离。例如：使用学生熟悉的气球进行反冲实验，让学生把气球吹大，然后观察放气时气流的方向与气球的运动方向，找到两者之间的关系。学生对气球“调皮的逃跑路线”非常感兴趣，形象直观地认识了反冲运动。再如，在学习“水的压力”一课时，可以在较大的塑料整理箱内装上大半箱水，让学生在手上套上塑料袋，然后伸入水中，感受体验水的压力。当学生看到塑料袋被压得紧贴在手上时，再加上手上被压迫的感觉，很快就能认识水的压力的存在，同时，为后续进一步探究水的压力大小与什么有关奠定了很好的基础。

案例

活动器材选择与使用案例二则

案例 1

有位教师特意安排在立夏那天上“动物的卵”一课，因为在立夏当天，一般学生们都会带鸡蛋来校，相互斗蛋。

新课伊始，教师组织了“众里挑一——找鸡蛋”的游戏，让学生们认清自己的鸡蛋，然后把班内的鸡蛋集中放在一起，看看谁能迅速地找回自己的鸡蛋。这个过程中，教师引导学生对蛋的外部形状进行了仔细观察。接着，教师开展了“斗蛋擂台赛”，学生们兴致高涨，学习热情被进一步激发。因蛋壳很脆，一碰就破，当蛋壳被敲破露出蛋的内部时，教师顺其自然地引导学生观察蛋的内部构造。有的学生带来了生鸡蛋，通过对生鸡蛋的观察可以分辨蛋壳、蛋白、蛋黄及胚盘；有的学生带来了熟鸡蛋，通过对熟鸡蛋的观察，可以清楚地看到蛋壳膜和气室。这样，整堂课利用学生自己带来的鸡蛋，在轻松愉悦的氛围中开展观察、比较、交流等探究活动，从而对动物的卵有了较清晰的认识。

案例 2

在学习“物体的承重本领”这一内容时，为了让学生直观感受物体承重变形程度与压力大小、接触面积大小（影响压强大小的因素）有关，教师利用学生身边熟悉的矿泉水瓶和海绵开展实验。课堂上，教师首先让学生在瓶中装入适量的水（约半瓶），将瓶子直立在海绵上观察海绵形变的情况，然后将瓶中灌满水，再将瓶子直立在海绵上，观察海绵形变的情况。然后，将同样灌满水的瓶子分别直立和横躺在海绵上，比较海绵形变的情况。请学生认真观察比较，并且思考为什么海绵的形变会不同。由于这个实验的材料在学生的生活当中容易获得，而且实验操作简单，因此基本上每个学生都能取得明显的实验效果，而且学生在直观的操作体验基础上，也都能够发现其中的科学奥秘，能够感受到物体承重变形程度与压力大小和接触面积大小的关系。

【评析】

在案例1中，教师结合当地习俗，利用立夏时学生会带鸡蛋来校相互斗蛋的时机，安排学习“动物的卵”这一课，增强了学生的探究兴趣。利用学生自己带来的生鸡蛋、熟鸡蛋或者已经斗破的鸡蛋等不同材料，开展不同的观察活动，引导学生观察鸡蛋的形状、蛋壳、蛋白、蛋黄及胚盘，认识卵的基本形状和内部结构。由于学生自带鸡蛋，活动材料数量充足，一方面方便学生仔细观察，另一方面也在一定程度上减轻了教师准备活动材料的压力。在案例2中，教师用学生身边熟悉的矿泉水瓶和海绵开展实验，实验材料非常易得，同样方便了教师的实验准备。而且，实验材料贴近学生的生活，使学生体验到课堂中进行的实验在平时的生活中也可以进行，无形中引领学生在生活中继续去观察，从课内延伸到课外，有利于培养学生多方面的科学素养。

由此可见，巧妙利用学生身边熟悉的实验材料进行教学，往往能取得事半功倍的教学效果。

资料来源：王芳．实验材料的选择、利用与呈现．探秘（科学课），2010（7）.

（三）注意材料选择的典型性

选择恰当、典型的实验材料往往直接关系学生对科学概念的理解和探究活动的顺利进行。因此，教师在上课前一定要自己亲自实践、反复实验，找出最典型的材料，确保实验现象明显。例如，在进行“花的结构”一课的教学时，教师要让学生清晰认识一般的花由花萼、花瓣、雄蕊、雌蕊四个部分组成，但有些花（如黄瓜花）是不完全花；有些花（如康乃馨）的花瓣很多，雄蕊很细；有些花（如百合花）花型较大，雌蕊、雄蕊很明显，便于学生解剖操作，但花萼和花瓣非常接近，学生较难区分……所以，在教学时，教师要尽可能选择结构简单完整、特征明显、具有典型特征的花来帮助学生学习，使其在认识了典型的、基本的花以后，再观察了解不完全花、特殊的花，感受自然世界的丰富多彩。

再如，有教师在进行“物体在水中是沉还是浮”一课教学时，其中一个环节就是把准备好的材料分别放入水中，观察它们在水中是沉还是浮。教师给每小组准备了石块、木块、回形针、胡萝卜、塑料、带盖的空瓶和橡皮，学生按照要求把它们准确地放入水中。然而，其中的一种材料“胡萝卜”出了问题，虽然教师在课前试过胡萝卜是浮在水中的，教学用书也是这么说的，但在实际实验中，胡萝卜在水中有的沉有的浮，引起了课堂小小的混乱。课后，教师对胡萝卜这个材料进行了仔细的观察和研究，最后发现胡萝卜的沉浮其实与它里面含有的水分的多少有关，新鲜的胡萝卜水分充足，放入水中的确是沉的，而失去部分水分的胡萝卜就会浮在水中，这导致出现不同的实验结果。另外，胡萝卜不同部位密度不均匀，下端富含矿物质，密度比其他部位大，因此，胡萝卜上半部分易在水中上浮，而下半部分易在水中下沉。所以，这个实验材料不够典型，会影响我们的教学，可用土豆、苹果等替代。

（四）合理改进器材

在实验器材的选择和使用过程中，我们经常会碰到一些不尽如人意的地方，这时，我们可以根据实际情况，进行一些改进，包括对实验材料的改进和对使用方法的改进等。

实验材料是一切探究活动的开始，材料选取是否合理将直接影响学生探究活动能否顺利进行、对科学概念的理解是否准确。合理选取实验材料是有效进行探究的基础和保证。然而，教材中呈现的有些材料本身有一定问题，缺乏可操作性、浪费时间，影响学生的科学探究积极性。对此情况，我们可以把教材中的部分实验材料更换成生活中常见、便于操作且价格低廉的材料，这样不仅能够代替教材中材料的功能，还能使实验的效果更直观。

例如，水的浮力大小的实验改进。在探究同一物体在水中受到的浮力大小与什么有关时，通常做法是手持测力计，将重物悬挂在测力计的挂钩上，然后分别测量重物在空气中、小部分浸入水中、大部分浸入水中、全部浸入水中时所受的重力大小（见图 6－1）。或者将测力计挂在铁架台支架上，然后上下调节支架，改变测力计及重物高度，分别测量重物在空气中、小部分浸入水中、大部分浸入水中、全部浸入水中时所受的重力大小（见图 6－2）。但在具体操作时，学生操作控制能力有限，上下移动测力计时会导致弹簧测力计上下抖动，影响读数。针对这一情况，我们可以将测力计固定在支架上，改成“上面不动下面动”，就是将烧杯放在升降台上，用升降台取代固定底座（见图 6－3），让水杯按需平稳升高，从而实现重物在空气中、小部分浸入水中、大部分浸入水中、全部浸入水中的改变。这样，既方便了学生的操作，使测力计读数方便准确，同时，也能直观地看到随着底座上升，重物浸入水中的部分逐渐增多，测力计读数逐渐变小（受到的浮力逐渐变大），有助于学生建立水的浮力与物体浸入水中的部分多少有关的科学概念。此外，本实验还可用力传感器替代测力计（见图 6－3），进一步方便学生的操作。力传感器可直接显示各种情况下重物所受的重力数值，从而推算出浮力的变化。

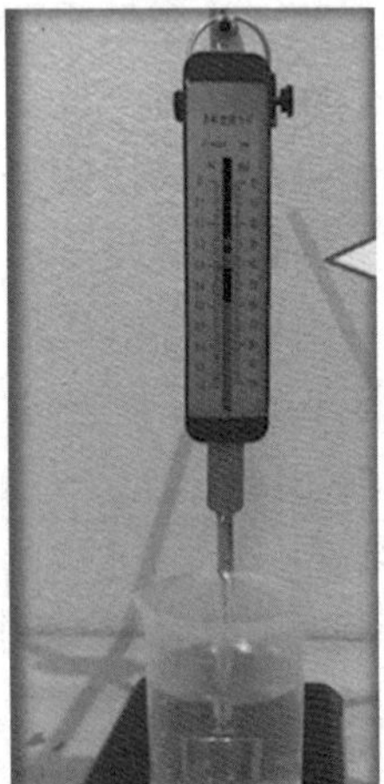
图 6－1　水的浮力大小的实验

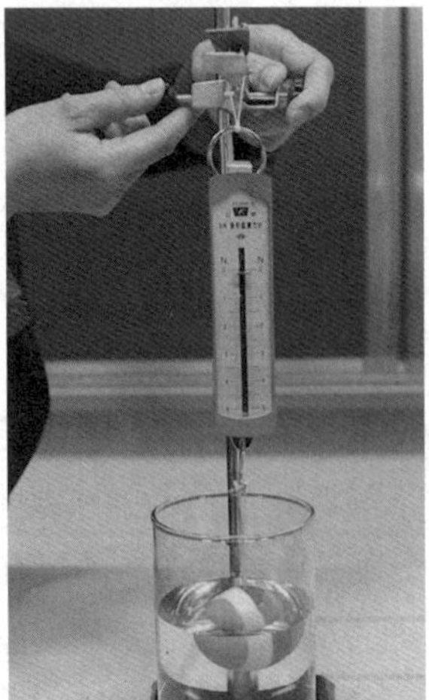
图 6－2　水的浮力大小的实验改进之一

图 6－3　水的浮力大小的实验改进之二

有时，虽然教材呈现的活动具有可行性，但是做一些改进可以使活动的效果更好。以光的直线传播实验为例。

光在水中沿直线传播的实验，通常的做法是利用一个玻璃大水槽，装半水槽的水，将水槽的一面用黑纸贴住，便于观察，然后从侧面进行照射。但这样的实际观察效果很一般，不能清晰地看到光的行进路线。如果在水中加入食盐或者滴入几滴牛奶，效果就会显著很多，能较清晰地看到光的行进路线（见图 6－4）。可是，这种方法只能在讲台上演示，对后排同学来说可视性差。如果改用试管，在试管里装满水，滴入几滴牛奶，或撒一点咖啡伴侣（白色），用激光笔从上往下直射（见图 6－5），效果非常明显，而且携带很方便，在班级里做实验的时候可以拿着走动，让所有同学都看到。

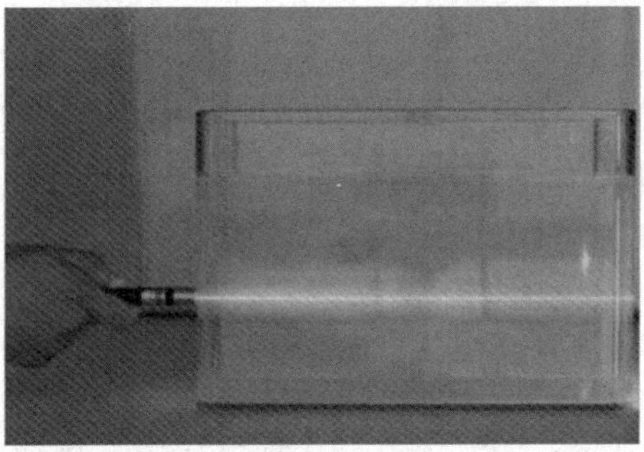

图 6－4　光在水中直线传播的实验改进之一

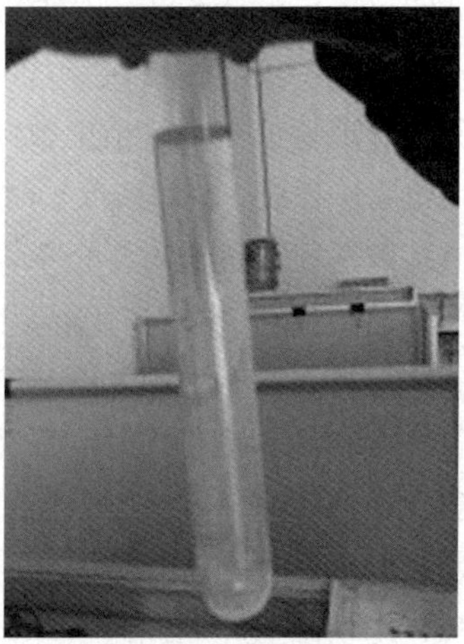

图 6－5　光在水中直线传播的实验改进之二

光在空气中沿直线传播的实验，常用的方法是在水槽里用蚊香制造烟雾，上面盖好纸，激光笔从玻璃缸的侧壁射入，效果比较明显。它的缺点是烟雾很容易散去，再次制造需要一定的时间。可以改用其他两种方法：一种方法是用喷壶喷洒水雾，让激光在水雾中传播，这样可以看出光在水雾中沿直线传播。另一种方法是拿着激光笔沿着泡沫板的平面照射，可以发现光贴着泡沫板呈现出一条直线（见图 6－6），这样，既能清晰地看到光沿着直线传播，效果很好，而且可以拿着移动，还可以分组让学生自己实验，操作简便。

图 6－6　光在空气中直线传播的实验改进

（五）注意实验仪器的维护与保养

实验材料特别是一些相关的仪器设备在使用后，要及时做好保养维护，否则老化、生锈、变形会影响以后的实验效果。平时应做好常规保养：每次用毕仪器，应做好清洁工作，检查附件，在做好保养工作后放回原橱原位。此外，对某些仪器还应定期保养：一般每学期结束前须全面做一次防尘、防潮、防锈上油等工作，根据仪器特点定期通电、日晒、检查浸液、擦洗等。例如，酒精灯应盖好灯帽，长期不用可将酒精倒入瓶中密封保存，防止挥发；测力计应整齐平放，避免挤压变形，保持干燥，防止弹簧和其他部件生锈；演示声音传播的钟罩密封装置要平整摆放，防止密封条变形、老化，影响实验效果。

玻璃仪器要保持清洁，存放方式要取用方便，避免碰撞破损；带塞、带盖仪器要配套存放；磨口玻璃仪器在清洗干净存放时，应在磨口处垫上小纸片；试管可用小盒子装起来；备用的玻璃仪器可装箱集中保管。

在使用、存放一些精密仪器时，更应注意按要求规范操作。如显微镜的日常维护包括：

（1）取送显微镜时均要轻拿轻放。

（2）显微镜光学部分，只能用特殊擦镜纸擦拭，避免使用他物擦拭或用手指触碰镜面。

（3）保持显微镜干燥、清洁，避免灰尘、水及化学试剂玷污。

（4）在转换物镜镜头时，只需转动转换器，不要扳动物镜镜头。

（5）在使用高倍物镜时，勿用粗动调焦手轮调节焦距，以免移动距离过大，损伤物镜和玻片。

（6）切勿随意转动调焦手轮。在使用微动调焦手轮时，用力要轻，转动要慢而匀速，转不动时切勿硬转。

（7）不任意拆卸显微镜上的零件。

只有日常做好各类实验仪器的维护与保养，教学中才能达到良好的实验效果，才能为学生的探究活动提供有效支持。

三、自制教学具

自制教学具是指由教师或师生共同参与完成的，利用收集到的材料采取简单易行的方法，自己动手研制的教具、学具、标本、模型等。虽然说我们身边的活动材料丰富多样，学校实验室中也大多配备了多种多样的器材，但这些材料还远远不够，难以满足不同学校、不同教师的个性需求。在一些农村学校，教学仪器的不足成为制约科学课堂教学质量的主要原因。因此，自制科学教学具显得尤为迫切而重要。

在教学中，我们可以就地取材，自己动手制作简易的教学工具。自制教学具不仅可以较好地填补现有教学具的空白，易于突破教材中的重点难点，优化科学实验，丰富活动内容形式，还可以锻炼教师、学生的动手动脑能力和创造能力，激发学生的学习兴趣。

案例

“沉浮与什么因素有关”一课的学具改进

在五年级“沉浮”单元第二课“沉浮与什么因素有关”教学中，教材要求通过两组实验让学生探究发现：不同材料构成的物体，如果体积相同，那么重的物体容易沉；如果重量相同，那么体积小的物体容易沉。教材要求准备一套相同体积不同重量的球，一套相同重量不同体积的立方体，虽然这两组材料直观性很强，但许多农村小学的科学实验室没有相配套的实验器材。于是教师结合农村实际情况，对本节课的实验进行了改进与创新：从学校附近的小诊所找来了一些青霉素针剂的空瓶子，把这些形状、体积大小完全相同的空玻璃瓶，里面装上不同重量的水，用它们来代替相同体积不同重量的那套球；教师又另外收集了一组体积大小不同的空瓶，里面装上不同量的沙子，用天平称量使之达到相同重量，用来代替那套相同重量不同体积的立方体。

然后，教师按照教材开展了相应的探究活动，引导学生通过实验操作和比较分析，整理出了由不同材料构成的物体在水中的沉浮规律。学生知道了物体的沉与浮与物体的体积大小和重量有关：当体积相同时，重的物体容易沉；当重量相同时，体积小的物体容易沉。而且，有了小瓶子活动的铺垫，学生对后续潜水艇的原理也理解得比较好。

【评析】

本课中，教师通过自己动手，利用身边的废旧材料替代教材中的实验材料，组织学生开展实验，保障了学生的动手实践和体验机会，取得了很好的教学效果。这样的实验改进既增强了实验的直观性，也为学生分析理解实验现象提供了支持，值得我们学习借鉴。

资料来源：郭庭霞．小学科学实验教学的改进与创新策略．小学科学（教师版），2017（7）．有改动。

又如，“气体的热胀冷缩”实验，通常对气体进行加热或者冷却，学生很难直接观察到气体体积的变化。教师自制了一个装置，用一个大的玻璃饮料瓶，在瓶盖上打孔插入一根吸管，并用热熔胶固定、密封，在吸管的中部注入少量红墨水，作为标注，然后，将整套装置放于热水中，则红色水柱上升；放于冰水中，则红色水柱下降，效果非常显著。这一实验可以使学生直观地观测到气体的热胀冷缩，加深了学生的感性认识，取得了很好的效果。如果有条件，还可以用小药瓶配上饮料管来研究液体的热胀冷缩效果，学生们可以人手一套进行实验操作。

再如，在进行“人体的消化器官”一课的教学时，由于内容较抽象，很多学校也没有人体消化系统模型，因此我们可以与学生一起制作一个人体消化系统模型。制作材料：漏斗、透明塑料管、比较厚的塑料袋、乒乓球、洗衣机进水管、洗衣机排水管、长筒袜、馒头渣或者豆渣等。制作步骤是：（1）画一个人体躯干图，作为底板；（2）用漏斗模拟口腔，用透明塑料管模拟食道，漏斗颈部要紧塞进透明塑料管内；（3）将厚的塑料袋装上水模拟蠕动的胃部；（4）用洗衣机进水管模拟小肠，用洗衣机排水管模拟大肠（也可用长筒袜，注意直径）；（5）用馒头渣或者豆渣模拟食物，展现食物在消化道中的状态。制作这一教学具的材料简单、操作简单，而且是教师与学生共同创作，所以可以有效地提高学生的学习热情，激发学生的学习兴趣，直观形象地帮助学生认识消化系统，了解食物在人体内的消化过程，取得更好的教学效果。

第四节　室外活动资源的开发与利用

按照教学进度，下周就要学习“绿色能源”的内容了，小王老师想到学校不远处就有一个风电博物馆。为了拓展学生的视野，激发学生的探究兴趣，小王老师决定组织学生去参观学习。在向校长汇报后，校长也很支持，专门安排了往返的车辆。可是当天到了博物馆后，发现要九点才开门，小王老师只好让学生等了半小时。好不容易进入博物馆，小王老师发现馆内适合小学生的内容并不多，而且负责绿色能源板块的讲解员那天正好外出学习了，小王老师只好一个人来回奔波，既要寻找适合学生的参观内容，又要管理学生，还要进行讲解。半天时间他忙得晕头转向，活动也没达到预期的效果。

虽然小王老师充分利用校外资源的想法是很好的，但是校外资源具有更大的开放性和不确定性，需要我们做更多的准备，包括事先考察、资源分析、人员联系、活动安排等，这样才能取得好的效果。

一、常用室外活动资源的类型

与课堂的各种常规资源相比，室外活动资源形式丰富多样，分布也更为广泛。在教学中，我们应注意室外活动资源的挖掘及利用，为拓宽学生视野、丰富学生的学习经历和体验、开展更广泛更深入的科学探究活动提供支持。按照空间分布，我们可以把室外活动资源进一步分为学校资源、家庭资源、自然环境资源、社区资源、场馆资源和其他资源（见表 6－1）。这些资源中既有物质资源，也有人力资源。

表 6－1　小学科学课程常用室外活动资源的类型

资源类型	示例
学校资源	学生、教师、后勤总务等
	校园环境（花坛、池塘、图书馆、网络教室、种植园、橱窗等）
	校园生活（日常活动、师生交往、专题活动等）
家庭资源	家长（含亲戚等）
	家庭的图书、报刊、电脑、家庭设施等
	家庭中的生活、社会活动等

续表

资源类型	示例
自然环境资源	各种花草、池塘等生物与环境
	四季更替、自然灾害、花开花落等自然现象
社区资源	不同知识经验、技能素质、社会角色的人
	各类企事业单位，如污水处理厂、消防中队、敬老院等
场馆资源	各类博物馆、科技馆、科普场所、科普教育基地、气象站、天文馆等
	相关研究人员、科普志愿者等
其他资源	社会生活（节日、习俗、社会交往、劳动实践、国家大事、热点等）

学校资源离学生最近，应用最方便，我们应充分加以利用。例如：观察校园里各种植物的种类、形态、开花结果过程、在一年四季中的变化；观察不同环境、角落中植物的生长情况；寻找校园中的小动物，饲养小金鱼，种植牵牛花；利用图书馆、网络教室查找资料；向后勤教师询问花草管理、种植养殖经验；等等。有些学校校内建有种植园，还有学校校内建有特色创新实验室，如天文科普馆、小小气象站、机器人探究室等，我们也应充分利用。我们还可以组织跨学校的参观、探究活动，实现资源共享。

家庭资源也是学生科学学习的重要来源。学生的家长或亲戚从事各种各样的行业和工作，有许多工作内容与学生学习的科学课程内容密切相关，如中草药研究、电子技术制造、污染处理、园林绿化、气象预报、建筑设计等，以及一些家长从事的野外考察、科技制作等专业相关领域的活动，这些都是难得的资源。有的可以为学生做相关的宣传和指导，有的可提供相关的图文资料、模型，有的还可以提供实地参观、专业讲解。此外，一些学生家里有各种科普类的图书、报刊、电脑资料，有的还有电子积木、天文望远镜，不少学生家里种植各类花草，饲养猫狗等宠物，这些都可以成为学生科学课程的学习资源。

自然环境是学生生活于其中、每天接触的环境，然而这并不意味着学生对自然有着深入的观察和了解。我们的学生尤其是生活在城市中的学生离自然越来越远，接触自然的机会也越来越少。小学科学课程的重要任务，就是培养学生亲近自然、热爱自然情感，这离不开对周围自然资源的开发和利用。教师要从学生身边熟悉的自然环境入手，引导学生细致观察、持续观察，并开展探究。

相关的社区、场馆也是重要的活动资源，包括各类公园、农业基地、校际资源、青少年活动中心、企业、专业机构（防疫站、研究中心、天文台）等。这其中既有专门的科普场馆、科普基地，如科技馆、植物园、森林公园、海洋水族馆、博物馆等，也有一些普通企业，如木材加工厂、自来水公司、污水处理厂等。我们还可以带学生走进现代高新技术企业的生产车间，让学生了解自动流水生产线，了解体验机械系统的构成和工作过程、人工智能的运用。

二、开发利用室外活动资源的价值

室外活动资源的开发利用，可以为学生的探究活动带来更多的促进和改变，其价值主要包括四个方面：

（一）拓宽视野

丰富的室外活动资源可以突破室内活动资源的限制，为学生提供更多、更广、更新、更专业的信息，展现自然世界的丰富多彩，让学生看到在课堂上无法看到的景象，如各种神奇的昆虫、无人驾驶汽车的生产过程，激发学生对科学的兴趣。

（二）丰富体验

室外活动资源可以突破课内学习的限制，为学生提供前所未有的体验，如种植农作物、制作各类模型、模拟航行驾驶、体验地震时的感受等。

（三）进一步感受科学技术与社会、环境的密切联系

通过一些引入室外活动资源的探究活动，学生可以接触到更丰富、更真实的现象和事例，进一步感受科学技术与社会、环境的密切联系。例如，组织学生野外考察，参观污水处理厂，感受水污染对环境的危害，了解污水治理所需的大量人力、财力和面对的困难，体会保护水资源的重要性。通过各类室外活动资源，可以引发学生对科学、技术、社会、环境相关议题的学习和探究，加强科学探究与真实社会生活的联系，增强学生的社会责任感。

（四）扩展探究的时空

有了丰富的室外活动资源的支持，我们可以进一步变革教与学的方式，为学生提供更大的探究时空，深化学生的科学探究。例如，学生可以到自然博物馆观察生物的进化历程，模拟挖掘“化石”；可以到昆虫馆观看专题片，制作昆虫标本，将昆虫分类；还可以去访问周边的果农，了解水果生长的奥秘……

三、开发利用室外活动资源的原则

（一）系统性原则

室外活动资源的开发利用要有一定的系统性，不能散乱随意。它可以依托国家相关部门的指导、教育专家和课程专家的研究成果以及普通教师的实践，有条件、有步骤地进行。开发室外活动资源费时费力，可能带来很多浪费，因此我们不仅仅要开发，更要去利用，要充分利用已有的资源，对其进行梳理，与我们的课程标准、现有教材做对照，进行系统化的建设，避免重复开发和浪费，提高利用率，实现物尽其用。

（二）经济性原则

室外活动资源的开发与利用要尽可能用最少的开支和精力，达到最好的效果。大部分学校科学老师任务重、时间紧，人手有限，经费不足，因此在室外活动资源的开发利用中应充分考虑经济性，争取价廉物美、简单实用。具体而言，经济性包括时间的经济性、空间的经济性、费用的经济性和人力的经济性等。

（三）适应性原则

在开发室外活动资源时，要考虑学生的年龄特点、认知能力等实际情况；否则，再好的活动都难以落实。在资源的开发和利用过程中，要遵循适应性原则：一是内容的难易度要适应学生的年龄特点和认知水平，它必须是学生能够理解、接受的。二是资源的形式要适应学生的年龄特点和认知水平，应选用一些新颖活泼、形象生动的资源，这样才会更受学生欢迎。

（四）创造性原则

尽管活动资源多种多样，但是对于不同地区、学校、学生和老师来说，资源的开发和利用具有极大的差异性。因此，室外活动资源的开发和利用没有固定的模式，不应强求一致，而应从实际出发，发挥地域优势，强化学校特色，展示教师特长，贴近学生需求，扬长避短，体现教师的个性和创造力。活动课程资源的开发和利用本身就是一项富有创造性的实践活动，可以各显神通、各取所需，避免机械主义和形式主义，照搬、照抄他人的做法。

四、有效开发利用校外活动资源的实施要点

要有效开发利用室外活动资源，特别是校外资源，需要认真做好资源的考察、梳理工作，建立必要的联系，并在使用中不断拓展、优化资源，使室外活动资源利用常态化。以下以校外资源为例进行说明。

（一）校外资源开发与利用的一般程序

1. 挖掘梳理，建立名册

首先，我们应做好校外资源的挖掘梳理工作。积极开展调查、收集，通过实地考察、走访、网络查找、咨询相关部门（如市、区科学技术协会等）、发放问卷等多种途径，了解学校周围有哪些可用的资源，这些资源的相关领域、类型、内容和特色、适合开展的探究活动、主管部门、联系方式等信息，然后分类建立校外资源名册，便于后续联系使用。

2. 明确需求，合理选择

在资源开发积累的基础上，根据探究活动的内容、目标，明确探究活动的资源需求，如时间、空间、资源类型、资源数量、需提供的支持等，然后依据适切性、便捷性、安全性、经济性等选择合适的资源。必要时，应制订专门的活动计划，确保资源的有效应用和活动的正常开展。

3. 事先联系，落实支持

为了保障探究活动的正常开展、资源的有效使用，除一些自然资源外，一般都要做好事先的联系工作，主要包括：告知活动的内容和所需的资源，以便相关的场馆、科技辅导人员做好各方面的准备，提供必要的支持；了解资源的实际情况，能提供支持服务的时间、数量，及时掌握资源的变化情况；等等。

4. 基于资源，优化活动

通过事先联系或活动前的再次实地考察获得的信息，教师可以根据资源的实际情况，优化探究活动的设计（包括探究内容、活动形式等），以确保探究活动正常、有效开展。

5. 加强组织，开展实践

在上述充分准备的基础上，就可以按计划开展活动了。在活动过程中，要加强组织和

引导，帮助学生正确、充分利用资源，开展探究。同时，要注意对资源的保护。

6. 总结反思，改进利用

在活动结束后，应对本次活动中的校外资源使用情况做出反思，如：资源的选择是否合理，资源还可做哪些优化与改进，资源还可做哪些挖掘与利用。对于活动效果良好的校外资源，可以考虑将它们固化下来，形成课程内容，实现对资源的二次开发利用。

（二）校外资源常见的应用方式

1. 走出去、请进来相结合

从空间上来说，我们可以带领学生走出去，去大自然中观察植物的生长，探究湿地中的生物；可以去科技馆、动物园了解更多动物的生活习性和繁殖过程；可以去农业基地请有经验的农民、农业科技人员指导种植，探究土壤对植物生长的影响；也可以邀请科学家、科普场馆的工作人员上门指导，开办讲座、组织展示等。

2. 课前、课中、课后相结合

从时间上来说，校外资源可以用在课前，让学生事先进行观察、调查、观摩或者听讲座等，然后对其中一些内容展开探究；校外资源也可以用在课堂探究活动后，让学生利用相关的校外资源进一步开展探究学习，包括种植、饲养、调查、研究等；有时还可以让学生直接在科普场馆、农业基地或自然环境中上课。

3. 活动探究、课题研究、课程开发相结合

从内容上来说，除了常规的探究活动外，教师还可以利用校外资源开展一些校内无法完成的专项小课题研究，如在风电科普馆设计制作风力发电模型、在农业基地开展植物的种植研究等；教师还可以依托馆校合作开发一些科技类的探究拓展课程。例如，2017 年上海市教育委员会和中国航海博物馆联合开展“利用场馆资源提升科技教师和学生能力的‘馆校合作’”项目，此项目在 2017 年共开发了 61 门校本课程初稿，与全市近 90 家中小学校签署了合作共建协议，并已深入开展合作①。

（三）开发和利用校外资源的注意点

为了更好地发挥校外资源对学生探究活动的支持，发挥其应有的作用，在充分发掘利用校外资源的同时，还应注意以下几点：

1. 难易度

校外资源具有较大的开放性，很多没有特定的受众，有些是面向中小学生的，有些是面向所有年龄层次的，有些是科普层次的，有些则专业性较强，因此难易度差异很大。在选择使用校外资源时，应注意贴近学生的认知水平，必要时可借助支持，对校外资源做适当的处理。

2. 利用效率

校外资源虽然丰富，但因其分布广泛，在使用上会有一些不便，如需要组织学生外出，对学生在野外组织指导不便，往往需要更多的时间、财力、人力等方面的支出。所

① 活动报道见中国航海博物馆网页：http：//www.shmmc.com.cn/Home/NewsDetail? id=540af91fd2cc07db.

以，教师需要考虑资源的利用效率，即投入产出比的问题。有条件的可现场参观，没条件的可通过网上虚拟参观，或邀请上门教学等方式进行。

3. 资源内容与利用形式

校外资源内容丰富、形式多样，我们要充分利用其各自的优势，灵活选择资源内容和利用方式，走出去、请进来，远程指导、虚拟参观、现场实践等相组合。如先请专家到学校做昆虫知识的专题讲座，再让学生到昆虫馆或者学校周边的蝴蝶馆等进行现场观摩。

4. 安全性

在利用校外资源开展探究活动时，一定要注意安全，包括：资源本身存在的潜在危险；去动物园观察动物时，在大自然中考察池塘、湿地时潜在的危险；外出途中的交通安全、食品安全；等等。对此，教师要做好相应的安全教育和防护指导。

5. 对资源的保护

资源是宝贵的，在利用校外资源的过程中，应树立共建共享、爱护资源的意识。如听从安排，在野外不乱丢垃圾，不破坏植被，不随意采集植物标本；不在物品上随意涂画、刻画；不擅动仪器设备，使用完毕后应尽量复原或及时归还。

思考与练习

1. 什么是课程资源？小学科学常用的课程资源有哪些？
2. 开发利用小学科学课程资源有哪些原则？
3. 在活动器材的选择与使用上应注意哪些要点？
4. 如何有效开发利用室外活动资源？

阅读导航

陈慧．小学科学活动设计与指导．北京：中国人民大学出版社，2015.

重点阅读该书第三章第三节“小学科学活动资源的开发利用”，该节从活动资源的类型、活动资源开发的基本原则、开发活动资源对教师的要求以及小学科学活动资源开发的途径等方面，结合一些具体实例，较详细地介绍了小学科学活动资源开发利用中的一些具体建议，具有较强的实用性和可操作性。例如，在活动资源的类型部分从信息资源、物质资源、人力资源方面分别列举了一些常用资源，小学科学活动资源开发的途径部分分别从校园、家庭、社区的活动资源由近及远地列出了各种可以利用的活动资源，可以帮助科学课教师打开思路，进一步合理、充分地利用资源，促进有效教学。

第七章

小学科学教学设计案例精选与评析

本章导读

在前几章学习的基础上，本章将带领读者了解如何评价小学科学教学设计方案，并通过对小学科学优秀教学设计方案的评析，帮助读者进一步体会如何在符合教学设计基本原则的基础上，形成一定的特色，有效落实小学科学的教学理念。

本章学习要求

- 知道教学设计方案评价的功能。
- 了解教学设计方案评价的主要观察点与标准。
- 能根据教学设计方案评价的主要观察点和标准实施评价。
- 具有在教学设计过程中及时开展自我评价并改进教学设计方案的意识。

第一节　小学科学教学设计评价

小张打算把“骨骼与肌肉”一节课作为实习汇报课，他精心撰写了教学设计方案，在教材的基础上对学生活动进行了适当调整，还改造了学生活动的学具。在课堂教学时，“利用套筒限制肘关节活动范围”的活动效果很好，学生感受到了关节的作用，然而“手持实心球20秒后说说感受”的活动效果却不尽如人意，作为代表在讲台上手持实心球的两个男生竟然没什么感觉！“体会肌肉的作用”这一活动的教学目标没能顺利达成。通过课后研讨，小张意识到了他对活动细节的考虑以及对学生心理的把握还不够：两名学生的感受不能代替全班同学的感受；学生手持实心球的姿势不符合要求；作为代表的男生潜意识中也许希望能展示"男生的力量"，不肯说手臂肌肉酸胀……

小张能在教材的基础上再创作，这样的意识非常重要。但是，他忽视了在教学设计过程中，在每个设计阶段完成之后就要对这一阶段的初步方案加以评价，这样才能使教学方案更加合理。

一、教学设计成果评价的功能

对于学科教师来说，教学设计成果主要是不同层次的教学设计方案，对教学设计成果的评价一般涉及：方案设计水平如何？方案在哪些地方存在不足，怎样修改？方案能否带来理想的教学效果？等等。必须进行教学设计成果的评价，并根据评价得来的信息修改设计成果。评价是修改的基础，是教学设计成果趋向完善的调控环节。

教学设计成果评价从确定教学目标就已经开始，并贯穿在整个设计过程中。例如，对学生分析的过程，从某种意义上说，就是对学生目前的状况与学习目标之间的差距进行评价的过程；又如在分析教学内容时，教师需要对教学内容进行一次初步评价，看教学内容是否与教学条件、教学对象的实际相匹配；再如当建立起教学目标体系后，教师往往应该马上进行目标价值的判断，使之成为以后评价学生学习结果的科学基准。

教学设计成果评价主要具有三方面的功能：一是诊断功能。通过对教学设计成果全方位的评价以及内在成因的分析，教师可以了解教学设计的成效和缺陷，为教学设计的改进提供依据。二是调控功能。就教学设计整体过程而言，教学设计的评价从学习任务分析（包括教学内容分析、学生分析）就已经开始，设计过程每向前推进一步，都要对先前完成的工作进行评价。这样做看似烦琐，实际上避免了教学设计工作的重复和浪费，提高了教学设计的总体效率。三是激励和督促功能。教师在教学生涯中，始终面临着经验的积累、新理论的学习与掌握，只有养成教学反思意识，才有可能成为一名优秀教师。通过对教学设计成果的评价，教师可以获知自身的教学水平情况。较高的评价能给教师带来心理上的满足和精神上的鼓舞，激励他们向更高的目标努力。即使是较低的评价，也能起到推动和督促作用。

二、教学设计方案评价的观察点与标准

教学设计的目的是实现有效的教学，所以在教学实施之前，教师需要知道设计成果（也就是教学设计方案）是否实现了设计目标。评价一份小学科学教学设计方案水平的高低，主要从三个方面加以考察：完整性和规范性、设计理念、可实施性。

（一）完整性和规范性

小学科学课程的教学设计方案，应开展单元的整体设计，单元各课时之间形成良好的衔接，共同达成单元目标。就一个课时的教学设计方案而言，一份规范的教学设计方案必须体现一个完整的教学设计过程，所有必需的环节应明确写出，而且要前后一致，是一个整体的解决问题的方案。一份完整的课时教学设计方案一般应包括确定课题名称、教学内容分析、学生分析、设定教学目标、明确教学重难点、教学准备、教学过程设计、板书设计、学习单设计等几个部分。

教师的课时教学设计方案在完整性和规范性方面，容易发生缺陷的几个环节包括：

1. 教学内容分析

教学内容分析要把本课教学内容放在一个教材内容体系中加以考察，也就是说，要搞清楚所要设计的教学内容在学段中、在整册教材中、在本单元中的地位和作用。教师在这一部分常常仅表述教学内容在教材中的位置，如“本节课是教科版×年级×册第×单元第×课”，对此教学内容与其他内容间的关系只是点到为止，没有明确、具体阐述，这反映了教师缺乏对教材内容的整体理解及对各知识点关系的准确认识。

2. 学生分析

教学设计是围绕帮助、促进学生的学习而展开的，因此有必要了解学生在学习具体内容前的准备状态（学习起点、心理发展）、学习风格、学习动机等，其中，了解学习准备状态指从学习者的学习起点水平、认知发展的一般特点进行分析。教师在这一部分容易出现的缺陷是：往往只关注学习起点水平，在设计方案中通常被表述为学生的知识基础和认知基础，如“前面学生已经探究了绿豆芽的生长需要水、温度，也知道了绿豆发芽可以不需要阳光，但绿豆芽的生长需要阳光吗？学生可能有不同的看法，这节课就让学生通过种植绿豆芽探究绿豆芽的生长是否需要阳光，以及绿豆芽生长对水的需求”，但是对学生的心理发展、学习风格、动机与思维特点等缺乏关注，很少有教师能描述学生的兴趣点在哪里、学生的思维特点是什么、学习本内容适合学生的教学方法是什么等。

3. 设定教学目标

教学目标要体现课程标准的理念。我国科学教育界提出的科学学科核心素养包括科学观念与应用、科学思维与创新、科学探究与交流、科学态度与责任四个方面[①]。《课程标准（2017）》体现了科学学科课程目标和核心素养的基本要求：课程目标中的“科学知识目标”反映了核心素养中的“科学观念与应用”，“科学探究目标”整合了核心素养中的“科学思维与创新”“科学探究与交流”，“科学态度目标”以及“科学、技术、社会与环境目标”从不同角度反映了核心素养中的“科学态度与责任”[②]。《课程标准（2022）》的科学学科课程目标与核心素养有了更显性的对应关系，提出核心素养的内涵包括科学观念、科学思维、探究实践、态度责任等方面，并以此为基础，提出了科学课程的总目标：科学课程旨在培养学生的核心素养，为学生的终身发展奠定基础。掌握基本的科学知识，形成

① 刘恩山．义务教育小学科学课程标准解读．北京：高等教育出版社，2017：32.

② 同①36.

初步的科学观念；掌握基本的思维方法，具有初步的科学思维能力；掌握基本的科学方法，具有初步的探究实践能力；树立基本的科学态度，具有正确的价值观和社会责任感。《课程标准（2022）》附录的教学案例中，教学目标也是按照科学观念、科学思维、探究实践、态度责任四个维度撰写的。依据《课程标准（2022）》编写的教材正陆续投入使用，鉴于此，当下教学目标的撰写仍可分为科学知识、科学探究、科学态度以及科学、技术、社会与环境四个维度，也可尝试改用对照《课程标准（2022）》的四个维度。不管采用哪种写法，撰写教学目标的基本原则依然是：教学目标不仅要反映这四个维度的目标，而且要体现不同学习者之间的差异；目标的阐述要清晰、具体、不空洞，不仅要符合学科的特点和学生的实际，而且要便于在教学中进行形成性评价。教师这一部分的教学设计容易出现的缺陷主要有：（1）目标具体表述层次不清，表现为“科学探究”“科学态度”的目标表述与“科学知识”维度有重叠，例如，把目标“通过探索绿豆芽生长对水的需求的实验设计，认识植物生长对环境的适应能力”归在“科学探究”维度之下，实则应归属于“科学知识”维度。（2）行为主体错位，没有体现学生是学习主体，如“通过对种子的解剖、观察，培养学生的动手能力”的行为目标陈述的主语应该是学生（通常可省略），可改为“通过对种子的解剖、观察，提高动手能力和观察能力”。（3）一条目标中包含了不同层次的行为动词，如“知道和理解……”，应该改为“知道……，理解……”。（4）目标表述缺乏针对性——这主要表现在“科学探究”“科学态度”两个维度目标的表述中，没有体现该专题内容的特点，而是放在任何一节课中都合适，如“体验探究的乐趣”“学会小组合作和分享”等。

4. 明确教学重难点

教学重点是针对教学内容的重要性而言的，是最基本、最重要、最关键的内容。教学难点是针对学生的学习难度而言的，是学生不易理解、不易掌握、容易混淆、容易出错的地方。教学重点与教学难点既可以重合，也可以不重合。有些教师常常误认为教学难点一定是教学重点，或者认为教学重点与教学难点是一回事，在教学设计方案中表述为“本课时的教学重点与难点是……”，这是不正确的，应该表述为“本课时的教学重点是……，难点是……”。即使偶尔出现教学重点与教学难点完全重合的情况，也应表述为“本课时的教学重点是……，难点同教学重点”。

5. 教学准备

小学科学的课前准备通常比其他学科复杂得多，需要在教学设计时考虑周密。从准备的主体来看，课前准备包括教师准备和学生准备两方面；从准备的内容来看，既包括教具、学具的准备，也包括学习内容的准备，如课前收集资料等。教师在表述课前准备时，往往把教具和学具混在一起。教具是教师在教学过程中使用的各种实物、仪器、药品、媒体资料等，学具则是学生活动中需要用到的材料。可见，教具和学具的操作主体是不一样的，需要准备的数量也不同，教具通常只需要一套，而学具则需要按照学生活动小组的数量来加以配置，有些学生个人操作的材料则需要人手一套。因此，在教学设计方案中，教学准备应该把教具的准备和学具的准备分开表述，学具的数量还要注明是每组一套还是每人一套。此外，教师容易忽略要求学生在课前进行相关学习内容的准备，这一点也是在书写课前准备时值得注意的。

此外，有些教师的教学设计方案还会漏写板书设计与学习单。

（二）设计理念

注重探究式教学是新课程改革以来科学教育领域达成的共识，然而与 2001 年《课程标准（实验稿）》相比，《课程标准（2017）》在关注核心素养的国际大背景下，在设计思想上体现出明显的变化：用大概念构建课程内容、基于学习进阶设计课程内容、基于思维的科学教学。体现在教学过程设计中，一是要关注学生概念框架的形成，把大概念作为课堂教学目标之一，每一节课的设计，都要将上位的大概念和核心概念拆分为一系列具体的概念，并提供给学生丰富的、典型的、有助于概念建构的经验；二是要关注学生的学习进阶，基于学生的生活经验，聚焦关键的问题，围绕科学领域的大概念（核心概念）构建概念发展进程，就一节课的教学过程设计而言，学生的概念形成过程是与其学习进阶相匹配的；三是要关注学生思维能力以及解决实际问题的能力的养成，思维是课堂教学中师生的核心活动，教学设计能体现出追求学生对知识与方法的深度理解与灵活应用。《课程标准（2022）》在 2017 年版课标的基础上进一步强调了核心素养导向，聚焦核心概念，科学安排学习进阶，注重探究实践；同时凸显了跨学科主题学习，理解跨学科概念并应用于真实情境的必要性；此外还强调了构建素养导向的综合评价体系，强化过程评价，重视教-学-评一体化。

新课程改革以来一直倡导的合作学习、探究式学习依然是科学教学的主导模式，探究教学要突出学生的积极思维，合作互动要达到思维的互动。学生在概念建构过程中，内在本质仍然是积极的思维活动。《课程标准（2017）》指出："小学科学课程倡导以探究式学习为主的多样化学习方式，促进学生主动探究。""小学科学课程的组织与教学要兼顾知识、社会、儿童三者的需求，将科学本质、科学思想、科学知识、科学方法等学习内容镶嵌在儿童喜闻乐见的科学主题中，创设愉快的教学氛围，保护学生的好奇心和求知欲，激发学生学习科学的兴趣，引导学生主动探究，积累生活经验，增强课程的意义性和趣味性。"①《课程标准（2022）》在课程实施的教学建议中提出："探究和实践是科学学习的主要方式……整合启发式、探究式、互动式、体验式和项目式等各种教与学方式的基本要求，设计并实施能够促进学生深度学习的思维型探究和实践。"② 可见，小学科学的教学设计，是引导学生在以探究为主的多种学习活动过程中，在科学观念、科学思维、探究实践、态度责任这几方面有所收获。然而，在某一节课的教学中，这四个方面是不可能"均匀使劲"的，一节面面俱到的小学科学课，往往难以深入，学生的收获也很有限。因此，

---

① 中华人民共和国教育部．义务教育小学科学课程标准．(2017-02-15)[2025-03-01]. http://www.moe.edu.cn/srcsite/A26/s8001/201702/t20170215_296305.html.

② 中华人民共和国教育部．义务教育科学课程标准：2022 年版．(2022-04-20)[2025-03-04]. http://www.moe.gov.cn/srcsite/A26/s8001/202204/t20220420_619921.html.

在教学设计时，应该在教学内容分析和教学对象分析的基础上，选择合适的切入点，突出上述四方面中的一个或两个方面的教学，这样的教学设计方案才有亮点，学生的收获才可能会更大。

（三）可实施性

有了明确的设计理念，还要在整个教学设计过程中加以贯彻，体现在教学设计方案中，就是在确定课题名称、教学内容分析、学生分析、设定教学目标、明确教学重难点、教学准备、教学过程设计、板书设计、学习单设计等一系列环节中都要根据设计理念加以落实。特别是在教学过程设计中，应该有相应的教学策略和活动设计，来落实设计理念，并且教学策略和活动应该是符合本班学生的认知和能力水平的，是可行的、有效的。例如，在突出科学概念教学的设计中，是否有获知学生"前概念"的策略？是否设计了活动与学生的"前概念"产生有效的冲突？是否设计了活动帮助学生建立科学概念？是否揭示了概念的本质？等等。又如，在突出科学探究能力教学的设计中，本节课具体的科学探究能力目标是什么？这一目标是否符合小学生的实际？学生的活动内容、活动材料的配置是否有助于这一目标的实现？活动过程中教师的引导是否时机恰当、是否有助于推动学生某方面探究能力的形成？学习单（通常表现为活动任务单）是否有助于学生对本次探究活动的总结和反思？等等。而科学态度、科学本质的教学通常渗透在探究活动中，要突出这些方面的教学，应明确：在设计中是否通过师生对话在关键节点引导学生加以体会和感悟？对话的内容是否符合小学生的认知和心理发展水平？对话内容是否与探究活动内容密切联系而不是若即若离的？等等。由此可见，好的设计理念要具有好的可实施性，体现在教学过程设计的诸多细节中。

知识卡片

教学评价

教学评价是对教师的教与学生的学相统一的教学活动进行基于事实信息的价值判断的过程。教学评价一般包括对教学过程中教师、学生、教学内容、教学方法手段、教学环境、教学管理诸因素的全面的评价，但主要是对作为课程产品之一的教学设计、学生学业成就和教师教授质量的评价。由此可见，教学设计方案的评价是教学评价诸多内容中的重要部分，教学设计方案的质量直接影响到课堂教学活动的实施质量。

三、教学设计方案评价的实施

在教学设计方案动笔之初，对方案的评价也就应该及时开始。对每个设计阶段的成果——教学内容分析、学生分析、教学目标的设定、教学过程设计以及相应教学资源的准备等——都要进行评价，以便发现问题并及时修改。这些审查可在每个设计阶段完成之后进行，以保证每个设计阶段的准确性。在对每个阶段进行评价时，可以试着回答以下问题：

- 本阶段的目标是什么？
- 在实现本阶段目标时遇到的问题是什么？
- 对上述问题是如何解决的？
- 是否因问题而改动原定目标？
- 前一个阶段的目标是否合理？

在教学设计方案初稿完成后，可参照表 7－1 检视方案。

表 7－1　教学设计方案评价自查一览表

评价项目	评价内容
教学目标	依据课程标准、学生的心理和认知特点、学生已有的经验确定四维目标，体现学科核心素养要求
	目标设置准确、合理，可测性强，有层次
教学重点	把握准确，切合学生实际
教学难点	根据学生的心理和认知特点、学生已有的经验准确把握难点
教学准备	准备充分，教具、设备、资料等无遗漏，有助于本节课的教学
教学过程	教学过程完整，能反映教学内容、师生互动和可能出现的问题及对策
	创设一定的教学情境
	教学活动围绕教学目标，引导学生进行自主、合作、探究学习，有助于学生的概念建构，促进学生积极思维
	突出重点，突破难点，围绕重难点设计有一定思维深度的问题，能够激发和调动学生学习的积极性
	强调学生的主体地位和教师的主导作用
	时间分配合理，各教学环节衔接自然
	有完整的预设，但也留给生成性教学资源一定的时间和空间
学习单	活动记录单内容反映教学目标与重难点
	活动记录单与探究活动内容、过程相匹配，体现科学探究能力培养
	活动评价单有明确的评价观察点，便于学生自评、互评和教师评价
	形式简洁、要求明确，便于学生理解
板书	体现本节课所学知识的内在逻辑联系，思路明晰、条理清楚
	重点突出，鲜明直观
	言简意赅，表述准确

通常，小学科学的教学方案都是按单元进行设计的，目的是整体把握单元教学内容之间的关系，使之前后衔接。在对教学设计方案初稿全面检视、修改完善后，便可基本确定整个单元的教学设计方案。教学设计方案的质量优劣需要通过教学实施来得到检验，因此，在上完一节课后，应根据课堂教学实施情况对教学设计方案再次审视，对课堂教学全

过程进行全面反思。具体而言，可从以下两方面再次审视教学设计方案：

（1）教学目标与内容。

● 教学内容的选取是否很好地体现了教学目标？

● 课前确定的教材要点、教学重点和教学难点是否准确？

（2）教学过程。

● 教学方法是否恰当有效？重点是否突出？难点是否得到了解决？

● 四维目标是否得到了实现？四维目标之间是否自然渗透？

● 偶发事件或者预设之外的师生活动是否具有教学价值？是否可被用于改进教学过程？

在对这些问题反思的基础上，修改完善已经上完课的教学设计内容，以便今后参考和提高。更重要的是，可以通过对前一节课或者前几节课的得失反思，调整后续课的教学设计方案，以达到更好的教学效果。

第二节　小学科学教学设计优秀案例评析

拿到教师批改的教学设计方案作业后，小李同学仔细读着教师的评语：教学设计方案完整、基本规范，教学内容分析与学生分析较为准确，教学目标合理……若能结合教学内容与学情，在设计上进一步完善形成一定特色则更佳。他开始琢磨：怎样才能在教学设计中体现特色或亮点呢？

对新手而言，在撰写小学科学教学设计方案时，完整性、规范性和可实施性还是比较容易达到的，而设计理念似乎是难以把握的。要在教学设计方案中加以体现并形成一定特色，实在困难。其实，要把我们学过的科学教育理念全部体现在一篇教学设计方案中是不现实的。我们在分析了教学内容、学生情况以及可利用的教学资源后，在设计思路中突显某些理念，并将其落实在具体的活动设计中，就可以形成一定的特色。

以下选取小学科学教学设计的部分优秀案例，重点评析其特色与亮点。

案例1

奇妙的壳

一、教学任务分析

“奇妙的壳”是小学《自然》（上海科教版）三年级第一学期“生物的启示”单元的第一课，属于《上海市小学自然课程标准（试行稿）》“生命世界”板块，部分涉及“物质世界”板块，对应《上海市小学自然学科教学基本要求（试验本）》“2.3.2 动物的习性”下

“知道一些典型环境中动物的生活习性与形态特征的关系，说出这些形态特征、生活习性有助于动物的生存”，以及“7.3.3 物体的承重能力”下“知道材料、结构不同，物体的抗压能力不同”。《上海市小学自然学科三年级教学基本要求（征求意见稿)》对本课的具体要求为“知道一些大跨度的建筑物具有薄壳结构”“知道蛋壳具有重量小、承重本领大的特点”“知道蛋壳在不同方向上承受压力的本领不同”。本课是学生在小学阶段第一次接触“仿生”知识，是本册教材1～4单元探究生物结构与功能的延续和提升，旨在引导学生探究生物的结构与功能对人的启示，为本单元后两课“灵巧的鱼”以及“大自然‘老师’”的学习做铺垫。此外，本课也是继二年级第二学期“搭纸桥”后，又一次涉及物体承压本领的研究。

学习本课所需的知识基础有知道借助重物测试承压本领的方法。

三年级的学生虽对蛋壳较轻、较薄有一定的生活经验，但对蛋壳承受压力的本领认识不足，虽见过一些薄壳结构的建筑物，但不清楚建筑物采用薄壳结构的优点，对物体的结构决定其功能的认识还不够深刻。学生虽有一定的实验操作能力，但设计对比实验、分析实验数据的能力还不够。此外，三年级的学生虽探究热情高昂，但审视结论的意识欠缺，对蛋壳的奇妙感触不深。

本课教学主要由三个活动构成。活动一：体验蛋壳凸面承受压力的本领。让学生感受蛋壳承受压力的本领大。活动二：比较蛋壳凹面与凸面承受压力的本领。让学生知道蛋壳凸面承受压力的本领大，而蛋壳凹面承受压力的本领小。活动三：讨论薄壳结构的应用与优点。让学生知道薄壳结构常被应用于大型建筑及其应用的优点。

本课教学以小见大，从探究知识到应用知识，关注学生的问题解决能力，突出科学本质的渗透。围绕“蛋壳承受压力的本领是否大”的问题，相继开展了四个实验，以实验的设计与实施为载体，培养学生通过实验解决问题的能力；此外，借助四个实验的现象，让学生经历对最初结论进行反复确认与修正的过程，帮助学生树立结论需要反复审视、多角度验证的意识。最后，基于蛋壳特点对薄壳结构的优点加以讨论，学生应用知识解释现象的能力也得到了提升，能体会蛋壳对人类建筑的启示。

二、教学目标

(1) 通过体验蛋壳的承受压力的本领，说出蛋壳薄、重量小，承受压力的本领大（凸面)；对比分析实验数据；感受蛋壳的奇妙。

(2) 通过比较蛋壳凸面与凹面承受压力的本领，说出蛋壳凸面承受压力本领大、凹面承受压力本领小；设计、实施对比实验，并对图形数据进行分析；体会多次实验、审视结论的重要性。

(3) 通过讨论薄壳结构的应用、阅读“薄壳结构的优点”资料，说出一些大跨度的建筑物具有薄壳结构，推测薄壳结构的优点，体会蛋壳对人类建筑的启示。

三、教学重难点

教学重点：探究蛋壳承受压力的能力。

教学难点：设计对比实验，比较蛋壳凸面与凹面的承受压力的本领。

四、教学准备

学生活动器材：蛋壳、哑铃片、鸡蛋、铅笔、珍珠奶茶吸管、药瓶、力传感器、iPad。

教师演示器材：蛋壳、哑铃片、鸡蛋、铅笔、珍珠奶茶吸管、药瓶、力传感器、iPad。

其他：PPT、板书。

五、教学设计思路

本节课的主要教学内容：一是蛋壳薄、重量小，凸面承受压力的本领大；二是蛋壳凸面承受压力的本领大，凹面承受压力的本领小；三是一些大跨度建筑物具有薄壳结构。

本节课的基本思路是：多次实验得出结论，应用结论解释现象。首先，以“握蛋实验”为导入，引出问题“蛋壳承受压力的本领是否大”。其次，通过“哑铃片压蛋壳”的实验，引导学生发现蛋壳质量虽小，但承受压力的本领大。再次，以“小鸡破壳”的情景引发学生对“蛋壳承受压力的本领大”结论的质疑，并通过“落笔实验”和“传感器实验”，引导学生发现蛋壳凸面与凹面承受压力的本领不同，进而体会蛋壳结构的奇妙。最后，由蛋壳结构的奇妙引出薄壳结构，并通过讨论、观察与阅读，引导学生认识薄壳结构的应用与优点。

本节课要突出的重点是：探究蛋壳的承压能力。方法是：多方法测试、多角度观察。首先，通过“握蛋实验”，让学生初步感受蛋壳承受压力的本领。其次，通过“哑铃片压蛋壳”的实验，让学生深刻体会蛋壳承受压力的本领大。最后，通过“落笔实验”，引导学生发现蛋壳凸面承受压力的本领大，而凹面承受压力的本领小，并借助力传感器的使用，让蛋壳凸面与凹面承受压力的差异，以图形的方式再次呈现，借此让结论更加明确。此外，视频动画的演示，也为学生进一步理解蛋壳凸面与凹面承受压力的本领不同创造条件。

本节课要突破的难点是：设计对比实验比较蛋壳凸面与凹面承受压力的本领。方法是：问题支架，演示交流。在交流如何比较蛋壳凸面与凹面承受压力的本领时，通过边演示边交流的方式，帮助学生理解实验方法与实验要点。

本节课的教学亮点有：

（1）审视结论、多次实验，渗透科学本质。本课共设计了四个关系密切的实验，并层层递进地展开，在每一次实验得出结论后，教师都引导学生对结论加以审视，从而产生怀疑，进而用一个又一个不同的实验，对原有结论加以补充和修正，以此帮助学生体会到科学结论需要反复审视，且必然会随着探究不断发展。此外，在讨论薄壳结构应用的环节中，以阅读资料的方式让学生意识到科学与技术的密切联系。

（2）提供应用跨学科知识的机会，实现学科融合。本课处理与分析实验数据的环节，给学生提供了运用数学学科中计算和条形统计图分析问题的机会，并且难度控制在三年级学生的已有水平。

（3）适切应用技术，提高教学实效。在“哑铃片压蛋壳”的实验中，将各组学生测得的实验数据，同时呈现在屏幕上，让实验数据的交流与分析更加直观。此外，在比较蛋壳凸面与凹面承受压力本领的实验中，借助传感器将蛋壳凸面和凹面承受压力的本领图示化呈现，让学生直观地感受差异之大。接着，借助动画演示，理解蛋壳凸面与凹面承受压力的本领不同的原因。此外，学生评价也同样借助信息技术同步呈现，给予学生及时反馈。

(4) 创新实验设计，加深探究体验。首先，将教材中使用四个蛋壳（半截）承受书本压力的实验，改为使用一个蛋壳（半截）承受哑铃片压力的实验，减少蛋壳的数量既可以进一步凸显蛋壳承受压力的本领大，同时也简化了操作，提高了效率。其次，巧妙使用力传感器，通过条形统计图，让蛋壳凸面与凹面承受压力本领的差异呈现得更为直观。

六、教学流程

1. 教学流程图

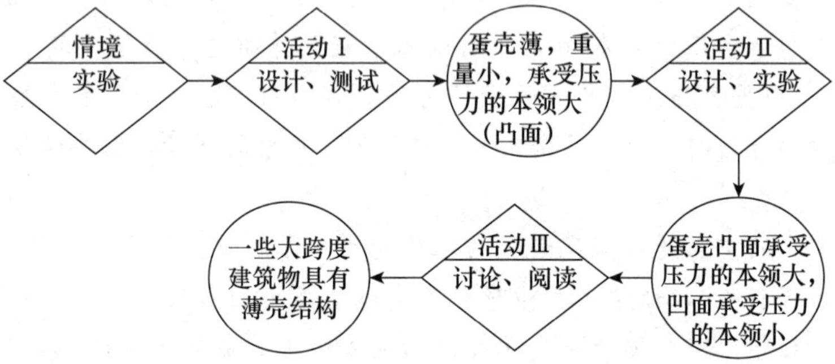

2. 流程图说明

情境：实验

组织学生握鸡蛋并发现蛋壳难以握碎，聚焦问题“蛋壳承受压力的本领是否真的大”。

活动Ⅰ：设计、测试

借助哑铃片设计并测试蛋壳承受压力的本领，知道蛋壳薄、重量小，承受压力的本领大（凸面）。

活动Ⅱ：设计、实验

设计并比较蛋壳凸面与凹面承受压力的本领，知道蛋壳凸面承受压力的本领大，凹面承受压力的本领小。

活动Ⅲ：讨论、阅读

讨论薄壳结构的应用，阅读“薄壳结构的优点”资料，知道一些大跨度建筑物具有薄壳结构。

3. 教学主要环节

本节课可分为三个主要的教学环节。

环节一，体验蛋壳（凸面）承受压力的本领。

环节二，比较蛋壳凸面与凹面承受压力的本领。

环节三，讨论薄壳结构的应用与优点。

七、教学过程

1. 体验蛋壳（凸面）承受压力的本领

学生活动	指导要点
(1) 实验：握蛋。	● 强调只用一只手，且不能用手抠。以“握蛋实验”为导入，引发学生分析蛋壳难以握碎的可能原因，聚焦问题“蛋壳承受压力的本领是否真的大”。
(2) 设计：体验蛋壳承受压力本领的方法。	● 结合学生的交流，讨论需要的器材，并适时拿出哑铃片与蛋壳。通过演示与媒体展示，说明利用哑铃片测试蛋壳承受压力的本领的实验方法以及实验要点。借助评价单强调哑铃片必须小心轻放并保持平稳，数据记录必须及时且准确，实验结束必须及时回到座位。
(3) 测试：蛋壳承受压力的本领。	● 提醒学生按要求操作。敦促学生正确记录实验数据。
(4) 分析：蛋壳承受压力的本领。	● 借助学生自评，对学生的表现进行评价。引导通过数据对比，发现相比哑铃片质量，蛋壳质量非常小。
(5) 小结：蛋壳重量小，承受压力的本领大。	● 借助板书引导学生小结，并通过“蛋壳质量这么小，却能承受这么大的压力”引导学生表达对蛋壳的感受，突出蛋壳的奇妙。

2. 比较蛋壳凸面与凹面承受压力的本领

学生活动	指导要点
(1) 观察：母鸡孵蛋和小鸡破壳的图片。	● 让学生审视已有结论，询问结论是否存在问题。借助图片，引导学生发现小鸡破壳的证据并不支持现有结论。
(2) 讨论：小鸡破壳的可能原因。	● 通过演示，引导学生发现蛋壳受力的面不同，强调小鸡对凹面施加压力与母鸡对凸面施加压力。让学生推测蛋壳凸面与凹面承受压力的本领是否一样。
(3) 设计：比较蛋壳凸面与凹面承受压力的本领的实验方法。	● 通过演示和媒体展示，说明利用铅笔比较蛋壳凸面与凹面承受压力本领的实验方法和实验要点。借助评价单强调铅笔必须在相同高度自由下落，压力必须施加在凸面和凹面相同的区域，受力的区域必须不接触桌面。
(4) 实验：比较蛋壳凸面与凹面承受压力的本领。	● 巡视并提醒学生按要求操作，并及时完成评价。
(5) 分析：蛋壳凸面与凹面承受压力的本领。	● 请学生交流实验发现与得到的结论。对板书进行修改。请学生审视修改后的结论，询问学生是否还存在问题，激发验证的需要。
(6) 实验：使用力传感器比较蛋壳凸面与凹面承受压力的本领。	● 实验前，介绍传感器的使用方法与实验结果的呈现方式。实验中，对操作错误的小组给予及时提醒并要求重做。
(7) 分析：蛋壳凸面与凹面承受压力的本领。	● 引导学生结合条形统计图分析数据得出结论。鼓励学生对结论提出问题，播放动画并对蛋壳凸面与凹面承受压力的本领有差异的原因加以说明。
(8) 小结：蛋壳凸面承受压力的本领大，凹面承受压力的本领小。	● 结合板书引导学生小结，并通过观点“薄薄的蛋壳的凹面与凸面承受压力的本领竟然差别如此之大”引导学生再次感受蛋壳的奇妙。

3. 讨论薄壳结构的应用与优点

学生活动	指导要点
(1) 交流：身边的薄壳结构。 (2) 阅读："薄壳结构的优点"资料。 (3) 总结：学习收获。	● 让学生交流见过的薄壳结构；展示图片，引导学生发现薄壳结构多应用于大跨度建筑物。 ● 先请学生结合蛋壳特点进行推测，再通过文本资料的展示，引导学生认识薄壳结构的优点。 ● 知识点，多次实验的意义，审视结论的意义，数学对科学的重要性，激发进一步探究的兴趣。

八、板书设计

5.1 奇妙的壳

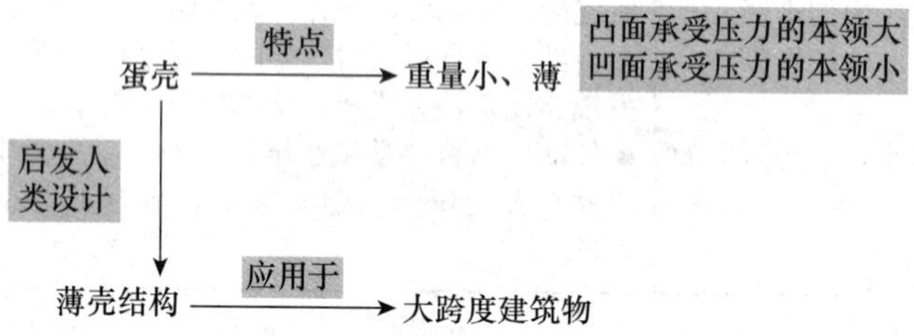

九、活动任务单设计

体验蛋壳承受压力的本领

● 根据"哑铃片压蛋壳"的实验结果，将相应物体的重量填入表格中。

蛋壳数量	蛋壳重量（克）	哑铃片的总重量（克）
半个		

"奇妙的壳"活动评价单

● 根据你的表现，圈出你得到的星。

评价维度	评价内容	评价量规	☆☆☆	☆☆	☆	学生自评
学习习惯	实验习惯	平稳轻放 及时记录且准确 及时归位	做到 3 点	做到 2 点	做到 1 点	☆☆☆
学习成果	对比实验能力	相同高度自由下落 受力区域相同 受力区域不与桌面接触	做到 3 点	做到 2 点	做到 1 点	☆☆☆

【评析】

这节课的学生活动以实验为主。实验活动的过程一般包括：明确实验目的；做出假设，设计实验方案；进行实验，做好记录；分析实验结果，得出结论。上述方案的教学过程设计清晰地体现了这样的流程。以环节一为例，在以“握蛋实验”导入后，得到的问题是“鸡蛋为什么不容易被握碎”，引出学生对此问题的假设“蛋壳承受压力的本领大”，为此组织学生讨论、设计实验方案，验证假设是否正确，接着实施实验方案——在此环节，教师设计的活动记录单起到了引导学生及时观察并记录实验数据的作用，最后引导学生比较蛋壳重量和承受的哑铃片总重量，得出“蛋壳薄，重量小，承受压力的本领大”的结论。

教师的设计理念突出了两个方面：一是如上述教学设计方案中所言，注重学生对科学本质的体会。从环节一“体验蛋壳（凸面）承受压力的本领”过渡到环节二“比较蛋壳凸面与凹面承受压力的本领”，教师设计了让学生观察母鸡孵蛋和小鸡破壳的图片，引发学生重新审视环节一的结论“蛋壳承受压力的本领大”，由此进入下一步的探究——蛋壳凸面与凹面承受压力的本领是否一样，在这个探究活动得到初步结论之后，教师创新性地增加了一个活动设计——利用传感器再次验证结论。通过这样的活动流程设计，教师力图让学生体会到审视结论、多次实验的意义，并且，教师在最后的结课环节设计中，引导学生总结收获，对学生在活动中所感受到的以上科学本质加以显性化，加深学生的感受。二是体现评价引领学生的学习。教师在活动任务单中设计了评价单，评价单中“实验习惯”一栏给出了具体的评价量规，这一要求在环节一的实验开始前出示给学生（见方案中的“指导要点”），为学生确定了努力目标，这个实验习惯要求将统领整节课的学生操作。值得一提的是，设计评价单的时候，有时评价量规的描述难以划分不同的等级，教师可以采用本案例中评价量规的设计方法，在评价量规中列出几条要求，在评价等级中根据做到几条要求来划分不同的等级，这种做法相对容易操作。

上述教学设计方案中的其他特色，比如注重数学知识与科学学习的融合、信息化手段的应用等，在教师的教学设计思路中已有阐述，不再赘述。

资料来源：由上海市实验小学卢咏祥老师提供，略有改动。

案例 2

迁徙与洄游

一、教学任务分析

“迁徙与洄游”是小学《自然》（上海科教版）三年级第一学期“生物与环境”单元第三课时的内容，属于《上海市小学自然课程标准（试行稿）》“生命世界”板块“主题四生物与环境”下“（2）生物对环境的适应”这一主题的内容。本主题从动植物的栖息地入手，引导学生认识不同的环境适合不同种类的生物生存，不同的生物有不同的适应环境的方式，感受生物与环境的密切关系。在此基础上，带领学生探究一些生物适应环境及环境变化的方式，了解环境剧烈变化对生物可能产生的影响，从而了解环境对生物生存的重要性，初步认识保护环境的重要意义。

本单元设置了三课时内容，具体安排、目标如下表：

课时安排	课时内容	学习目标
第 1 课时	森林、草原与生物	通过观察、交流，了解森林、草原等不同环境的不同特点，知道不同的环境适合不同种类的生物生存，了解一些生物适应环境的方式，感受生物与环境的密切联系。
第 2 课时	池塘、湿地与生物	初步知道池塘中有哪些生物，了解一些生物适应环境变化的方式。知道生物的形态、结构特征与环境特点的适应关系。
第 3 课时	迁徙与洄游	知道有些动物有迁徙、洄游行为，并初步了解动物迁徙、洄游的特点和原因。知道迁徙、洄游是一些动物适应环境的方式。

本课主要了解动物迁徙和洄游行为的特点、原因，知道这些行为是生物适应环境的结果。从一些自然现象中知道动物有迁徙、洄游行为，通过丰富的视频、文本资料的阅读、整理、分析，了解迁徙与洄游的原因，从而了解生物适应环境的方式，感受生物对环境的适应。

所执教班级的学生对自然界动物的迁徙与洄游现象具有一定的了解，知道每到秋天，燕子、大雁等鸟类会飞向南方，春天又从南方飞回到北方等最常见的迁徙现象，但他们对这种迁徙现象的特点以及产生的原因了解甚少。同样，学生对自然界其他动物的迁徙、洄游现象知之更少。因此，本课充分利用现代媒体技术，通过大量、多元的信息资料直观地刺激学生的感官，并逐步完善学生对迁徙、洄游的认识。

一方面，学生从三年级开始接触信息技术课程，加之当今科技发达，电子产品普及，因此学生对平板电脑的基本操作具有一定的基础，同时他们也喜欢这种电子阅读的方式。另一方面，三年级学生能通过阅读较为短小的文字资料，从中获得主要信息，但从多种形式的资料中进行整理、分析并归纳得出结论的能力还不强。本课在教学中采取资料阅读—交流—分析—归纳的方法，让学生自主探究，认识动物迁徙、洄游的奥秘，并对学生进行正确查找、阅读、分析资料的方法指导，提高学生科学阅读、信息整理分析的能力。

二、教学目标

（1）知道有些动物有迁徙、洄游行为，并知道迁徙和洄游是动物适应环境的结果。

（2）通过自主阅读、分析资料，初步了解动物迁徙、洄游的特点和原因，提高科学阅读、信息整理分析以及交流表达的能力。

（3）通过认识生物对环境的适应，了解环境对生物生存的重要性，初步认识保护环境的意义，树立人与自然和谐发展的观念。

三、教学重难点

教学重点：通过探究动物迁徙、洄游的特点、原因，知道动物迁徙和洄游是对环境的适应。

教学难点：独立完成视频、图片、文本资料的阅读和分析。

四、教学准备

平板电脑，与教学相关的视频、图片、文本资料，学习单。

五、教学设计思路

本单元总体的设计思路是：首先，让学生运用观察、比较、查找资料等方法了解生物的特征及生活状况，发现生物有适应环境的能力；其次，让学生探究当环境发生变化时，生物是如何适应环境变化的；最后，在本课中认识动物迁徙和洄游是适应环境的结果，进一步感受生物与环境的密切联系。

本课的学习内容主要有三个方面：一是阅读、分析资料，知道动物迁徙的特点和原因；二是通过资料的整理、分析，知道鱼类洄游的特点和原因；三是总结归纳动物迁徙和洄游都是适应环境变化的结果，感受生物对环境的适应。

本课设计的基本思路是：首先，以问题导入，在学生讨论、交流的基础上进一步激发学生的探究兴趣。其次，通过对燕子迁徙路线图以及补充资料的分析，引导学生初步学会对图片、文本等资料阅读、分析的正确方法，并尝试自主分析资料，探究动物迁徙的特点和原因。再次，在上一环节学习模式的基础上，进一步提高学生对各种形式资料的处理能力，引导学生自主探究鱼类洄游的特点和原因。最后，通过回顾总结，再次回到课堂初期提出的问题，依据探究的结果，解决问题，进一步体会生物对环境的适应，达成目标。

本节课突出的重点是：知道迁徙、洄游是一些动物适应环境的方式。为此，教师引导学生对动物的迁徙、洄游两种行为展开深入探究，了解其特点和产生原因。通过大量的事实资料、多元的信息，丰富学生的认识，并引导学生从中感受迁徙与洄游是一些动物适应环境的方式，初步建立起相应的科学概念。

本节课的难点是：学生通过自主的资料阅读、分析，归纳认识迁徙、洄游现象。本课由易到难、由扶到放，层层递进，引导学生突破难点，获得认识：从一开始师生共同分析燕子迁徙图，到学生阅读、分析动物迁徙的视频资料，进而补充文本资料，再到学生自主选择各种形式的资料探究鱼类洄游的行为，教师在各环节通过问题、学习单、巡视指导等方式为学生提供不同的引导和支持。这种递进式的方式有助于锻炼、提高学生的阅读、整理、分析资料的能力。

本节课的教学特色是：结合本课的内容特点和学生的学习兴趣，利用平板电脑自主阅读、整理、分析材料，丰富学生的学习经历，充分发挥学生的主体作用，培养学生的综合能力。在导入环节提出“当生物生活的环境发生变化时，它们会怎么样”的问题后，组织学生利用已有知识进行讨论、交流。在此基础上，以燕子的迁徙为例，引导学生分析图片、文字等资料信息，对学生“扶”一把。然后，“放手”让学生自主处理信息，根据问题导向，自主探究，逐步提高学生的阅读、分析、交流、表达的能力。

六、教学流程

1. 教学流程图

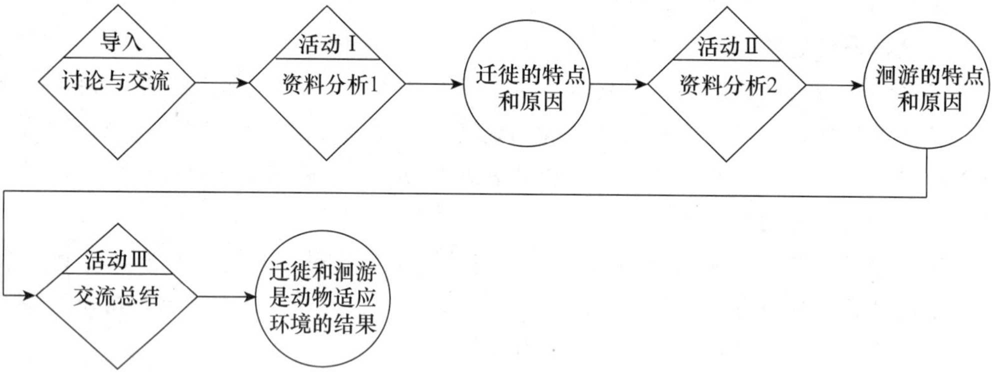

2. 流程图说明

导入：讨论与交流

通过对“当生物生活的环境发生变化时，它们会怎么样”的讨论与交流，一方面展现学生的前概念，另一方面激发学生的探究热情。

活动Ⅰ：资料分析 1

探究动物迁徙的特点和原因。通过阅读、整理、分析丰富多样的视频与文本资料，发现自然界中的一些动物在环境发生改变时，会通过迁徙的方式寻找温暖的环境，寻找充足的食物，繁殖后代等，从而适应环境的变化。同时，发现动物的迁徙行为通常是定期的、定向的、集群的。

活动Ⅱ：资料分析 2

在了解动物迁徙行为的基础上，探究鱼类洄游的特点和原因。通过对视频、文本、图片资料的整理、分析，发现鱼类洄游通常是集群的、有规律的、周期性的、遗传性的一种行为，原因是当环境发生改变时，鱼类为了产卵、寻觅食饵、度过寒冷季节等而变更栖息地，从而适应环境的变化。

活动Ⅲ：交流总结

通过活动Ⅱ、活动Ⅲ的开展，在此基础上回顾活动Ⅰ提出的问题：“当生物生活的环境发生变化时，它们会怎么样?”从而，进一步感受迁徙和洄游是动物适应环境的结果。

3. 教学主要环节

本节课可分为四个主要的教学环节：

第一环节，联系生活，讨论生物如何适应环境的变化：先回顾前两课时，了解生物与环境存在的联系，知道不同的环境适合不同种类的生物生存；再让学生讨论当环境发生变化时，生物是如何适应环境变化的，抛出本课探究的目标指向。

第二环节，资料分析，探究动物迁徙的特点和原因：根据问题导向，通过阅读、整理、分析资料，形成自主探究的模式，知道当环境发生改变时，有些动物会定期、定向、集群地进行迁徙活动，通过迁徙的方式寻找温暖的环境，寻找充足的食物，繁殖后代等，从而适应环境的变化。

第三环节，资料分析，探究鱼类洄游的特点和原因：通过视频、文本、图片资料的整理、分析，发现鱼类洄游是为了产卵、寻觅食饵、度过寒冷季节等，通过栖息地的变更适应环境的变化，并且通常是集群的、有规律的、周期性的、遗传性的。

第四环节，总结交流，总结生物如何适应环境的变化：通过第二、三环节的探究，了解动物迁徙、洄游的特点和原因，明白迁徙、洄游的根本目的是适应环境，实现对第一环节问题的解决。

七、教学过程

1. 导入：讨论与交流

学生活动	指导要点
讨论交流：当生物生活的环境发生变化时，它们会怎么样？	● 鼓励学生充分交流自己的原有认识。 ● 在前两课时已经知道不同的环境适合不同种类的生物生存的基础上，引导学生思考，并给本节课设立一个探究目标指向，围绕其开展探究活动。

2. 活动Ⅰ：资料分析1——探究动物迁徙的特点和原因

学生活动	指导要点
（1）观察：燕子往返飞行的路线图。	● 通过观察燕子往返飞行的路线图，引导学生分析燕子何时从何地出发，飞往何地，发现燕子迁徙的特点。
（2）讨论：燕子为什么要在两地往返飞行？	● 组织学生利用已有认识讨论、猜测、交流。在此基础上，提供相应的资料，引导学生阅读、分析资料，了解燕子飞行是为了寻找温暖的环境和丰富的食物。同时引导学生学会正确查找、阅读、分析资料的方法，为学生自行整理资料奠定基础。
（3）查找资料：世界上还有哪些动物也有迁徙行为？动物的迁徙有什么特点？迁徙的原因是什么？	● 学生对鸟类的迁徙行为比较熟悉，而对其他动物的迁徙行为可能并不熟悉。引导学生自行查找、阅读、整理、分析资料，提高运用资料的能力，同时拓宽视野。
（4）思考、讨论：是否所有的鸟类都有迁徙行为？	● 结合学生的生活经验，帮助学生认识留鸟和候鸟，扩展认识。

3. 活动Ⅱ：资料分析2——探究鱼类洄游的特点和原因

学生活动	指导要点
（1）讨论：大多数海洋鱼类是否也具有类似鸟类迁徙的运动？ （2）查找资料：鱼类洄游有什么特点？洄游的原因是什么？	● 在了解动物迁徙的基础上，请学生依据原有认识，讨论鱼类的洄游现象，激活原有认识，激发探究兴趣。 ● 在活动Ⅰ的基础上，鼓励学生模仿活动Ⅰ的学习模式，选择感兴趣的资料，在目标导向下，带着问题，有目的地自主阅读、整理、分析资料。同时，进一步培养学生的信息收集和分析能力。

4. 活动Ⅲ：总结交流——了解动物迁徙和洄游是适应环境的结果

学生活动	指导要点
（1）抢答游戏。	●通过抢答游戏，对本节课的内容进行回顾、梳理、巩固。同时，再次调动学生的学习热情。
（2）交流总结：当生物生活的环境发生变化时，它们会怎样？	●通过对动物迁徙、洄游的一番探究，重新回归课堂最初的问题，用探究所得的新知识、新认识解决此问题，一方面形成首尾呼应；另一方面进一步体会生物对环境的适应，达成本课的终极目标。
（3）拓展思考：你还知道哪些生物适应环境的方式？当环境发生剧烈变化时，生活在其中的生物又会怎样？	●通过新问题的提出，引发学生深入思考，体会生物的环境适应能力是有限的，明白环境对于生物生活的重要性，从而初步认识保护环境的意义，树立人与自然和谐发展的观念。

八、板书设计

迁徙与洄游

特点	原因
定期、定向、集群	温暖的环境
周期性	食物
遗传性	繁殖后代
	适应环境的变化

【评析】

这是一节比较典型的资料收集与分析能力培养课程。在小学科学课程内容中，有些内容限于条件，并不适合学生通过观察、实验等操作性活动开展探究，比如本节课有关动物迁徙与洄游的内容，主要通过给学生提供资料引导学生进行分析，最终获得科学认识。类似这样的教学内容，是重点培养学生资料收集、整理与分析能力的载体。在上述教学设计方案中，教师先对三年级学生的能力基础、兴趣倾向加以分析：“一方面，学生对平板电脑的基本操作具有一定的基础，同时他们也喜欢这种电子阅读的方式；另一方面，三年级学生能通过阅读较为短小的文字资料，从中获得主要信息，但他们从多种形式的资料中进行整理、分析并归纳得到结论的能力还不强。”在此基础上，教师确定了本节课在科学探究维度着重培养的目标：“提高科学阅读、信息整理分析以及交流表达的能力。”由于“活动Ⅰ：资料分析 1——探究动物迁徙的特点和原因”和“活动Ⅱ：资料分析 2——探究鱼类洄游的特点和原因”经历了大体相似的阅读—分析—归纳得出结论的过程，为避免简单重复，同时更多地考虑到三年级学生的基础，教师有意识地在具体的活动设计中做到了层层递进。活动Ⅰ从大多数学生熟悉的燕子迁徙路线入手，引导学生通过观察燕子往返飞行的路线图，分析燕子何时从何地出发，飞往何地，以发现燕子迁徙的特点。然后，教师引导学生阅读、分析在平板电脑中预先保存的资料，了解燕子迁徙的原因，在此过程中，教师对学生进行方法指导，引导学生学会正确查找、阅读、分析资料，为学生自行整理资料奠定基础。在随后了解其他动物的迁徙行为以及活动Ⅱ探究鱼类洄游特点和原因的学习中，教师让学生带着问题，有目的地自主阅读资料获得信息，并对这些信息加以整理、分析，最后归纳得出结论，使得学生的科学阅读、信息整理分析能力得到了较好的锻炼。

资料来源：由上海市浦东新区园西小学张慧老师提供，略有改动。

案例3

简易隔热垫

一、教学任务分析

“简易隔热垫”是小学《科学与技术》四年级第一学期第七单元“加热与保温”中第五课时的内容，隶属于《上海市小学科学与技术学科教学基本要求》中的“物质与材料”模块。通过本节课的学习，学生会经历发现需求、规划设计、操作加工、评价改进等技术设计过程，完成“简易隔热垫”的制作。

在本节课前，学生经历了本单元部分内容的学习，了解了热在固体中的传递方式，知道了不同材料的传热本领有所不同，明白了常见的热的良导体和不良导体，为制作“简易隔热垫”进行材料选择打下了基础。从学生的经验水平看，四年级学生虽然在加工制作方面已有足够的经验，但规划设计的经历不多；四年级学生虽然已熟练掌握部分工具和材料的使用，但对于手工锯、砂纸等的规范使用方法比较陌生，缺乏操作经验；四年级学生已具有良好的模仿能力，因而能够让他们在短时间内初步学会新的加工技能。从学生的思维水平来看，四年级学生已具有初步的抽象逻辑思维，能够在教师的引导下进行简单的规划设计。从学生的能力储备方面来看，通过几年的学习，学生已经具备了一定的规范意识和自我保护意识，也能客观评价他人的作品，愿意接受他人的建议进行改进。以上这些都是开展本课时教学活动的重要保障。

本节课从学生的生活经验入手，了解隔热垫的作用，明确本节课的任务。学生在教师的引导下对隔热垫进行设计，通过选择材料、设计结构、确定工具，并在教师的指导下规范使用手工锯、砂纸等工具材料制作隔热垫，体验技术设计的一般过程。

二、教学目标

(1) 通过交流、观察、体验，会根据“简易隔热垫”的功能和加工要求选择合适的材料和工具，初步学会根据需要和已有条件进行选择。

(2) 经历发现需求、规划设计、操作加工、评价改进等的环节，完成“简易隔热垫”作品，体验技术设计的一般过程。

(3) 学会使用手工锯、砂纸等工具材料进行木工工艺加工，进一步养成规范、安全使用工具的习惯。

三、教学重难点

教学重点：经历发现需求、规划设计、操作加工、评价改进等技术设计的过程。

教学难点：规范使用手工锯进行木工工艺的加工。

四、教学准备

（1）学生实验器材：木片、各种不锈钢容器、直尺、剪刀、刀片、手工锯、砂纸、固体胶、玻璃胶、白胶。

（2）演示实验器材：演示视频、平板电脑。

（3）自制 PPT 课件。

五、教学设计思路

本节课的内容包括三个方面：一是产生需求，明确任务；二是设计“简易隔热垫”；三是加工“简易隔热垫”。

本节课的基本思路是：在第一个活动中，通过观察图片，发现生活中经常会出现“热锅放在玻璃上使得玻璃爆裂”的现象，从而产生需求，明确本节课的任务——制作“简易隔热垫”。在第二个活动中，通过师生交流，为制作“简易隔热垫”选择合适的材料，教师引导学生根据容器的大小确定“简易隔热垫”的尺寸和基本结构，并通过简单的图示进行呈现。在第三个活动中，教师引导学生选择合适的工具和材料对“简易隔热垫”进行加工，学生在教师的指导下学会规范使用手工锯、砂纸等工具材料进行木工工艺加工，完成后进行展示、评价和改进。

本节课要突出的重点是：让学生经历发现需求、规划设计、操作加工、评价改进等技术设计的过程。本节课并不是一节单纯的“手工课”，在材料、工具的准备上也并非单一呈现，而是提供给学生多种选择，引导学生能够根据实际“需求”选择相应的材料和工具。在设计环节，教师首先提供三种材料供学生选择，让学生意识到从隔热效果和加工难易度两方面考虑应选择木片，随后引导学生根据容器的大小确定“简易隔热垫”的尺寸和基本结构，让学生意识到有了精确的尺寸数据才更有利于加工。在制作环节，教师首先让学生发现用剪刀和刀片切割木片存在困难，引出用手工锯进行锯割；其次，教师通过引导学生发现锯割后的木片边缘比较毛糙，引出用砂纸进行打磨；再次，教师提供给学生固体胶、玻璃胶、白胶三种胶进行木片的黏合，发现从效果和美观方面考虑，白胶更适合用来制作“简易隔热垫”；再次，教师提醒学生，制作过程中的工具、材料的选择也应该在设计过程中进行考虑并呈现在设计图上，如开始无法确定，可进行简单尝试后对设计图进行修改和补充；最后，学生进行评价和改进，根据他人意见对自己的作品进行调整，反思自己的设计方案、制作过程，并对作品做出进一步的改进和完善。

本节课要突破的难点是：规范使用手工锯进行木工工艺的加工。本节课包含了很多新学技能，如锯割、砂纸打磨、涂白胶等。其中，锯割难度较大，教师在课堂中操作会占用一定的时间，学生的观察效果也可能并不理想。为了提高课堂效率，突出操作过程中的重要环节，教师可事先对锯割操作进行视频拍摄，删去占用时间较多的重复操作，对某些重要步骤利用放大、降速等视频效果进行强化，达到突出重点的目的，尽可能让学生在较短时间内掌握锯割的技能。

本节课的创新点是：使用平板电脑播放操作视频，学生的能力水平参差不齐，有的学生看一遍视频就能掌握锯割的操作方法，有的学生需要看多遍才能掌握，更有学生经过一段时间会遗忘。因此教师可给每一小组配备 1～2 台平板电脑，供学生自学使用，学生可以随意选择自己想看的操作片段进行观摩学习。这样，既起到了个性化学习的作用，达到了事半功倍的效果，也体现了信息技术的合理利用。

六、教学流程

1. 教学流程图

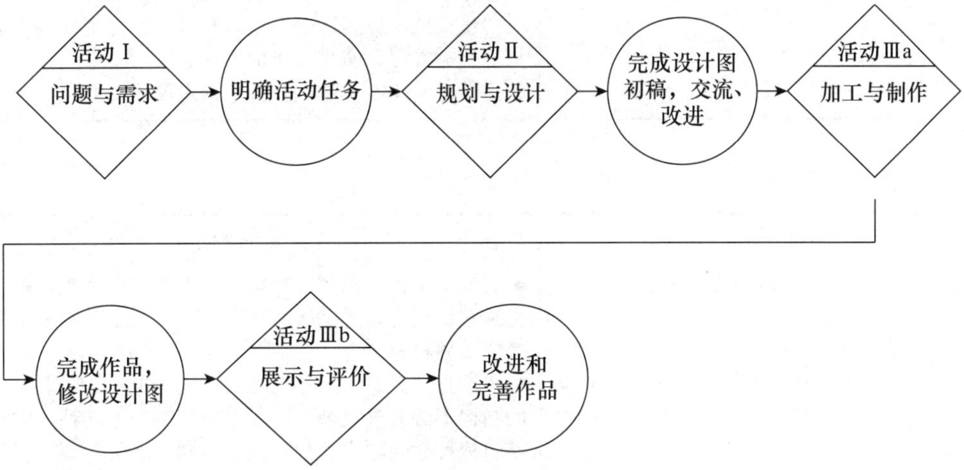

2. 流程图说明

活动Ⅰ：问题与需求

学生观察图片，发现生活中经常会出现“热锅放在玻璃上使得玻璃爆裂”的现象，从而产生需求，明确本节课的任务——制作“简易隔热垫”。

活动Ⅱ：规划与设计

学生为制作“简易隔热垫”选择合适的材料，并根据容器的大小确定“简易隔热垫”的尺寸和基本结构，完成设计图的初稿，开展交流，并根据他人的建议改进自己的设计。

活动Ⅲa：加工与制作

学生选择合适的工具和材料对“简易隔热垫”进行加工，在教师的指导下学会规范使用手工锯、砂纸等工具材料进行木工工艺加工，完成“简易隔热垫”。

活动Ⅲb：展示与评价

学生对作品进行展示和评价，并根据他人的建议反思设计方案、制作过程和方法，并进一步改进和完善作品。

3. 教学主要环节

本节课可分为三个主要的教学环节：

第一环节，通过观察与交流，产生需求，明确任务——制作“简易隔热垫”。

第二环节，通过规划与设计，为制作“简易隔热垫”选择合适的材料并确定尺寸和结构。

第三环节，通过制作与评价，掌握木工工艺加工方法，完成“简易隔热垫”，展示作品、开展评价，改进并完善自己的作品。

七、教学过程

1. 产生需求，明确任务

学生活动	指导要点
（1）观察：生活情境。	● 创设情境“热锅放在玻璃上使得玻璃爆裂”，引起学生兴趣。
（2）交流：解决的方法。	● 引导学生思考解决的方法，依据生活经验，学生会说出“垫报纸、抹布”等方法，教师给予肯定并提示学生从卫生、方便、实用等方面考虑。
（3）明确任务：制作“简易隔热垫”。	● 让学生明确本节课的任务，揭示课题。

2. 设计“简易隔热垫”

学生活动	指导要点
（1）交流：选择制作隔热垫的材料。	● 引导学生在“铜片、塑料片、木片”中选择，提示学生从效果上可先排除哪一种材料，从加工难易度上可选择哪一种材料。
（2）设计：隔热垫的外形结构，确定隔热垫的尺寸。	● 由于是“简易隔热垫”，因此教师可提醒学生隔热垫的结构不必太过复杂，需要考虑加工的可能性。学生容易忽视尺寸问题，教师可提供不同大小的容器，引导学生关注尺寸，提醒学生标出尺寸数值的重要性。
（3）交流：交流各自的设计方案，并根据他人的建议调整自己的方案。	

3. 制作“简易隔热垫”

学生活动	指导要点
（1）尝试：使用剪刀和刀片切割木片。	● 让学生使用熟悉的工具切割木片，体验到不便，意识到针对不同的材料应该选择合适的工具进行加工。
（2）观察：锯割的规范操作。	● 教师事先录制利用手工锯和C形夹锯割木片的规范操作视频并进行播放，重要步骤可暂停进行详解。
（3）制作：锯割木片。	● 提供带视频的平板电脑，让学生根据实际情况多次观察规范操作视频，教师巡回指导，提醒学生规范操作，注意安全。
（4）交流：观察锯割后的木片，交流不足之处。	● 引导学生观察木片边缘，发现其比较毛糙，影响美观。
（5）制作：观察砂纸打磨的规范操作后进行操作。	● 教师现场操作，重要部分着重提醒，当学生操作时，教师巡回指导。
（6）尝试：选择白胶黏合木片，并完成“简易隔热垫”作品。	● 在学生尝试后，教师可以提醒从效果和美观方面选择最合适的胶进行黏合，由于学生不常接触白胶，因此教师须进行演示指导。
（7）交流：在设计过程中确定制作工具和材料的选择的重要性。	● 教师提醒学生，制作过程中的工具、材料的选择也应该在设计过程中进行考虑并呈现在设计图上，如开始无法确定，可进行简单尝试后对设计图进行修改和补充。
（8）评价：展示作品并开展自评与他评，综合他人的建议，改进自己的作品。	● 引导学生根据他人的建议对自己的作品进行调整，进一步改进、完善自己的作品。

八、板书设计

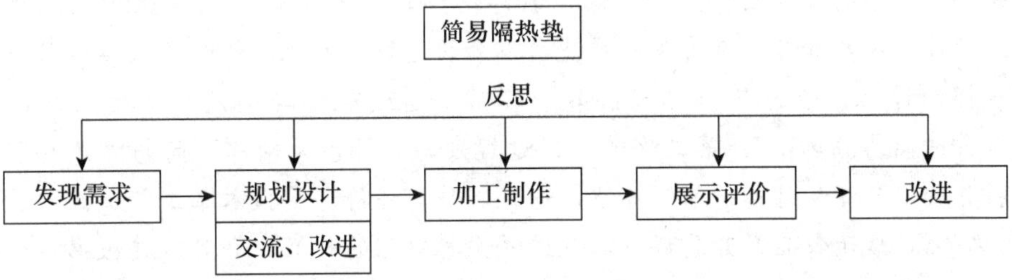

九、活动任务单设计

简易隔热垫

（制作说明）

（一）设计图

（二）设计说明

1. 材料选择：□铜片　　　□塑料片　　　□木片

2. 尺寸规格：长__________厘米，宽__________厘米

3. __________：______________________________

4. __________：______________________________

十、评价量表

对应目标	评价内容	评价标准			主体	星数
		☆☆☆	☆☆	☆		
1.	合理选择工具和材料开展设计制作	能根据需求自主选择合适的工具和材料	能在教师的引导下选择合适的工具和材料	无法合理选择合适的工具和材料	自己	
2.	参与设计制作过程，完成“简易隔热垫”作品	积极参与设计制作全过程	能参与设计制作过程	偶尔参与设计制作活动	教师	
		“简易隔热垫”作品美观、牢固	能完成“简易隔热垫”作品	基本完成“简易隔热垫”作品	同伴	
3.	规范、安全使用手工锯、砂纸等工具材料	能规范安全使用手工锯、砂纸等工具材料	使用手工锯、砂纸时需要教师提醒	需要在教师的帮助下使用手工锯、砂纸	教师	

【评析】

这是一节典型的技术教育范畴的课，教师的设计思想十分鲜明：让学生经历发现需求、规划设计、操作加工、评价改进等技术设计的过程。因此，教师的教学过程设计也就依循着这样的过程，分为三个环节：第一环节，通过观察与交流，产生需求，明确任务——制作“简易隔热垫”；第二环节，通过规划与设计，为制作“简易隔热垫”选择合适的材料并确定尺寸和结构；第三环节，通过制作与评价，掌握木工工艺加工方法，完成“简易隔热垫”，展示作品，开展评价，改进并完善自己的作品。并且，在板书设计上，教师也突出了这个过程。

在“产生需求，明确任务”活动中，教师创设情境“热锅放在玻璃上使得玻璃爆裂”，引导学生思考解决的方法，最终明确任务——制作“简易隔热垫”。这能使学生体会到技术发明往往来自生活和生产的实际需求，而这也正是技术的本质特征之一。

从最初的“产生需求，明确任务”到最终对作品进行评价并反思改进，教师的设计始终关注学生的高阶思维培养，这主要体现在分析、评价、选择、反思等方面。比如，在“产生需求，明确任务”活动中，在学生依据生活经验提出各种解决方法的时候（垫报纸、抹布等），教师一方面给予肯定，另一方面提示从卫生、方便、实用等方面综合考虑，引导学生分析各种方法的优缺点，从而最终选择制作“简易隔热垫”。又如，在“设计‘简易隔热垫’”活动中，教师给出了铜片、塑料片、木片三种材料，提示学生根据隔热效果、加工难易度进行选择，隔热垫形状、大小的确定同样需要学生做出选择，在做出选择之前，学生的思维必然经历分析和评价的过程。在此后的各个环节中，比如对设计方案的交流、评价与改进，对加工工具的选择，对黏合剂的选择，对作品的展示、评价与改进，都渗透了分析、评价、选择、反思等高阶思维的培养。同时，这也体现了“工程设计需要考虑可利用的条件和制约因素，并不断改进和完善”这一技术本质特征。

教师在帮助学生学习新工具的使用时，借助了信息技术，这一方面是为了提高课堂效率；另一方面是为了满足学生的不同需要，体现个性化学习。这些在上述教学设计方案中已有说明，此处不再详细分析。

资料来源：由上海市育鹰学校杨俊老师提供，略有改动。

案例 4

形形色色的叶

（一年级第一学期“丰富多彩的植物”单元第三课时）

一、教学目标

（1）通过用电子白板涂色、记录、分类，知道植物叶的颜色，感知植物叶的多样性，激发对植物叶的学习兴趣。

（2）通过“猜叶子”游戏，知道植物叶的形状也是不同的，进一步感知植物叶的多样性。

（3）初步学习观察、记录、简单比较与分类。

二、教学重难点

教学重点：观察比较不同植物的叶，感知叶的多样性。

教学难点：观察、记录、比较不同植物叶的颜色和形状，并对叶片颜色进行分类。

三、教学准备

不同植物叶的图片、电子白板，课前要求学生在家长的帮助下观察几种身边常见植物的叶子。

四、教学过程

教学内容	学生活动	指导要点	备注（应用的电子白板工具）
导入：初步感知叶的多样性	（1）观察电子白板上的柳树图片，看看少了什么？还少了什么？ （2）给柳树叶片涂色并说明理由。 （3）思考并交流：除了这些颜色，叶子还有哪些颜色？	● 引导学生细致观察，发现柳树图片缺少叶片，在将图形遮挡去除后，呈现的叶片缺少颜色。 ● 通过涂色激活学生的经验，鼓励学生大胆表述、交流已有认识。	图形遮挡、绘制路径、画笔
分一分：知道植物叶的颜色是不同的	（1）观察8种叶子的图片，把叶子的颜色记录在表格中。 （2）思考并交流：按照颜色，这些叶子可以被分成几类？为什么这样分？ （3）小结：植物叶子的颜色是多种多样的，分类时只能使用同一个标准，比如颜色。	● 提示学生找一找有没有刚刚说的颜色，以及会不会还有其他颜色。 ● 鼓励学生大胆表述自己的想法。	图片拖曳、绘制路径
猜一猜：知道植物叶的形状是不同的	（1）观察“电子刮刮奖”奖券，猜猜这是几号叶？ （2）思考并交流：除了颜色，还有什么方法可以一猜就知道是几号叶子？ （3）用自己想到的方法自制奖券。 （4）猜叶子，说理由。 （5）交流：要使别人一猜就猜到，有什么好办法吗？ （6）小结：除了颜色，叶子的形状也是不一样的。	● 在电子白板上出示预先制作的叶子形状的“电子刮刮奖”奖券。 ● 引导学生关注植物叶的形状。 ● 采用游戏形式，激发学生兴趣，激励学生细致观察、比较，捕捉特征。 ● 引导学生总结得出颜色、形状的特征都要正确。 ● 提问：今天我们认识了8种叶子，我们发现这些叶子有什么不同？（揭示课题）	图形遮挡、刮奖刷、聚光灯、图片拖曳、屏幕截图

续表

教学内容	学生活动	指导要点	备注 （应用的电子白板工具）
拓展： 为下一节课比较叶子的大小做准备	(1) 思考：除了颜色和形状，叶子还有其他不同的地方吗？ (2) 思考：怎样比较叶子的大小？	● 鼓励学生说出多个方面的不同点。 ● 为下节课比较叶子的不同做铺垫。	图片拖曳

【评析】

与前几个案例不同，这是一个教学设计方案的简案。简案一般只包括教学目标、教学重难点、教学准备、教学过程（有时也附板书设计等），主要省略的是教学内容分析、学生分析，以及学习单设计等。简案主要是为了节约备课时间或便捷交流，虽然在简案的文本中不呈现教学内容分析和学生分析，但在实际的教学设计中，教师仍然需要对教学内容和学生做必要的简单分析，教学目标的确定、教学重难点的分析、教学过程设计等，依然是建立在教学内容分析和学生分析的基础之上的。

这节课的教学对象是一年级第一学期的学生，也就是刚进入小学不久的一年级新生，他们的注意力的发展还处于相对较低的水平，表现为有意注意力的时间较短、注意力的稳定性较差、注意力转移的能力也较弱。因此，教师在活动形式的设计上别具一格：把一般形式的观察活动转换为游戏的形式，以此来引发学生的兴趣，吸引学生的注意力。同时，由于城市学生普遍较早接触电子产品，也喜欢电子游戏，因此教师利用电子白板中的多种功能与相关内容的游戏活动结合起来，既进一步增强了活动的吸引力，也加深了学习内容在学生头脑中留下的印象。比如，在“导入”环节，利用画笔功能让学生在电子白板上给没有颜色的柳树叶片涂色，很好地激发了学生的兴趣，使学生较快地从课间状态转换投入新课的学习中；又如，利用拖曳功能，让学生在电子白板上对不同颜色的叶子进行分类，并且可以根据学生的交流进行位置调整，形成不同的分类，使学生初步了解如何正确分类，并感受到植物叶的颜色是多种多样的。单一的游戏形式会让学生的兴趣很快消减，因此，教师的活动形式设计可采用不同的游戏，比如，在“导入”和“分一分”之后，“猜一猜”的游戏是让学生自制“电子刮刮奖”奖券，并提出了问题：除了颜色，还有什么方法可以一猜就知道是几号叶子？这种有挑战性的竞赛形式，再次增强了学生对学习活动的投入程度。

一年级学生的观察能力也还没有得到很好的训练，表现为关注事物的表面特征，不能做到有目的、有顺序地观察。因此，教师应根据自己对学生的分析，先从颜色入手，通过“导入”环节和“分一分”游戏，让学生发现植物叶的颜色是多种多样的，再通过“猜一猜”游戏，在巩固“植物叶的颜色是多种多样的”基础上，进一步发现植物叶的形状也是多种多样的。这样的活动顺序和教师的引导，能让学生初步体会到有序观察。当然，颜色和形状都属于事物的表面特征，对于一年级新生来说，认识事物的表面特征符合学生的认知发展水平。

本简案中教学过程的呈现格式，与前几个案例有所不同，在实践中，教学设计方案的格式并没有统一的限定要求，只需要包含规定的固有要素即可。在格式呈现上，以凸显教学过程的各个环节、教学中具体的实施要点为佳。

资料来源：由上海市第六师范附属小学陈婷老师提供，有改动。

思考与练习

1. 查找与课堂教学评价相关的评价表，分析教学设计方案评价与课堂教学评价的观察点之间的关系。

2. 利用网络资源查找小学科学优秀教学设计方案，并从设计理念、特色、活动细节设计等几个方面加以评析。

阅读导航

曾宝俊，王天锋．小学科学教师入门十课．北京：化学工业出版社，2019.

该书以学生获取事实的方法或途径为基点，将科学课分为十种课型——科学观察课、实验探究课、户外考察课、工程技术课、过程技能课、解暗箱课、种植饲养课、科学讨论课、科学阅读课、科学游戏课，并且在每一种课型下进行了进一步的细分，通过丰富的案例，梳理提炼了一线优秀教师的教学经验，值得新教师借鉴。

参考文献

1. 中华人民共和国教育部．义务教育科学课程标准：2022 年版．(2022 - 04 - 20) [2025 - 03 - 01]. http: //www. moe. gov. cn/srcsite/A26/s8001/202204/W020220420582355009892. pdf

2. 刘恩山．义务教育小学科学课程标准解读．北京：高等教育出版社，2017.

3. 中华人民共和国教育部．义务教育小学科学课程标准．(2017 - 02 - 15) [2025 - 03 - 01]. http: //www. moe. gov. cn/srcsite/A26/s8001/201702/W020170215542129302110. pdf.

4. 陈慧．小学科学活动设计与指导．北京：中国人民大学出版社，2015.

5. 哈伦．科学教育的原则和大概念．韦钰，译．北京：科学普及出版社，2011.

6. 徐敬标．小学科学教学技能．上海：华东师范大学出版社，2010.

7. 刘德华．小学科学课程与教学．北京：中国人民大学出版社，2009.

8. 安德森，等．布卢姆教育目标分类学：分类学视野下的学与教及其测评（完整版）．修订版．蒋小平，等译．北京：外语教学与研究出版社，2009.

9. 张红霞．小学科学课程与教学．北京：高等教育出版社，2004.

10. 陈华彬，梁玲．小学科学教育概论．北京：高等教育出版社，2003.

11. YELON S T. 教学原理．单文经，等译．上海：华东师范大学出版社，2003.

12. 宋汉阁．小学科学课教学指要．长春：东北师范大学出版社，2002.

图书在版编目（CIP）数据

小学科学教学设计与案例分析 / 叶勤主编. --2版.
北京：中国人民大学出版社，2025.7. --(21世纪小
学教师教育系列教材). --ISBN 978-7-300-32971-0
Ⅰ.G623.62
中国国家版本馆CIP数据核字第2024U5U743号

21世纪小学教师教育系列教材
总主编　惠　中
小学科学教学设计与案例分析（第二版）
叶　勤　主编
Xiaoxue Kexue Jiaoxue Sheji yu Anli Fenxi

出版发行　中国人民大学出版社
社　　址　北京中关村大街31号　　**邮政编码**　100080
电　　话　010－62511242（总编室）　　010－62511770（质管部）
010－82501766（邮购部）　　010－62514148（门市部）
010－62511173（发行公司）　　010－62515275（盗版举报）
网　　址　http://www.crup.com.cn
经　　销　新华书店
印　　刷　北京市鑫霸印务有限公司
开　　本　787 mm×1092 mm　1/16
印　　张　14.5
字　　数　314 000
版　　次　2021年5月第1版
2025年7月第2版
印　　次　2025年7月第1次印刷
定　　价　45.00元

教学支持说明

（教学课件）

中国人民大学出版社教育学科秉承“出教材学术精品，育人文社科英才”的出版宗旨，多年来，出版了大批高质量的教育学、小学教育、学前教育专业教材和学术著作。

我们为本教材制作了相应的PPT教学课件，任何一位采用本书作为授课教材的教师均可免费获得该课件。为了确保该课件仅为授课教师获得，烦请您填写如下材料，并将相关信息通过E-mail发送给我们，我们将在收到相关信息后通过E-mail给您发送该课件。欢迎您加入我们的QQ群（教育新视野交流群，群号为159813080），或登录我社官方网站（www.crup.com.cn），注册并认证成为教师会员，以获得更好的服务。

我们的联系方式：

地址：（100872）北京市中关村大街甲59号文化大厦1202室

中国人民大学出版社

电话：（010）82502724　62514775（传真）

E-mail：ggglcbfs@vip.163.com

QQ群：159813080

兹证明＿＿＿＿＿＿大学/学院＿＿＿＿＿院/系＿＿＿＿＿专业＿＿＿＿＿学年第＿＿＿＿＿学期开设的＿＿＿＿＿＿＿＿课程，采用中国人民大学出版社出版的＿＿＿＿＿＿＿＿＿＿＿＿＿＿＿＿＿＿（书名、作者）作为本课程教材。授课教师为＿＿＿＿＿＿，授课班级共＿＿＿＿个、学生＿＿＿＿人。授课教师需要与本书配套的教学课件。

联 系 人：＿＿＿＿＿＿＿＿＿＿＿＿

通信地址：＿＿＿＿＿＿＿＿＿＿＿＿

邮　　编：＿＿＿＿＿＿＿＿＿＿＿＿

电　　话：＿＿＿＿＿＿＿＿＿＿＿＿

E-mail：＿＿＿＿＿＿＿＿＿＿＿＿＿

系/院主任：＿＿＿＿＿＿（签字）

（系/院办公室章）

＿＿＿＿年＿＿＿月＿＿＿日